오늘도 우리는
협상을 한다

오늘도 우리는
협상을 한다

초 판 1쇄 2021년 01월 19일

지은이 민형종
펴낸이 류종렬

펴낸곳 미다스북스
총괄실장 명상완
책임편집 이다경
책임진행 박새연, 김가영, 신은서, 임종익

등록 2001년 3월 21일 제2001-000040호
주소 서울시 마포구 양화로 133 서교타워 711호
전화 02) 322-7802~3
팩스 02) 6007-1845
블로그 http://blog.naver.com/midasbooks
전자주소 midasbooks@hanmail.net
페이스북 https://www.facebook.com/midasbooks425

© 민형종, 미다스북스 2021, *Printed in Korea*.

ISBN 978-89-6637-880-7 03190

값 17,000원

에 세 이 로 읽 는 협 상 이 야 기

오늘도 우리는
협상을 한다

───── 민형종 지음 ─────

미다스북스

프롤로그

사회가 기술화·전문화·개방화되면서 경제 주체 간 상호 의존, 상호 작용이 심화되고 있다. 그리고 기대수명 100세가 머지않은 지금 두드러지고 있는 현상이 '세대 간 경쟁'이다. 일자리를 두고, 운동 경기나 각종 경연에서 아버지 세대와 경쟁하는 경우가 잦아지고 있다. 요즘 지하철 빈자리는 먼저 앉는 사람이 임자다. '선 착석 경쟁'만 있지 양보의 미덕은 온데간데없다. 할아버지 세대와 좌석 경쟁도 시작된 것이다. 3대가 함께 살던 가정은 핵가족, 1인 가구로 분리되었지만 정작 사회생활에선 이렇게 세대 간 접촉이 늘고 있다.

사람들 간 관계가 밀접해지고 세대 간 경쟁까지 벌어지다 보니 갈등, 분쟁이 심해질 수밖에 없다. 쉴 새 없이 쏟아지는 크고 작은 뉴스를 뜯어보면 결국 구성원들끼리, 집단끼리의 갈등문제이다. 좁은 땅에서, 많은 사람들이, 역동적으로 살고 있는 우리 현실에선 더욱 그렇다.

빈번하게 발생하는 갈등과 분쟁, 엇갈리는 이해를 당사자 간에 해결·조정하는 기제가 협상이다. 사회 구조와 인구 양상이 바뀌면서 우리 삶에서 협상의 의미와 중요성이 더욱 커졌다. 당사자가 아니고선 이해는 고사하고 용어도 생소한 다툼을 제3자에게 맡기거나 힘으로 해결하려는 것이 비용·효과 측면에서 바람직하지도 않고, 많은 경우 가능하지도 않기 때문이다.

매일이 협상의 연속이고, 협상이 삶에 커다란 영향을 미치는데도 '내가 지금 저 사람과 협상을 하고 있다.'는 사실조차 모를 정도로 협상에 대한 이해가 부족하다. 서점에 협상에 관한 좋은 책, 교과서가 즐비하지만 협상 연구자나 학생, 비즈니스 관계자를 제외하곤 들여다보지 않는다.

여기엔 두 가지 이유가 있다고 본다. 첫째는, 협상에 대한 지식 없이도 별 어려움 없이 살아갈 수 있고, 그 내용이란 게 이미 잘 알고 있는 '빤한 얘기'로 치부하기 때문이다. 둘째는, 협상에 관한 책들이 너무 난해하거나 특정 분야에 초점을 맞추다 보니 자신의 삶과 연결시키기 어려운 '딴 나라 얘기'로 선을 그어버려서다. 이는 협상학 연구의 엄격성(rigor)과 현실적합성(relevance) 간 부조화, 이론과 실제 간 괴리에서 비롯되는 부분이기도 하다.

그러다 보니 협상 구조와 프로세스를 이해하고 상대의 심리를 헤아려 대응할 경우 욕을 먹지 않고도 원하는 바를 얻을 수 있고, 파이를 키워 '모두 이기는 게임'을 할 수 있는데도 그러질 못한다.

『오늘도 우리는 협상을 한다』는 과학으로서 협상 이야기, 신화로 배우는 협상 이야기라고 할 수 있다. 그 본질이 협상인 일을 하면서, 협상론을 강의하면서, 법원 조정위원으로 활동하면서 느낀 소회를 주변 일상과 학술지 논문 내용, 그리고 그리스 신화 속 일화[1]를 빌어 틈틈이 적은 책이다. 소회를 적었다고 했지만 '붓 가는 대로 쓴 수필'은 아니며 방향과 체제를 정하고 나름 쓸모를 따져가며 쓴 글들이다.

세 가지 믿음을 갖고 책을 썼다. 먼저, 협상 능력에 따라 성과의 차이가 크게 나며, 협상 능력은 학습을 통해 기를 수 있다. 둘째, 직관적으로 '빤한 얘기'도 현실에 적용하려면 기연미연하게 되는데 그것이 경험적 관찰과 검증을 거쳐 제시될 경우 이론과 지식이 되어 자신 있게 의사 결정에 참고할 수 있다. 마지막으로, '구슬도 꿰어야 보배'라고 좋은 이론도 읽는 사람이 소화해 제 것으로 만들어야 써먹을 수 있다. 생소한 협상이론을 신변잡기 형식으로 일상과 연결해 얘기하는 것이 이해를 높이는 데 괜찮은 방법이라 생각했다.

이 책은 7장으로 구성되어 있다. 1장은 우리 일상에서 알게 모르게 이루어지는 크고 작은 협상 이야기이다. 2장은 늘 치르는 협상이 결코 쉽지 않음을 주지시키는 글들이다. 3장과 4장은 만족스러운 협상을 위해 꼭 알아두어야 할 협상의 ABC, 이론, 테크닉에 관한 에세이들이다. 5장에선 심리학 이론에

---

1) 사람들이 상상해 지어낸 신화 속 이야기들은 삶에 대한 어떤 깊은 의미가 담겨 있는 '알레고리(allegory)'라 하기도 하고, '상징'이라 말하기도 한다. 고대 그리스인들이 갖고 있던 인생, 자연, 우주에 관한 생각을 신들의 이야기로 표현한 그리스 신화엔 협상의 실체로 볼 수 있는 일화들을 여기저기서 찾을 수 있다.

기반을 둔 상대 설득 방법, 요구관철기법을 소개하였다. 6장은 특정한 협상 상황에서 대처 방법과 전략을 제시하였다. 마지막 7장은 협상 테이블에서 자칫 간과하기 쉬운 사항들을 간추려 정리하였다. 에세이에 따라 말미에 참고한 협상이론과 연구 결과, 그리고 그 시사점을 정리한 〈협상 NOTE〉를 달아두었다.

이 책은 순서대로 읽어도 되고, 에세이마다 각기 다른 주제를 다뤘기 때문에 눈 끌리는 대로, 마음 가는 대로 골라 읽어도 된다.

아무쪼록 『오늘도 우리는 협상을 한다』가 '정글화'되는 세상에서 명분과 도리를 지키면서도 실리를 누리고, 남과 원만한 관계를 유지하며 사는 데 도움이 된다면 그 이상 보람이 없겠다. 출판 기회를 준 미다스북스 여러분들께 감사드린다.

2021년 1월 우면산 아래서 민 형 종

목차

3장   협상의 펀더멘털, 꼭 알고 준비하자

4장   고수의 협상은 무엇이 다른가?

5장   협상은 심리전, 상대의 심리를 이용하라

1장

우리의
일상과 **삶,**
협상의
연속이다

부부의 일상도
협상의 연속이다

시골뜨기와 서울 아가씨는 어떻게 30년간 무사히 살아왔을까?

며칠 뒤면 결혼 30주년 되는 날이다. 엊그제 일 같은데 정말 눈 깜짝할 새 그렇게 됐다. 하기야 첫째가 곧 가정을 갖게 되고, 둘째도 서른이 되니.

온 나라가 시끄러웠던 그해 여름날. 어머니 친구분(이면서 아내의 큰어머니 되시는)의 중매로 만나 세 달 가까이 사귀다 가을의 문턱에서 부부의 연을 맺고 지금까지 온전히 살아왔다. 주례 선생님 앞에서 했던 서약을 나름 충실히 지킨 셈이다.

시골뜨기와 깍쟁이 서울 아가씨가 만났는데 어찌 갈등, 다툼이 없었겠나. 그걸 극복하고 '진주혼'을 맞게 된 건 다름 아닌 아내의 월등한 협상력 덕분이었다.

강산이 세 번이나 바뀔 시간 동안 남편과 두 아들의 뒷바라지에 전념해온 아내. 그 시간을 부부로 살아오면서 이렇게 저렇게 입씨름도 하고, 실랑이도 벌이고, 며칠씩 냉전도 가져봤지만 그때마다 지는 쪽은 늘 필자였다. 두 가지 이유 때문이다. 무엇보다 부부 간 불화가 생길 때마다 아내보다 필자가 훨씬 더 불편하고 고통스러워 얼마 못 가 백기를 들 수밖에 없었다. 그런 면에서 아내의 협상력이 필자보다 단연 높았다.[2] 그리고 다투다가도 조금 진정이 돼 곰

---

2) 힘(power)이란 다분히 지각의 문제여서 실제 부딪혀 보기 전까진 누가 더 센지 가늠하기 쉽지 않

곰이 생각해보면 아내의 주장, 요구가 틀리지 않기 때문이다. 이를테면 필자는 상투적 '체면치레'나 어설픈 '경우'를 앞세우는 편이라면 아내는 실질과 실속을 중시한다. 아내의 말에서 딱히 흠잡을 게 없는데 어떻게 이길 수 있겠는가. 역설적이게도 뛰어난 협상력을 지닌 아내와의 협상에서 번번이 진 덕분에 결혼생활과 부부관계가 지금까지 순항했다.

은혼식, 금혼식을 맞는 부부는 모두 최고의 협상가다

부부의 일상도 협상의 연속이다. 아이 낳고 키우는 데서부터 나중에 어디에 묻힐지(함께 묻힐지 아니면 따로 묻힐지)까지. 부부라는 신분 관계가 결국 협상에 의해 유지된다 해도 크게 틀리지 않다.

은혼식, 금혼식을 맞는 부부들은 모두 뛰어난 협상가들이다. 성격, 생각 모두 다른 두 사람이 그 긴 세월을 같이 살면서 수많은 다툼이 있었지만(없었다면 그게 더 문제일 수 있다. 서로 남처럼 철저히 무관심하지 않고선 그럴 수 없으니) 부부가 타협하고, 양보하고, 설득하며 서로의 이해를 잘 조정해 그리 된 것이다. 문제를 원만하게 풀지 못한 부부들은 진작 중도 하차했을 것이다.

통계적으로 부부 세 쌍 중 한 쌍은 갈라선다고 한다. 수명이 늘면서 요즘 결혼하는 젊은 커플은 부부로 살 시간이 70년 가까이 된다. 지금보다 이혼율이 높아지리란 건 자명한 일.

부부가 갈등을 해결하지 못해 헤어질 수밖에 없더라도 문제는 헤어지는 방법이다. 자녀 양육이나 위자료 문제 등을 원만히 합의해 이혼하는 경우엔 결

다. 이렇게 우열 판단이 곤란한 당사자들의 협상력을 쉽게 비교하는 방법이 '노딜(no deal) 측정법'이다. 협상이 결렬될 경우 누가 더 손해이고, 고통스러울지 따져 그러한 손해나 고통이 적은 쪽이 협상력이 더 강하다고 본다.

별 후에도 두 사람 관계가 그리 나쁘지 않다고 한다. 재결합하는 경우도 있다. 그에 비해 법정까지 가서 갈라서는 부부의 결말은 보통 좋지 않다. 송사(訟事)가 진흙탕 싸움이 되어 완전 원수지간이 되고, 사생활이 다 까발려지기도 한다. 자녀들에게도 큰 상처를 준다. 헤어지는 마당에도 협상이 필요하고, 그 협상을 잘해야 하는 이유이다.

자, 부부생활의 성공은 협상에 달려 있다. '검은 머리 파뿌리 되도록' 해로하려면, 헤어지더라도 웃으면서 헤어지려면 부부가 협상을 해 합의를 이루어 내야 한다. 어느 한 쪽이 일방적으로 양보하든, 양쪽 모두 조금씩 양보하든 두 사람 스스로 문제를 풀어야 한다.

결혼기념일이 지나기 전에 주례 선생님께 안부 전화라도 드려야겠다.

부부 간 갈등이 있을 때 대화를 통해 문제를 해결하는 것이 가장 바람직한 방법이다. 갈등의 해결에 들어가는 거래 비용(돈, 시간, 감정 에너지 등), 결과에 대한 만족도, 앞으로의 관계, 재발 가능성 등을 기준으로 봤을 때 가장 좋다.

그러나 화, 분노와 같은 감정으로 인해 부부 스스로 갈등을 해결할 수 없을 땐 중립적·객관적 입장의 제3자가 개입하여 조정하는 것이 차선의 방법이다. 그 이유는 다음 네 가지이다.

① 당사자들이 문제를 제3자에게 설명하면서 냉정을 찾을 수 있는 시간이 확보된다.
② 조정 과정에서 상대의 입장을 경청하게 되는 등 두 사람 간 커뮤니케이션이 개선된다.
③ 상대에 대한 적대감이 완화되고 예의와 신뢰를 회복하는 등 감정적 분위기가 개선된다.
④ 제3자에 의한 조정 과정을 지켜봄으로써 부부가 갈등 해결 능력을 학습한다.

부부 간의 문제를 양가 부모, 학교 은사, 다니는 교회의 목사, 친한 친구, 전문 상담사 등의 조정을 통해 해결하는 것은 약간의 도움을 받을 뿐 협상에 의한 해결 방법과 거의 같다. 그리고 법원 소송에 비해 분쟁 해결 절차와 결과에 부부의 의견이 보다 많이 반영되고, 신속하면서 비용이 적게 드는 대안적 분쟁 해결 방법(ADR : alternative dispute resolution)이다.

☞ 부부 간 갈등을 푸는 최고의 방법은 대화와 협상이다!

참고 : 오하이오주립대 로이 레위키(Roy J. Lewicki) 등, 1996

선거 유세 활동,
한 표를 두고 벌이는 일종의 협상 게임

선거 운동, "표를 찍어 달라!"고 유권자를 설득하는 것이다

6.13 지방선거 공식 선거 운동이 시작됐다. 아파트 담벼락에 기다란 선거 벽보가 나붙고, 요란한 선거 구호가 적힌 현수막도 걸렸다. 옷을 똑같이 맞춰 입고 어깨띠를 두른 선거 운동원들이 지하철역 입구에 서서 정중히 인사한다.

앞으로 열흘 가까이 사람들이 많이 오가는 곳엔 어김없이 가두 유세가 벌어질 것이다. TV 토론과 선거 홍보 방송이 저녁 시간 안방을 점령할 것이다. 자치단체장과 자치단체 의원을 기초와 광역으로 구분해 뽑고, 거기에 교육감까지 선출하다 보니 수많은 후보들의 얼굴과 이름이 난무한다. 전국 방방곡곡의 거리 풍경이 모두 이와 같을 터.

선거에 나온 후보들의 시끌벅적한 유세 활동. 누구입네 하며 자신의 공약과 정책을 열심히 알리지만 기실은 "나한테 표를 찍어 달라!"고 유권자들을 설득하고 있는 것이다. 평소 근엄한 이미지의 후보가 어색한 춤까지 춰가며 사람들의 눈과 마음을 잡으려 애쓰는 모습이 재밌기도 하고 안쓰럽기도 하다. 이런 설득 전략이 얼마나 효과가 있을까.

설득, 어려운 일이다. 이 분야를 오래 연구한 학자들이 내린 결론이다. 듣는 사람의 가치관이나 신념, 태도를 변화시켜야 가능한 일이기 때문이다.

사람들은 다른 사람의 메시지를 과거 경험에서 형성된 '준거점'과 자신과의 '관련성'을 토대로 판단해 수용, 중립, 거부 세 가지로 분류한다. 이때 동화효과와 대조효과[3]가 작용해 수용 범위에 해당하는 메시지는 실제보다 자신의 준거점에 더 가까운 것으로(더 긍정적으로) 인식하고, 거부 메시지는 실제보다 더 먼 것으로(더 부정적으로) 인식하는 경향이 있다. 그래서 대상이 조금만 마음에 들어도 큰 호감을 갖게 되고, 눈곱만큼이라도 싫으면 완전히 외면하려 한다.

이런 심리적 양극화로 인해 받은 메시지를 거부 범위에 넣은 사람들에게선 좀처럼 태도 변화가 일어나지 않는다. 그래서 설득 노력은 찬성이나 반대의 극단적 의견을 가진 집단보다 중간 입장의 집단에게서 효과가 크게 나타난다.

효과적인 유권자 설득 전략은?

우리 당을 지지하는 유권자는 상대 당 후보가 솔깃한 공약이나 정책으로 아무리 흔들어도 웬만해선 돌아서지 않는다. 유세할 필요조차 없는 확실한 '우리 집 토끼'이다. 일부러 때리면서 내보내지 않는 한 좀처럼 나가지 않는다. 마찬가지로 상대 당을 지지하는 유권자는 내가 아무리 호감을 사려고 노력해도 요지부동이다. 나를 색안경을 쓰고 바라보는 '남의 집 토끼'일 뿐이다.

그렇다면 유세 활동은 우리 당에 대해, 우리 당의 정책에 대해, 나에 대해 호불호가 없는 무당파, 부동층을 대상으로 집중할 필요가 있다. 사는 집이 없

---

3) 동화효과란 둘려 쌓여 있는 색이 주위의 색과 흡사해 보이는 현상을 말하며, 대조효과란 처음 제시된 사물을 기준으로 두 사물의 차이를 인식함으로써 실제보다 그 차이를 크게 느끼는 현상이다.

는 토끼, 집 나간 토끼, 바로 '산토끼'를 잡아야 한다.

후보들의 유세 활동. 한 표를 두고 유권자와 벌이는 일종의 협상 게임이다. 협상에서 성공은 앞에 앉아 있는 상대를 얼마나 잘 설득하느냐에 달려 있다.

여론 조사에 의하면, 이번 지방선거에서 지지하는 당이나 후보를 정하지 못한 중도 성향의 부동층이 유례없이 넓다고 한다. 그런데 이런 중도 부동층의 투표 참가 의향이 지지할 당을 정한 유권자보다 훨씬 높게 나타나고 있다.

여기서 어떻게 유세를 해야 할지 그 전략이 분명해진다. 도망칠 염려가 없는 우리 집 토끼에겐 "기권하지 말고 꼭 투표장에 나가라!"고, 집이 없는 산토끼에게는 "주저하지 말고 나에게 투표하라!"고 온갖 수단을 다 동원해 설득하는 것. 그것이 당선의 관건이다.

대학 정문 앞에 유세 차량을 받쳐놓고 땡볕에 넥타이까지 매고 연신 목청을 돋우는 저 후보. 눈길 한 번 주지 않는 젊은 학생들에게 연연하지 말고 시장 좌판이라도 돌며 아저씨, 아주머니 손이라도 붙잡고 한 표 읍소하는 것이 더 낫지 않을런지.

메시지가 상대에게 중요하고 잘 아는 사안이어서 경청하고 숙고하려는 경우엔 메시지 자체(메시지 요인)가 상대를 설득하는 데 중요하다. 그러나 그렇지 않을 경우엔 상대의 나에 대한 신뢰·호감의 정도(메시지 전달자 요인), 메시지에 대한 상대의 방어적 태도의 정도(메시지 수용자 요인), 기타 상황 요인이 설득에 영향을 미친다.

① 내 설득 메시지를 잘 만들고, 효과적으로 전달하라!
- 메시지의 내용은 읽기 쉽고, 이해하기 쉽고, 기억하기 쉬우며 매력적이어야 한다.4)
- 메시지를 구성할 때의 핵심 포인트는 절대 중간에 두지 말고 맨 앞이나 맨 뒤에 둬라.
  ※ 상대가 주제에 익숙하고 관심이 많을 땐 맨 앞에 두어 '서두효과(primacy effect)'를 노리고, 그 반대의 경우 맨 뒤에 두어 '최신효과(recency effect)'를 도모하라.
- 자신의 제안만 설명하지 말고 상대의 제안과 비교하여 더 나은 점을 제시하라.
- 메시지를 효과적으로 전달하라.
  ※ 설득 과정에 상대의 참여 유도(예 : 자동차 시승), 선명한 언어와 비유 사용, 평소와 다른 언행으로 상대의 예상 깨기, 효과적인 메시지 채널 사용(예 : 근거법령 제시), 거부 시 위협 등.

② 상대로부터 신뢰와 호감을 얻어라!
- 내 전문성·자격을 드러내고, 늘 좋은 평판을 유지하며, 침착하고 적극적인 태도를 보여라.

---

4) 어떤 메시지가 매력적? 잠재적 이익이나 손실을 강조해 상대의 흥미를 유발하는 메시지, 처음부터 '예스'를 끌어내는 메시지, 상대가 추구하는 가치에 부합하는 메시지 등이다.

– 상대와 나의 공통점을 찾아 부각시키고, 티 나지 않게 상대를 배려하고 칭찬하라.

③ 나의 공격적 설득 자세를 풀면서 동시에 상대의 방어 자세도 풀리도록 하라.

– 경청과 질문을 통해 상대의 관점을 이해한 후 내 입장에 대한 논리 전개

  ⇒ 상대의 입장에 대한 공감 표명

  ⇒ 진지하게 상대(제안)의 약점 지적

④ 인간의 기본적 심리(신세를 지면 갚으려는 심리 등)를 이용한 설득 방법을 적절히 구사하라!5)

참고 : 로이 레위키(Roy J. Lewicki) 등, 2010

---

5)   이에 대하여는 123쪽 〈만족스러운 협상은 설득에 달려 있다〉를 더 참고.

프레임 :
상대가 이번 협상을 어떻게 인식하는가?

예비부부의 표정이 왜 그리 어두울까?

지인 한 분이 딸의 결혼 주례를 맡아달라고 한다. 인연을 맺어주는 일이 뜻깊기도 하고, 젊은 사람들이 여러 이유로 결혼을 미루는 세태에 기성세대로서 도리라고 생각해 기꺼이 승낙했다.

며칠 후 지방에서 상경한 그분과 함께 예비부부를 만났다. 웬일인지 모두 표정이 어둡다. 도시 혼사를 앞둔 어머니, 앞날의 기대에 부푼 신랑과 신부 같지 않았다.

웬일인가 싶어 차를 마시면서 들어보니 이 결혼과 관련해 갈등이 겹겹이 쌓여 있다. 주변에서 어렵지 않게 볼 수 있는 '차이'에서 비롯된 갈등이었다. 고향이 영·호남으로 갈리는 네 살 차 연하남과 연상녀. 학력, 다니는 직장의 우열도 심한데다 양가의 집안 분위기도 꽤나 다른 듯하다. 9년 사귀다 이번에 결혼한다니 그동안 얼마나 반대가 심했을지 짐작이 갔다. 부모와 자식 간에, 부모들 간에, 나중엔 결혼 당사자들끼리도 많은 갈등을 겪었을 것이다.

"하도 고통스러워 몇 번이나 이 결혼 안 하려고 했어요."

예비 신랑이 잠깐 화장실 간 사이 모녀 모두 눈시울을 붉히며 고백한다. 양

가 부모 모두 뜯어 말렸지만 당사자들이 강행하는 결혼인 셈. 그러다 보니 주
례를 부탁하는 자리에서도 기쁜 낯을 짓지 못한 것이다. 헤어지고 나오는데
마음이 무겁다.

'모두 축하해주는 결혼이어야 주례 입장에서도 흐뭇한데…'

온전히 주례석에 설 수 있을지도 걱정되었다. 그러면서 한편으론 신랑, 신부
가 안쓰럽고 짠하다. 편견과 반대를 무릅쓰고 결혼하기로 결정한 용기 있는
커플을 어떻게라도 도와주고 싶은 마음이 들었다.

이번 협상을 바라보는 프레임에 따라 협상 행동이 달라진다

주례가 신랑, 신부를 도울 방법이 뭐가 있겠는가. 주례사로 위축된 두 사람
의 마음을 활짝 펴주고 격려해주는 것 밖에. 궁리 끝에 결혼식에 참석한 사
람들이 이 결혼을 최대한 긍정적으로, 원만하게 바라보도록 주례사를 준비
했다. 예식의 주도권을 쥔 주례가 기선을 잡아 혼주나 하객들의 생각의 틀
(frame)이 각지거나 일그러지지 않고 둥근 원처럼 되도록 영향을 미치는 이른
바 '프레이밍 효과(framing effect)'를 노린 것. 주례가 이 결혼의 실체를 바꿀
순 없지만 사람들이 바라보는 창틀을 바꿔 결과적으로 이 결혼이 다르게 보
이도록.

며느리가 결혼 때 예단으로 맞춰준 양복을 깨끗이 다려 입고 식장에 들어
가니 예상했던 대로 혼주들 표정이 굳어 있고 분위기가 썰렁하다. 신랑, 신부
역시 지난 번 만났을 때와 별로 달라진 게 없다.

호흡을 가다듬고 머릿속에 넣어둔 주례사를 시작했다. '경사 축하'를 서두

로 '아름다운 인연의 자리', '길일', '이 좋은 날', '잘 어울리는 한 쌍', '축복', '백년의 가약'으로 이어가며 주례사 초반에 사람들의 머리에 이 결혼에 대한 긍정적인 지각이 자리 잡도록 했다. 그리고 두 사람의 결혼을 '아주 용기 있는 결정', '현명한 선택'이라고 선제적으로 규정했다. 내친김에 더는 왈가왈부하지 않았으면 하는 마음에서 "두 사람에게 아낌없는 찬사와 격려를 보냅니다." 하고선 먼저 박수를 치니(그것도 길게) 혼주도, 하객도 한참을 따라 친다.

'그래, 생각이든 박수든 따라 하게 마련이다!'

앞에 서 있는 신랑의 표정이 한결 밝아졌다. 신부의 얼굴에도 미소가 잔잔히 번진다. 양가 부모들도 얼굴이 많이 펴졌다. 박수까지 쳤으니 그럴 수밖에. "두 사람의 앞날에 항상 행운과 큰 복이 같이 하길 기원합니다."로 마무리하니 신랑, 신부가 동시에 머리 숙여 답한다. 주례 대를 내려와 혼주들에게 부러 악수를 청하고선 연회장으로 향했다.

상대가 이번 협상을 어떻게 인식하느냐에 따라 협상 중 행동이 크게 달라진다. 이번 거래를 이득으로 인식할 경우 내 요구에 순순히 양보하고 타협한다. 이익을 지키려고. 반대로 손실이라 여기면 어떻게든 피하기 위해 완강해진다. 협상 결렬의 위험도 마다하지 않는다. 협상자의 협상 사안에 대한 관점, 문제를 바라보는 프레임이 협상 과정과 결과에 큰 영향을 미치는 것이다. 그래서 같은 내용이라도 다르게 표현하고, 다른 형식으로 제시해서 상대가 내가 원하는 틀을 통해 사안을 바라보도록 하는 게 무척 중요하다. 내 몫을 최대화하려는 분배적 협상이든, 모두 윈-윈(win-win) 하려는 통합적 협상이든.

홀가분한 마음으로 뷔페식 점심을 먹으면서 두 사람이 알콩달콩 잘 살길 빌었다.

사안을 바라보는 관점(frame)에 따라 위험에 대한 태도와 행동이 달라진다.

사안을 잠재적 이익으로 볼 경우 : 위험을 무릅쓰려 하지 않고 확실한 이익을 선호해
　　　　　　　　　　　　　양보도 잘하고 타협적으로 행동한다.
손실로 볼 경우 : 위험을 감수하고 불확실한 손실을 선호하며 완강한 태도를 고수한
　　　　다.

사안을 이익으로 볼지, 손실로 볼지는 자신의 준거점(referent point)을 토대로 결정
한다.
(예) A는 성과를 많이 내 500만 원의 연봉 인상을 기대했는데 350만 원 인상에 그
쳐 불만을 제기하자 상사 B는 깜짝 놀람.
A의 준거점 : 500만 원 ⇒ 자신의 연봉 인상액(350만 원)을 150만 원 손실로 생각
상사 B의 준거점 : 직원 평균 인상액 200만 원 ⇒ A에겐 불경기지만 예외적으로
　　　　　　　150만 원 더 인상 ⇒ A가 더욱 동기 부여 될 것으로 예상

그래서 협상에서 양보를 얻어내기 위해서는 상대가 이익의 관점에서 협상하게 만들
어야 한다. 즉, 상대가 사안을 이익으로 보도록 하는 준거점을 강조할 필요가 있다.
위의 예에서 상사 B가 A에게 평균 연봉 인상액이 200만 원이라는 걸 알려주고, A가
그걸 기준으로 판단하도록 했더라면 이익의 관점으로 바뀌어 반응과 행동이 사뭇 달
랐을 것이다.
이와 같이 같은 사안이라도 다르게 표현하고, 다르게 제시해[6] 상대의 관점, 프레임
을 내가 원하는 방향으로 바꾸는 '프레이밍 효과'를 거둘 수 있다.

---

[6]　　시간적·공간적 비교, 사용하는 단어·질문 방식의 변경 등을 통해 상대의 지각 프레임을 바꿀 수
　　　있다.

☞ 현명한 합의를 위해서는 스스로도 준거점을 합리적으로 설정하면서, 상대가 이익의 관점에서 협상하도록 하는 준거점을 강조하라!

참고 : 스탠포드대 마가렛 닐(Margaret A. Neale) 등, 1992

명분, 실리
모두 챙기며 살다

사육신이 충절의 장작불이라면 생육신은 숯불이다

어느 주간지에 실린 러시아 시인의 부고 기사가 눈길을 끈다. 예브게니 옙투센코(Yevgeny Yevtushenko). 그의 삶 전체로 보면 시종일관 소련 체제를 비판했으면서도 노벨문학상 수상자 솔제니친처럼 가혹한 탄압을 받지 않았던 '체제 안의 저항 시인'이었다.

당국의 삼엄한 감시 속에서 끊임없이 시를 발표해 암울했던 옛 소련 젊은이들에게 희망을 주었고, 세계 여기저기 여행하며 강연과 시 낭송회를 갖는 등 예술적 자유와 명예도 누린 사람이다. 명분, 실리 모두 챙기며 산 셈.

그 비결은 무엇이었을까. 소련 당국에 모나게 보이지 않았기 때문이다. 저항적 자세를 견지하면서도 늘 당국의 검열과 허가를 받았다.

모름지기 사람은 원칙을 갖고 살아야 한다. 안 그래도 허망한 게 인생인데 원칙도 없이 산다면 얼마나 더 공허하겠는가. 그게 개인적이든, 사회적 삶에 관한 것이든 자기 나름의 원칙과 소신을 정하고 지키려 노력하며 살아간다.

자신의 원칙, 소신을 지키는 방법에 있어선 사람마다 다르다. 한 치의 어긋남이 없이 원칙을 고수하는 사람도 있고, 때론 뒤로 물러나기도 하고 때론 옆으로 비켜가기도 하지만 큰 방향에선 꾸준히 그 원칙을 추구하는 사람도 있다. 죽음 앞에서도 끝까지 뜻을 굽히지 않았던 성삼문 등 사육신이 전자라면, 사육신처럼 화를 입진 않았지만 세조의 불의에 벼슬을 버리고 초야에 두문불출했던 생육신이 후자에 해당하는 분들일 것이다.

사람들은 절개, 지조를 지키기 위해 죽음도 마다하지 않았던 사육신을 청사에 길이 빛날 인물로 숭상해왔다. 아무나 할 수 없는 일을 했으니, 그리고 사회정의를 세우기 위해서도 그렇게 평가받는 것이 지극히 마땅하다. 더불어 생육신도 늘 기리고 있다. 방법만 달랐을 뿐 억울하게 죽은 어린 임금에 대한 절의를 끝까지 지켰기 때문이다. 사육신이 주위를 환하게 밝힌 충절의 '장작불'이었다면, 생육신은 재가 될 때까지 오래도록 은은한 열기를 피운 '숯불'이라 할까.

명분, 실리를 모두 챙긴 건 타협적·균형적 삶 덕분이었다

우리는 선명한 노선이나 행동을 더 높게 평가하는 경향이 있다. 행동거지가 분명하지 않을 때 "어정쩡한 자세를 취한다!"라고 꼬집는다. 기회주의적 행동, 회색적 태도로 매도한다. 매사를 이분법적 흑백논리로 보려는 데서 비롯된 부분이다.

의사 표현, 행동을 분명히 해야 할 경우엔 반드시 그렇게 해야 한다. 그러나 모든 결정, 선택을 '이것 아니면 저것' 식으로 할 순 없다. 사안마다 여러 측면이 얽혀 있고, 사람에 따라 사정이 모두 다르기 때문이다. 세상을 보는 관점, 시각에 있어서도 조화와 균형이 필요하다.

쭉 뻗은 거목은 강풍에 곧잘 쓰러지나 대나무는 웬만해선 부러지지 않는다. 바람이 세게 불어도 휘었다가 금방 제자리로 돌아온다. 유연하기 때문이다. 모나면 정 맞아 흔적도 없이 사라진다. 모난 부분을 조금 다듬으면 정을 피할 수 있다. 그러면 '모남의 본질'은 지킬 수 있고, 다듬어진 모남도 '개성'으로 빛날 수 있다. 그것은 개인의 기예(技藝)의 영역이며 살아가는 한 방식이다. '자신과의 협상'이 필요한 부분이기도 하다.

예브게니 옙투센코는 노골적으로 반체제 활동을 하진 않았으나 시를 통해 꾸준히 저항하고 비판했다. 반체제 인사들이 감옥에 갇히고 추방당하는 상황에서 옙투센코를 두고 '정부가 허가하고 용인한 방향으로만 돌을 던지는 사람'이라고 비난했어도 결과적으로 저항의 펜을 꺾지 않고 수천 편의 시를 남겨 소련 젊은이들에게 희망과 용기를 주었다.

그가 시를 계속 쓰고 절망에 빠진 사람들의 영혼을 어루만져주기 위해 투사가 되기보다는 체제 안의 저항 시인으로 머물기로 자신, 그리고 현실과 타협했을 것이다. 그런 타협적이면서 균형적인 삶 덕분에 수명이 다할 때까지 비판의 시를 쓸 수 있었다. 예브게니 옙투센코의 일생, 협상의 관점에서는 그렇게 조명된다.

지금도 세계 곳곳에서 벌어지는
갈등, 분쟁

2차 대전을 승리로 이끈 주역이 말하다

"협상은 언제나 전쟁보다 낫다(To jaw-jaw is always better than to war-war)."

윈스턴 처칠이 한 말이다. 갈등과 분쟁의 해결 방법으로서 협상의 중요성을 이보다 더 잘 표현할 수 있을까 싶어 협상론 강의 때 자주 인용하곤 했다.

윈스턴 처칠. 영국 수상으로 제2차 세계대전을 승리로 이끈 주역. 영국인들이 뉴턴, 셰익스피어보다 위대하다고 생각하는 인물. 70여 권의 저서와 수많은 글을 남겼고, 어느 해엔 헤밍웨이를 제치고 노벨문학상을 받을 정도로 문재(文才)도 뛰어났던 사람.

몇 년 전 영국을 여행하다 런던 도심에 있는 처칠 동상을 발견했을 때 오랜 지인을 만난 듯 반가웠다. 동상으로나마 그와의 조우가 기분 좋았다. 지나가던 사람에게 애써 부탁해 기념사진도 몇 장 찍었다.

아무리 좋은 전쟁도 나쁜 평화보다 못하다니 그럴 것이다

2018년 2월. 전운이 감돌던 한반도 상공에 변화의 바람이 불기 시작했다.

역설적이게도 혹독한 추위에 시작된 평창 동계올림픽이 훈풍을 몰고 와 대립과 갈등의 먹구름을 뒤로 물러나게 했다. 4월과 5월, 판문점에서 남북의 정상이 만난 데 이어 6월엔 역사적인 북미정상회담이 싱가포르에서 열려 세계의 이목을 끌었다. 핵단추 운운하며 서로 적대시했던 미국의 트럼프 대통령과 북한의 김정은 국무위원장이 손을 맞잡고, 어깨와 등을 두드리며 찬사를 주고받는 모습에 지켜보는 많은 이들이 자기 눈을 의심했었다.

그 뒤로 하노이 2차 북미정상회담이 열렸고, 남북미 세 정상의 판문점 회동도 이루어졌지만 하노이 회담에서 합의에 이르지 못하면서 협상은 교착 상태에 놓여 있다.

당사자 간 합의를 기준으로 볼 때 협상의 결과는 세 가지다. 모두가 이기는 윈-윈(win-win) 합의, 윈-루즈(win-lose) 합의, 그리고 협상의 결렬. 협상에서 어떤 결과를 낼지는 당사자들에게 달렸다. 그리고 '주고받기', '밀고 당기기'의 프로세스가 일사천리로 이루어지지 않아 그 결과가 언제 나올지 예측하기 쉽지 않다.

중요한 건 당사자들이 만나고, 서로 적대적 언사와 도발을 삼가고 대화를 했다는 사실이다. 그러면서 긴장 국면이 완화되었다. 남북의 이산가족 상봉이 이루어지기도 했고, 6.25 때 전사한 미군 유해 일부가 송환되는 일도 일어났다. '코리아 디스카운트(Korea Discount)' 문제의 개선에도 도움이 되었을 것이다. 이전 상황과 비교하면 큰 변화였다.

북미 간 협상이 언제, 어떻게 재개될지 그동안 이를 지켜봤던 많은 사람들의 관심사다. 아무리 좋은 전쟁도 나쁜 평화보다 못하다니 그럴 것이다.

중절모에 지팡이를 짚고 한 손은 코트 주머니에 넣은 채 거리를 응시하는 처칠 경. 동상 무게만큼이나 묵직하고 심각한 인상을 짓고 있다. 지금도 세계 곳곳에서 벌어지는 갈등, 분쟁이 걱정스러워 그런가.

브렉시트(Brexit)를 생각한다

영국을 다시 생각한다

40여 년 전, 군복무를 강원도 양구에서 했다. '하늘이 몇 백 평 밖에 보이지 않는' 산골 오지다. 그 첩첩산중에서 두 해를 보내면서 늘 목을 빼고 기다리던 대상이 있었다. "면회 오는 애인?" 십중팔구 그렇게 물을지 모르겠다. 매달 부쳐오는 모 월간지를 그렇게 기다렸다. 거기 연재되는 어떤 칼럼 때문이다.

〈영국을 생각한다〉. 어느 언론인이 특파원 시절 보고 느낀 것을 토대로 영국이란 나라를 넓고, 깊게 이해할 수 있도록 쓴 글이다. 영국에 대해 남다른 관심이 있었던 것도 아니고, 특별히 재밌지도 않았는데 한 편 읽고 나면 다음 편이, 또 그 다음 편이 무척 궁금해졌다.

산에 갇히고 규율에 얽매여 살던 환경의 영향 때문에 그랬을 것이다. 옥죄는 생활 속에서도 그 칼럼을 읽는 동안만은 해방감에 빠져들며 그렇게 마음이 편할 수 없었다. '생각'이란 걸 할 수 있는 시간이었다. 그걸 읽으면서 영국에 대한 동경 비슷한 게 생기며 꼭 한 번 가보리라 마음먹었다.

그 후 강산이 네 번이나 바뀔 시간이 흐르는 동안 여기저기 다녔는데도 '여왕의 땅, 신사의 나라'만은 갈 기회가 없었다. 그러다 이태 전 작정하고 영국행 비행기에 몸을 실었다. 여행이라면 손사래를 치는 아내를 오랜 공을 들여 설득한 끝에.

8일 동안 버스로 영국 전역을 둘러봤는데 역사와 전통이 느껴졌다. 대학과 박물관, 그리고 잘 보존된 문호의 생가에서 문화가 엿보였다. 목가적 전원 풍경도 인상적이었다.

'가랑비가 내려야 제 격이고, 안개가 살짝 끼면 더욱 멋이 있다.'는 런던 구경까지 마치고 돌아오는 공항 대합실.

"오길 잘했지?"

스스로에게 다짐하듯 아내에게 물으면서도 뭔가 허전했다. 많이 보고 많이 들었지만 칼럼을 읽으면서 느꼈던 당시의 기분은 되살아나지 않았다. 영국에 대해 가졌던 이미지와도 잘 연결되지 않았다. 주마간산이어서 그랬나. 시간이 많이 흐른 데다 그때와 처지가 달라져서?

여행에서 돌아와 〈영국을 생각한다〉를 다시 읽어볼 수 있나 해서 근처 도서관을 찾았다. 다행히도 같은 제목의 단행본으로 발간돼 있었다. 그 언론인이 영국을 주제로 썼던 다른 책들도 있었다. 번갈아 읽으며 정말 영국을 다시 생각해봤다. 여왕이 다스리는 군주제 국가, 유혈 혁명을 거치지 않고 이룬 의회민주주의, 페어플레이, 신사도, 승자의 관용, 남에 대한 관대한 무관심, 원칙, 그리고 역사와 전통. 책에서 읽혀지던 영국의 이미지이자 정체성이다.

재협상으로 브렉시트의 진통을 슬기롭게 극복하다

그 영국이 유럽연합(EU) 탈퇴, 브렉시트로 수년간 몸살을 앓았다. EU에 편입되면서 주권 제약과 분담금 부담, 그리고 이민자 급증으로 인한 일자리 감소가 브렉시트를 추진하게 된 원인으로 알려져 있다.

EU 잔류를 주장했던 캐머런 총리는 2016년 국민투표에서 브렉시트 찬성 의견이 약간 우세해 물러났고, 뒤를 이은 메이 총리는 EU 측과의 브렉시트 합의안이 하원에서 세 번이나 부결되자 2019년 사퇴했다. EU 탈퇴 시한이 당초 2019년 3월에서 10월말로 연장된 가운데 영국의 국론이 EU 잔류, EU와 탈퇴 합의 재협상, 그리고 합의 없이 시한이 되면 자동 탈퇴하는 '노딜 브렉시트(no-deal Brexit)'로 분열되며 혼미를 거듭했다.

브렉시트와 관련한 영국의 '결정 장애'는 주변국들을 짜증나게 했다. 뿐만 아니라 미중 무역 갈등과 함께 세계 경제의 큰 변수로 작용해 무역 의존도가 높은 우리에겐 그야말로 설상가상의 악재로 작용한 지 오래되었다.

EU에 잔류하기 위해서는 또 국민투표에 부쳐 다수 의견이 그쪽으로 돌아서야 하는데 현실적으로 불가능했다. 그 다음 대안이 메이 총리와 EU 정상들이 서명한 브렉시트 합의안을 영국 의회의 비준이 가능하도록 재협상하는 것인데 EU 측은 "어림없는 일!"이라는 입장을 보였다.

남은 대안은 미국의 트럼프조차 그렇게 되도록 바랐다는 노딜 브렉시트. 그러나 그건 '문제를 그대로 둔 채 몸만 빠져나오는 행동'이어서 공정성과 신사도, 원칙을 중시하는 영국인들이 용납할 수 없는 대안이었다. 전혀 공정하지 않고, 게임의 룰에 어긋나며, 신사의 도리가 아니기 때문이다. 결국 "아직 잉크도 마르지 않았는데?"라고 하겠지만 기존 브렉시트 합의안에 대한 EU와 재협상이 비교적 타당하면서 실현 가능한 방안으로 떠올랐다.

브렉시트 강행론자로서 처음엔 노딜 브렉시트도 불사하겠다던 보리스 존슨이 영국의 새 총리로 취임한 후엔 EU 측과 기존 합의안을 수정하기 위한 재협상에 나선 결과, 2019년 10월 새 합의안이 극적으로 타결되었다. 이후 영국의회와 유럽의회가 이를 비준함으로써 2020년 1월 31일, 오후 11시부로 발효되어 이제 영국은 더는 EU 회원국이 아니다. 2016년 6월 국민투표 이후 3

년 7개월 만에 브렉시트가 현실화된 것이다.

영국, 더디고 혼란스러워 보여도 논쟁과 대화로 의회민주주의의 전통을 세운 나라답게 브렉시트의 진통을 원만하고 슬기롭게 극복했다. 그건 척박한 처지의 20대 중반 청년에게 마음의 안정을 가져다 줬고, 이순(耳順)이 넘어 다시 읽어보니 더욱 고개가 끄덕여지던 칼럼, 〈영국을 생각한다〉를 덮으면서 예상한 결과였다.

① 기존 계약(합의)의 종료에 따른 갱신 재협상(postdeal renegotiation)

　재협상의 성공 여부는 두 당사자 간 형성된 관계의 성격에 좌우되며, 재협상이 실패할 경우 자신과 상대의 대안을 철저히 검토한 후 협상에 임하는 것이 중요하다.

② 재협상 조항에 따른 재협상(intradeal renegotiation)

　미래의 돌발 상황을 예상해 재협상 조항을 두는 것이 계약의 안정성에 기여하고, 계약 체계 밖에서 이루어지는 재협상이나 합의 이행 불능 사태를 사전에 예방할 수 있다. 장기 계약에서 많이 사용되는 재협상 조항은 다음과 같다.

- 합의 사항이 공정하게 운영되는지 주기적(예 : 5년 마다)으로 협의하는 조항
- 계약 가격을 특정 지수(예 : 생계비지수)에 연동하여 자동으로 조정하는 조항
- 미래에 일어날 일에 대해 나중에 협상하기로 하는 미결정 조항(open-term provisions)
- 예기치 못한 사태 발생 시 특정 조항의 재협상 의무를 규정한 조항 등

③ 재협상 조항 없이 이루어지는 재협상(extradeal renegotiation)

　불완전한 거래 계약과 예기치 않은 상황의 변화가 이러한 재협상을 초래하며, 보통 당초 예상과 달리 이익 달성에 실패한 쪽에서 계약 폐기 등의 위협을 하면서 재협상을 요구한다. 재협상을 요구 받은 당사자는 재협상에 응할 때의 이익과 (계약대로 이행할 것을 주장하면서) 소송을 통해 거둘 수 있는 이익을 비교해 결정함이 바람직하다.

☞ 상대의 재협상 요구에 적대적으로 대응하거나 '승-패 상황'으로 보지 말고, 재협상 프로세스를 함께 문제를 해결하고 모두의 이익을 키우는 기회로 만들어보라!

참고 : 미국 터프츠대 제스왈드 살라쿠제(Jeswald W. Salacuse), 2001

미국인과 중국인이 만나면

미중 무역전쟁의 1라운드가 일단 끝났다

2018년 1월 미국이 중국산 태양광 패널과 세탁기에 관세 조치를 취하면서 시작된 미중 무역전쟁은 중국의 보복관세로 이어지고, 서로 부과 대상과 강도를 높여가며 확전을 벌이다 양국이 협상에 돌입해 2020년 1월 트럼프 대통령과 류허 중국 부총리가 '1단계 무역협정'에 서명함으로써 1라운드는 일단 끝났다. 2년을 끈 전쟁에서 위력이 센 '관세폭탄'을 가차 없이 주고받은지라 서로 꽤 큰 내상을 입었다. 공장 문을 닫는 중국 기업들이 많았다니 그 심각성은 중국이 더한 것 같다.

전쟁을 벌인 두 당사자가 다치는 건 당연한데 문제는 고래 싸움에 새우 등 터진다고 경제적으로, 지정학적으로 두 나라 모두와 밀접한 관계에 있는 우리로선 저 윗동네가 아니라 바로 이웃집에 불이 난 형국이었다. 뒷짐 지고 구경할 처지가 못 되고 물 한 바가지라도 들고 가 뿌려야 했었던 판이었다.

중미 간 무역협상. 협상의 역사가 가장 오래된 나라와 협상의 이론 연구와 실제 활용이 제일 활발한 나라 간 벌어진 협상이었다.

동아시아 3국 중 중국이 가장 협상을 잘한다는 게 전문가들의 중론이다. 협상에서 타이밍과 팀워크의 중요성, 홈그라운드의 이점을 일찍부터 알고 있었던 나라다. 거대한 땅에서 여러 나라, 여러 민족이 통일과 통합을 이루는 과정에서 전쟁과 협상의 경험이 축적되고, 처세술이 발달했을 것으로 보고 있다.

미국, 자본주의의 꽃을 활짝 피웠고 '돈으로 살 수 없는 건 없다.'는 나라. 매사를 협상 테이블에 올려놓고 거래했을 나라. 협상으로 점철된 삶의 주인공이 대통령의 자리까지 가뿐하게 꿰찬 것만 봐도 알 수 있지 않은가. 협상 실력으로도 G1, G2를 다툴 두 나라가 어떤 전략과 전술을 사용하고 어떻게 협상했는지 무척 궁금하다.

보통 때보다 미국인들은 더 비윤리적으로, 중국인들은 더 윤리적으로 협상했을까?

우연히도 학생들과 다뤘던 논문 중 미국인과 중국인 간 비즈니스 협상을 주제로 한 연구가 있었다. 시의적절한 그 연구 결과가 참 흥미롭다. 미국인들이 중국인들보다 협상하면서 거짓 약속 같은 비윤리적 행동을 통계적으로 유의하게 덜 하는 편이다.

그런데 이런 미국인들이 중국인과 협상할 땐 같은 미국인과 협상할 때보다 비윤리적 전술을 더 사용했다. 반면, 중국인들은 미국인과 협상할 경우 동포 중국인과 협상할 때에 비해 비윤리적 전술을 덜 사용했다.

미국인(중국인)이 중국인(미국인)과 협상할 땐 미국인들끼리(중국인들끼리) 협상할 때와 윤리적으로 다르게 행동하는 이유를 논문 저자들은 두 가지로 설명한다. 상대 국가의 윤리성 이미지에 맞게 자신의 행동을 조절하고, 상대 국가가 자국에 미치는 위협에 대한 지각이 행동에 영향을 미치기 때문이다.

미국인들은 공공 부문의 부패 수준 등을 토대로 중국 시장에서는 보통 그렇게 해야 한다며 뇌물을 건넬 생각을 하는 데다 중국의 국력 부상이 미국에 위협적이라고 여긴 나머지 중국인에게 공격 심리가 작동해 비윤리적 전술의 사용을 더하게 된다.[7] 한편, 중국인들은 뇌물이 미국에서는 법과 전통에 의해 엄격히 금지된다는 것을 알고서 이를 지키려 하며, 미국으로부터 위협을 느끼지 않을 뿐더러 미국인들의 중국인들에 대한 평판을 개선하기 위해 비윤리적 전술 사용을 덜 하게 된다.

한정된 상황에서의 연구라 이번 미중 무역협상에서도 비윤리적 행동을 삼가는 편인 미국인들이 더 비윤리적으로 되고, 상대적으로 비윤리적 전술 사용에 능한 중국인들은 오히려 더 윤리적으로 협상했는지는 아직 알 수 없다. 시간이 흐르면서 협상 과정의 에피소드들이 하나둘 밝혀져야 알 수 있는 일이다. 그런 점에서 중미 간 무역협상은 연구자들의 지대한 관심을 끌기에 충분하리만치 역대급이었다.

미국과 중국 간 무역전쟁의 불이 일단 진화되어 다행이다. 뜨거운 열기를 온 몸에 느끼며 근심스레 구경했던 여러 나라들이 안도했을 것이다. 언제 다시 시작될지 모르지만 아무쪼록 2라운드 협상은 협력적인 분위기에서 이루어져 더 이상 전 세계가 피해를 입는 일이 없길 기대한다.

---

7) 자기와 다른 집단(외집단)의 구성원들을 자기와 같은 집단(내집단) 구성원들보다 더 부정적으로 평가하고 덜 호의적으로 대하는 것을 외집단 폄하(out-group derogation)라고 하는데 이러한 외집단 폄하 경향은 외집단으로부터 위협을 느낄 때, 내집단이 경제적 침체를 겪을 때 강해지는 걸로 알려져 있다.

어떤 연구에서 미국인들은 같은 미국인보다 중국인과 협상할 때 비윤리적 전술을 사용할 가능성이 더 높게 나타났다. 반면, 중국인들은 동포 중국인보다 미국인과 협상할 때 비윤리적 전술을 사용할 가능성이 더 낮게 나타났다. 이는 두 가지 이유 때문이다.

① 미국인들은 중국인 협상자들이 비윤리적이라는 평판에 맞추어, 중국인들은 미국인 협상자가 윤리적으로 행동하는 경향에 맞게 자신의 행동을 조절한다.
② 미국인들은 급부상하는 중국에 위협을 느끼고 반사적으로 중국인 상대에게 공격심리가 작동해 비윤리적 전술 사용을 더 하게 되나, 미국에 대해 위협을 느끼지 않는 중국인들은 자신들의 나쁜 평판을 개선하려고 미국인 협상자에게 비윤리적 전술 사용을 자제한다.

결국, 협상자의 비윤리적 행동 성향은 자신뿐만 아니라 상대가 속한 문화의 영향도 받는다는 얘기다.
☞ 비윤리적인 이미지를 가지고 있거나 우리나라에 위협으로 여겨지는 국가의 상대와 협상할 때 윤리적 수준을 낮추려는 유혹에 빠지지 않도록 유의하라!

참고 : 중국 상하이 과기대 유양(Yu Yang) 등, 2017

이제 세대 간에도
협상이 필요할 때다

3대 간 경쟁의 시대를 맞게 될지 모른다

언젠가부터 지하철을 타면 젊은 사람이 앉은 쪽엔 서지 않았다. 지긋해 보이는 사람 앞이나 입구 쪽에 서서 갔다. 자리 양보와 관련해 피차 마음이 불편한 상황을 피하기 위해서다. 양보 받는 게 아직은 쑥스럽고, 공부나 일로 힘들 젊은 친구가 운 좋게 앉아 가는데 늙지도 젊지도 않은 사람이 앞에 턱 서는 바람에 '양보할까, 말까?' 한참 고민하게 만들고 싶지 않았기 때문이다.

그런데 얼마 지나지 않아 그 생각이 기우였음을 알게 되었다. 자리에 앉아 가는 젊은 사람들 대부분 휴대폰에 쏙 빠져 있거나 눈을 감고 있어 앞에 누가 서 있는지 모른다(또는 모르는 척한다). 그러니 양보할리 없다. 서 있다가도 자리가 비면 '옳거니!' 하고 먼저 앉으려 하지 노약자를 배려하는 경우는 별로 보지 못했다. 양보의 미덕은 찾기 어려웠다.

고령화 현상의 한 단면일 수 있다. 젊은 사람들 입장에서 노인들이 너무 늘어나 자리를 다 양보할 수도 없고 양보 안 해도 되는 팔팔한 노인들도 많다. 더욱이 양보는 공경의 표시인데 정말 양보하고 싶지 않은 '철부지 노인'도 부지기수다.

노소간에 벌어지는 지하철 빈자리 경쟁은 변화에 따른 새로운 풍속도려니 하며 실소에 부칠 수 있다. 정말 문제로 떠오르는 건 청년세대와 기성세대 간

'일자리 경쟁'이다. 언론 보도에 의하면 일자리 전선에 선 전체 구직자의 31%가 세대 간 경쟁을 체감했다고 한다. 그 중 일부는 세대 간 경쟁에서 구직에 실패한 경험을 털어놨다. 고령화 속도에 비추어 이런 세대 간 경쟁과 거기서 비롯되는 갈등이 갈수록 심화되리란 건 불 보듯 뻔하다.

저출산으로 인한 경제활동인구 감소의 현실적 대책으로 거론되는 정년 연장도 세대 간 일자리 경쟁과 배분의 문제가 얽혀 있어 본격적인 논의가 조심스러운 모양이다. 경기가 어렵고 청년 실업이 심각한 상황에서 정년 연장이 청년세대의 '일자리 파이'를 줄이는 결과가 돼 자칫 갈등을 부추길 수 있다.

수명은 계속 늘어날 터여서 언젠간 아버지 세대만이 아니고 할아버지 세대와도 경쟁하는, '3대 간 경쟁의 시대'를 맞게 될지 모른다.

세대 간 협상과 협력, 신들의 제로섬 경쟁으로부터의 교훈이다

팔구십 밖에 살지 못하는 인간 세상에서도 수명이 몇 살 늘자 세대 간 경쟁이 큰 사회문제로 떠오르는데 영원불멸하는 신들의 세계에선 어땠을까.

그리스의 서사시인 헤시오도스의 『신들의 계보』는 세상의 시작에 대해 얘기하고 있다. 태초에 형체가 없는 텅 빈 상태인 카오스(chaos)가 생겨나고, 이어 땅과 땅 속 깊은 곳이 생겨난다. 이들이 혼자서 또는 결합에 의해 어둠과 밤, 빛과 낮, 하늘, 산, 바다 등 1세대 신들이 태어난다.

하늘의 신 우라노스. 땅의 신 가이아와 결합하여 많은 자식들을 낳지만 태어난 자식들이 세상에 나오지 못하게 아내의 자궁 속에 감금해버린다. 자식들이 자신의 자리를 빼앗을까 무서워서다. 자식들이 뱃속에 갇히니 엄마로서 얼마나 안쓰럽고 괴롭겠는가. 가이아는 참다못해 막내아들 크로노스를 시켜 부부관계를 위해 접근하는 우라노스를 거세해 버린다. 세상이 열리고 처음 벌어진 부자 간 경쟁에서 아버지 우라노스는 자식에게 패해 권력을 다 뺏기고 깊고 깊은 지하 감옥에 영원히 갇히고 만다.

아버지를 축출하고 2세대 신의 우두머리가 되어 하늘, 땅, 바다 모두 다스리게 된 크로노스. 누이인 레아와 부부가 되고 나서 "네가 그랬듯이 네 자식들이 너를 쫓아내리라!"는 예언을 듣고 아내가 자식을 낳을 때마다 바로 삼켜버린다. 레아는 다섯 자식을 차례로 남편에게 먹히자, 여섯 번째 자식을 낳을 때는 강보에 싼 돌멩이를 아이라고 속여 크로노스가 삼키도록 하고선 아기는 외딴섬 동굴로 빼돌려 몰래 키운다. 그 아이가 제우스다.

염소젖을 먹고 1년 만에 성장한 제우스. 아버지 크로노스에게 약을 먹여 다섯 형제들을 다 토해내도록 한다. 그리고 세상에 나온 형제들과 힘을 합쳐 아버지를 비롯한 티탄 신족들과 10년 전쟁 끝에 승리해 3세대 올림포스 신들의 시대를 연다.

절대 권력을 휘두른 아버지를 뒷방으로 물러나게 하고 나서 자신은 하늘을 차지하고, 바다와 지하의 세계는 제비뽑기로 형제들인 포세이돈과 하데스에게 다스리게 하는 등 권력의 분배와 치세에 있어 나름 공정성과 균형을 기하려 했던 제우스는 조금 달랐을까?

자식들을 경쟁 상대로 여기고 경계함에 있어선 그도 할아버지 우라노스나 아버지 크로노스와 별반 차이가 없었다. 첫 번째 부인 메티스가 임신한 아이가 자신의 지위를 뺏을 것이라는 예언이 생각나 그녀를 삼켜버리는가 하면, 하도 예뻐 점을 찍어두고 있던 바다 신의 딸 테티스도 아버지를 능가하는 아이를 낳을 것이라는 말을 듣곤 그만 포기하고 만다.

신들의 우두머리 자리를 뺏기지 않기 위해 자식들을 아내의 뱃속에 가두기도 하고, 그게 실패하는 걸 보고 자신이 삼켜버리기도 하지만 세대 간 경쟁에서 하나같이 아버지가 자식에게 지고 만다. 제우스 3대 말고도 자신의 자리와 목숨을 보전하고자 자식, 손자를 내치는 아버지, 할아버지의 얘기가 신화 속에 많이 나온다.

결국 신들의 세대 간 경쟁은 아버지가 가진 자리와 권력이라는 파이를 놓고 벌어진 '지키느냐, 뺏느냐'의 제로섬(zero-sum) 게임, 바로 그것이었다. 파이를 더 늘려 공리공존하거나 적당히 타협해 나누지 않았다.

협상에 걸린 파이(가치)를 그대로 두고 경쟁했다간 제로섬, 윈-루즈(win-lose)의 결과를 피할 수 없다. 서로 협력해 파이를 일단 늘리고 나서 경쟁을 해야 모두가 몫을 더 많이 챙기고 만족스러운 거래를 할 수 있다. 그러기 위해선 서로 자신의 선호와 이해관계, 제약 등에 관한 정보를 공유하고, 그 정보를 토대로 상호 이익이 되는 합의안을 찾아야 한다. 당사자 간 원활한 커뮤니케이션과 신뢰, 개방적 태도, 창의성이 요구되는 일이다.

초고령 사회. 이젠 세대 간 협상하고, 협력할 때다. 청년세대의 창의성, 모험정신에 기성세대의 경험, 지혜를 보태 할아버지, 아버지, 자식이 나눌 파이를 키워야 한다. 그래야 정년 연장, 그것이 63세든 65세든 가능한 일이다. 국가투자, 일자리, 연금 부담 등의 배분도 3대가 모여 앉아 모두 만족하는 방향으로 정해야 한다. 제로섬 경쟁으로 점철된 신들의 세대 간 경쟁으로부터의 교훈이다.

1558년 이른 봄. 28세의 젊은 학자 율곡이 고향에서 후학들을 가르치던 퇴계를 찾았을 때 율곡은 원로 학자에게 지극한 공경의 자세로, 퇴계는 젊은 준재를 겸손과 존중의 예를 갖춰 대한다. 『퇴계의 길을 따라』의 저자 김병일 도산서원 선비문화수련원 이사장은 이것이 세대 간 갈등과 반목이 심해지는 세태에 우리가 배워야 할 자세라고 역설하고 있다. 공경과 겸손, 세대 간 갈등에 대한 퇴계 선생의 차원이 다른 처방에 그저 숙연해질 뿐이다.

파이(가치)를 키우고 나서 몫을 많이 차지하는 협상법

자신의 이해관계, 관심사 등을 상대와 공유해야 협상의 파이를 키울 수 있으나, 정보는 '양날을 가진 칼'과 같아 제 몫만 챙기려는 상대에게 제공했을 때 이용당할 수 있는 취약성의 원천이기도 하다. 다음과 같이 할 경우 파이를 키우고 나서 상대에게 이용당하지 않고 내 몫을 많이 챙길 수 있다.

① 질문과 경청, 학습의 자세로 협상에 임하라!
- 상대의 얘기를 듣고 바로 피드백하거나 부연 설명하여 정확히 들었는지 확인한다.
- '예', '아니오'의 답을 요구하는 질문보다는 의문사, 가정법을 이용해 질문한다.

② 자신의 정보를 전략적으로 제공하라!
- 협상이 성공할 경우 예상되는 결과부터 논의해 정보 공유에 대한 긍정적 분위기를 조성한다.
- 상호주의에 의한 정보 교환으로 신뢰를 쌓아가면서 정보 공유를 확대한다.
- 상대의 이해관계(예 : 가격, 품질)의 절충이 가능하도록 동등한 가치의 제안을 복수로 제시한다.
- 협상 이슈를 순차적으로 다 논의한 후 협상자 간 이슈별 선호와 우선순위의 차이를 토대로 '서로 밀어주기(logrolling)[8]'가 가능하도록 패키지로 협상한다.

③ 긍정적·생산적 협상 프로세스가 되도록 하라!
표면적 입장(position) 대신 심중의 이해관계(interests)에, 과거보다는 미래, 비난보다는 공동의 문제 해결에, 일반적·단언적 주장보다는 구체적이며 사실에 기반을 둔 커뮤니케이션에 초점을 맞추어 논의한다.

---

8) 상대에게 더 중요한 이슈는 내가 양보하고, 나에게 중요한 이슈는 상대가 양보함으로써 서로 필요한 사항을 충족시켜 주는 협상 방식을 말한다. 두 사람이 통나무 위에 올라가 굴려서 목적지까지 빨리 운반하는 경기에서 서로 보조를 맞춰야 떨어지지 않고 이길 수 있는 데서 유래한 용어이다.

④ 설득력 있는 협상 스타일을 채택하라!

- 상대의 이해관계에 개방적·공감적 자세를 취하면서 내 이해관계를 적극적으로 주장한다.

- 상대의 가치관, 신념, 목표에 맞춰 상대가 사용하는 언어로 제안을 작성한다.

- 내용, 절차에 있어서 모두에게 공정하게 여겨지는 합의안을 도출한다.

- 사실, 논리, 분석을 토대로 하면서 스토리와 비유의 방법을 적절히 사용해 설득한다.

- 나에 대한 상대의 실질적 신뢰(전문성 등)와 함께 관계적 신뢰도 형성되도록 노력한다.

참고 : 하버드대 데이비드 랙스(David A. Lax) 등, 2006

바람둥이에 변신의 귀재, 제우스의 협상 능력

제우스의 바람기는 그칠 줄 모른다

구름을 모으고 동에 번쩍 서에 번쩍 번갯불을 던지는 최고의 신 제우스. 독수리를 옆에 끼고 올림포스 산 정상의 옥좌에 앉아 하늘과 땅, 신과 인간의 세계를 엄정하게 다스린다. 그 권위와 힘을 무엇에 비하며, 누가 감히 도전할 수 있겠는가. '천상천하 유아독존'의 존재다.

그런데 이 전지전능의 신에게도 치명적 약점이 있다. 여신, 요정, 인간 여성 할 것 없이 여자를 너무 밝힌다. 헤라 외에도 여러 여신을 부인으로 두고도 제우스의 바람기는 그칠 줄 모른다. 생식 능력까지 좋아 우리가 잘 아는 신들과 인간 영웅들 대부분 제우스의 자식들이다. 이렇게 제우스가 시도 때도 없이 바람을 피우니 정실부인 헤라는 남편의 애인들과 그 사이에서 난 자식들에 대한 질투, 복수로 날을 샌다. 여신 중의 여신이 지지리도 남편 복은 없었다고 할까.

제우스가 애정 행각을 벌일 땐 교묘하게 자신의 모습을 바꾼다. 원래 신들이 인간들에게 모습을 보여주지 않으려고 변신을 하지만 점잖은 신분에 사랑놀음을 하려니 쑥스럽기도 할 거고, 헤라에게 밀애 현장을 절대 들켜서도 안 되기에, 그리고 자기에게서 나오는 밝은 빛으로부터 인간 여자들을 보호하려고 자신과 상대 여성의 모습을 자유자재로 변화시킨다.

에우로페와 황소

강의 신의 딸 이오의 미모에 반해 주위를 온통 먹구름으로 뒤덮고서 사랑을 나눈 후 헤라가 눈치 못 채게 그녀를 하얀 암송아지로 만들어버린다. 바닷가에서 천진난만하게 뛰놀던 페니키아 왕의 딸 에우로페에겐 황소의 모습으로 접근하여 크레타 섬까지 유괴한다. 스파르타 왕의 아내 레다한테는 백조로 나타나 유혹한다. 아르고스 왕의 딸 다나에게는 황금비가 되어 내림으로써 나중에 괴물 메두사의 목을 벤 영웅 페르세우스를 잉태시킨다. 심지어 현숙한 유부녀 알크메네에겐 그녀의 남편으로 변신하여[9], 여주인을 본받아 처녀로 남아 있기를 서원한 칼리스토에게는 그 여주인으로 변해 정을 통한다. 막강한 권위와 힘을 지닌 제우스도 여자 문제만 놓고 보면 호색한, 난봉꾼과 다름없다.

제우스는 아주 수완이 좋은 협상가지만 참담하게 실패한 협상이 있다

이성의 유혹. 상대와 부단한 상호 작용과 언어적·비언어적 커뮤니케이션이 필요한 일로서 그 자체가 바로 협상이다. 여신, 님프, 인간 여자 할 것 없이 마음먹은 대로 유혹에 성공하는 걸 보면 제우스는 아주 수완이 좋은 협상가이다. 감언이설로 꼬드기고, 힘으로 제압하기도 하고, 지저분한 기만행위(dirty trick)도 마다 않는 등 자신의 목표 달성을 위해 수단과 방법을 가리지 않는 스타일의 협상가다.

그러나 막강한 협상력에도 불구하고 제우스가 참담하게 실패한 협상이 있다. 아버지(크로노스)가 할아버지(우라노스)에게 그랬던 것처럼 아버지를 거세하고 왕위에 오른 제우스는 할머니인 대지의 여신 가이아로부터 "너 또한

---

9) 뻔뻔스럽게도 제우스는 알크메네와 정을 통한 후 집에 돌아온 그녀의 남편 암피트리온에게서 성대한 만찬까지 대접받는데 이 '사기성 간통'으로 불세출의 영웅 헤라클레스가 탄생한다.

자식에게 당하리라!"는 예언을 듣고 나서 그 많은 부인들, 애인들 중 누구에게서 낳은 자식한테 당할지 알 수 없어 늘 불안하다.

그러던 중 아버지 세대인 티탄들과의 전쟁에서 자신의 편에 섰던 프로메테우스가 금기를 어기고 불을 훔쳐 인간들에게 주는 죄를 저지른다. 격노한 제우스는 그를 코카서스 산정의 바위에 묶어놓고 독수리에게 매일 간을 쪼아 먹히는 벌을 준다.

그런데 가만히 생각해보니 프로메테우스(Prometheus)가 누구인가. 이름에서도 나타나듯[10] 제우스 자신에게 닥칠 신상의 비밀도 알고 있을 것 아닌가. 제우스는 충실한 전령 헤르메스를 통해 프로메테우스와 흥정을 벌인다.

"내 앞날에 드리워진 액운을 알려주면 바로 풀어주겠다. 안 그러면 그 엄청난 고통이 영원히 반복되게 놔둘 거야!"

제우스의 수차의 회유와 협박에도 불구하고 프로메테우스는 굴복하지 않는다. 그래서 매일 간을 쪼아 먹히는 고통은 무려 삼천 년이나 계속된다. 절대적으로 우세한 협상력을 갖고 있었지만 결국 제우스는 프로메테우스로부터 '예스'를 얻어내지 못한다.[11]

제우스, 예쁜 여자를 호리는 협상에서는 뛰어난 능력을 발휘하지만 프로메테우스라는 만만치 않은 상대와 자신의 운명과 관련해 벌인 협상에서는 좌절을 맛보고 만다.[12]

---

10) 프로메테우스는 '미리 내다보는 자', 즉 선지자를 의미한다.

11) 지극히 약한 입장에서도 프로메테우스가 굴복하지 않은 이유는 무엇이었을까. 자신이 흙으로 빚어 만든 인간에게 불을 가져다 준 행위가 결코 잘못된 게 아니라는 신념, 정당성 때문에 그러지 않았을까.

12) 제우스가 그렇게 알고 싶어 했던 자신의 운명의 비밀은 삼천 년이 흐른 후 헤라클레스가 나타나 프로메테우스를 사슬에서 풀어주자 비로소 밝혀진다. 그건 제우스가 푹 빠져 있던 바다의 여신 테티스와 사이에 나올 아들이 아버지를 능가하는 위대한 인물이 될 것이라는 것이었다.

협상력(bargaining power)이란 '자신이 원하는 조건으로 합의를 얻어낼 수 있는 능력'으로서 협상자 자신이 통제할 수 없는 요인(경제적·사회적·제도적 요인)과 노력에 의해 바꿀 수 있는 요인(정보, 유·무형 자원 동원 능력, 전문성, 지식 등)에 의해 결정된다.

상대보다 협상력이 떨어질 땐 다음과 같이 협상하길 권한다.

① 불리한 상황을 더욱 악화시키니 내 약점을 스스로 드러내지 말라!
② 나의 빈약한 배트나(BATNA)13) 즉, "이 사람이 아니면 난 어떻게 해야 하지?"에 초점을 맞추지 말고, 상대의 배트나("내가 아니면 이 사람은 어떻게 할 것인가?")에 초점을 맞추어 내가 상대에게 안겨주는 가치를 기준으로 협상하라!
③ 힘이 약한 다른 협상자들과 연합해 힘을 키우라!

그래도 협상력의 차이가 극복될 수 없거나 자신의 배트나가 정말 형편없을 땐 협상을 하지 말고 상대의 공정성에 호소하거나 "도와주세요!"라고 하는 편이 나을 수도 있다.

☞ 상대보다 협상력이 떨어질 땐 상대의 배트나, 상대의 약점에 초점을 맞춰 협상하라!

참고 : 하버드대 디팩 말호트라(Deepak Malhotra) 등, 2007

---

13) 배트나(BATNA : best alternative to a negotiated agreement)란 상대와 협상이 결렬될 경우 내가 가진 최선의 대안을 말한다.

협상하면서
배운다

가르치면서 많이 배웠다

2월말로 충남대 재직 기간이 종료되었다. 협상을 주제로 학위논문을 쓰고 겸임교수, 초빙교수로 모두 10학기, 5년 강단에 섰다. 가만히 생각해보니 인생의 한 봉우리, 육십 고개를 대학에 몸담으며 넘은 셈이다. 숨이 다소 차긴 했지만 뿌듯하고 가뿐하게 넘었다.

공직에서 나와 은퇴자의 삶과 마주하면서 정신적, 육체적으로 많은 스트레스를 받을 수 있었는데 고도 차이를 거의 느끼지 않고 '연착륙' 할 수 있었던 건 캠퍼스에서 보낸 시간 덕분이었다. 서툰 훈장 노릇이라도 하려니 책 보고 강의 준비하는 데 에너지, 시간을 쏟느라 다른 생각할 겨를이 없었다. 통과의례처럼 겪는다는 퇴직 후 허무함, 무력감이 비켜 지나갔다.

평생 조직 속 번문욕례(繁文縟禮)에 따르며 살다 자유분방한 분위기에서 발랄한 학생들과 어울리다 보니 몸과 마음이 절로 젊어졌다. 늘 목을 졸라매던 넥타이를 풀고 편한 신발로 다니는 홀가분함! 강의가 있는 날 버스에 몸을 싣고 대전과 서울을 오가는 두 시간 여행길도 큰 즐거움이었다. 보온병에 담아간 아메리카노를 마시며 차창 밖을 바라보고 있노라면 그렇게 마음 편할 수 없었다. 계절마다 바뀌던 그 풍경들이 앨범 속 사진 마냥 기억 속에 선명하게 남아 있다.

학생들을 가르친다고 했지만 사실은 필자가 많은 걸 배웠다. 외도로 하는 강의라 아무래도 서툴러 거의 매일 강의 준비로 하루를 보내다시피 했다. 돋보기를 끼면 금방 눈이 아파 책을 덮었다 폈다 하느라 많이 읽지 못하면서도. 그렇게 학생들과 묻고 답하고 토론하면서 그동안 보고 겪었던 일들을 이론적으로 어떻게 정의하고, 해석하고, 의미를 부여할 수 있는지 정리되는 느낌이었다. 강의하면서 생각이 조금 더 넓어지고 깊어졌다고 할까. 세 시간짜리 강의에 학생들이 흥미를 갖고 집중하도록 하는 요령도 터득했다.

협상을 많이 해본 사람이 보다 나은 합의를 이루어낸다

미국의 경우 대부분의 MBA 과정에서 필수(또는 선택) 과목으로, 그리고 기업의 중역 대상 교육 프로그램으로 협상을 가르치고 있다. 로스쿨이나 공공정책, 국제관계 등 인접 학문에서도 마찬가지다. 갈등과 분쟁이 심화되는 현실에서 협상 능력은 21세기 관리자에게 요구되는 핵심 역량이기 때문이다.

이러한 협상 교육은 주로 모의협상(simulation) 방식으로 이루어지고 있다. 비슷한 상황에서 협상을 해보면서 협상 기술과 역량을 익히는, 경험을 통한 학습이다. 실제로도 협상을 많이 해본 사람이 보다 나은(통합적인) 합의를 이루어내는 경향을 보이고 있다. '실제 해보면서 배운다(learning by doing)!' 협상 교수법으로서 모의협상이 널리 사용되는 이유다.

주말 저녁 첫째 내외와 식사자리. 입사 6년째의 며느리가 직원들을 대상으로 처음으로 강의를 해봤다고 한다. 한 시간 강의지만 준비를 단단히 했던 모양이다. "다음 주에 또 강의를 하게 됐어요. 이번엔 두 시간짜리에요."라면서 짐짓 긴장하는 투다. 차분해서 첫 강의도 잘했겠지만 두 번째는 훨씬 더 잘할 거다.

'새아가, 걱정하지 마라. 강의하면서 많이 배운단다. 그뿐 아니다. 자신감, 요령에 두둑한 배짱도 생기게 된다. 시아버지의 경험이니 힘 내거라!'

그동안 석·박사 과정 학생들을 대상으로 강의할 수 있는 기회를 준 충남대학교 여러분들에게 이 지면을 빌어 깊은 감사의 말씀을 드린다.

효과적인 협상 교육 방법

대학 등 여러 교육기관의 협상 교육 방법(주입식 강의, 모의협상, 협상현장 관찰 등) 중 학생이 직접 협상자의 역할을 맡아 협상을 해보는 모의협상이 가장 효과적인 방법으로 알려져 있다. 협상 교수법으로서 유용성에도 불구하고 모의협상은 다음의 문제점이 지적되고 있다.

① 참여자들이 자신이 맡은 역할을 과장하거나 진지함, 진실성이 부족해 경험의 효과가 떨어진다.
② 복잡한 상호 작용이 이루어지는 협상 상황을 최대한 단순화 한 모의협상 경험이 실제 협상에서 그렇게 도움이 되지 않고, 시간이 많이 소요된다.

이러한 모의협상의 문제점을 보완하기 위해 협상현장 관찰학습을 병행하는 방법이 권고된다. 전문 협상가들이 벌이는 협상을 관찰하도록 한 후 학생들에게 관찰한 협상 행동 중 활용하고 싶은 특정 행동을 기재하도록 하고, 이어지는 모의협상에서 그걸 구사해보도록 함으로써 성패의 경험을 갖게 하는 방법이다.
☞ 협상 교육 과정 중 몇 번은 거리에 나가 실제 상황에서 협상해보도록 하라!
   협상 전문가로 키우고 싶은 신규 직원을 자주 협상장에 데리고 가라!

참고 : 미국 벨몬트대 캐서린 로스(Catherine Loes) 등, 2016

2장

늘 하게 되는 협상, 만족스러워야 한다

협상을 시작하는 일조차
쉽지 않다

협상이 자동적으로 시작되지 않는다

해 바뀐 지 엊그제 같은데 2월이 다 지났다. 늘 이맘쯤이면 마음이 편치 않다. 붓글씨도 쓰고, 클래식 기타도 배우고, 미술관도 다니고… 새해 맞으면서 단단히 각오하며 세운 계획의 대부분 손도 못 대고 있기 때문이다. 올해는 만예순이 되는 해라 더 의미를 부여하며 이런저런 목표를 세웠지만 몸에 밴 나태에 의욕이 당해내질 못해 또 도루묵이 될 지경이다. 늘 그렇듯 실천하지 못하는 자신을 너그러이 이해하며 넘어가려는데 문제는 아내의 성화다.

"며느리 맞고, 손주도 볼 건데 그렇게 의지박약해 되겠어요!"

듣고 보니 그렇다. '시아버지, 할아버지가 되는데 조금은 달라져야지.' 풀었던 가방을 다시 싸고 운동화를 꺼내 신었다.

오래 궁리해 좋은 계획을 세워도 그 일을 시작하지 않는다면 아무 의미도 없다. 두 사람 간 다툼을 해결하고, 모두가 만족하는 답을 찾기 위한 의사 결정 프로세스로서 협상도 그렇다. 마주 앉아 협상을 시작해야 한다. 그래야 문제를 풀 수 있고, 좋은 사업 기회를 놓치지 않으며, 처우에 불만을 가진 유능한 직원이 일언반구도 없이 직장을 떠나는 일이 벌어지지 않는다. 하늘을 봐야 별을 딸 수 있다!

문제는 협상을 시작하는 일이 쉽지 않다는 것. 상대와 해결해야 할 갈등이 있다고, 그리고 그것을 협상을 통해 풀 수 있다 해서 협상이 자동적으로 시작되지 않는다. 최소한 어느 한 쪽이 갈등을 협상을 통해 해결할 의지를 갖고 시동을 걸어야 한다. 용기도 내야 한다. 주저하는 상대를 협상 테이블로 이끌어야 하고, 문제 해결을 위한 요구와 제안을 내놓아야 한다.

내가 상대와 협상에 나서게 하는 요인은 무엇일까?

풀어야 할 문제와 조정해야 할 이해관계를 가진 내가 상대와 협상에 나서게 하는 요인은 무엇일까? 그동안의 협상 연구는 당사자 모두 협상 테이블에 앉았다고 가정하고 합의에 도달하는 방법을 찾는데 초점을 맞춰왔다. 협상 착수의 중요성을 간과해 온 측면이 있었다. 그래도 별 문제 없었다.

그러나 이젠 환경이 달라졌다. 세계화로 다른 문화권 사람들과 교류가 활발해지고, 여성이 대거 경제활동에 참가하면서 협상을 시작하는 일 자체가 중요해졌다. 아직도 많은 나라가 충분히 관계가 성숙되지 않고선 외국인과 협상 테이블에 앉길 꺼린다. 그리고 남녀 간 협상에 대한 지각이 아주 달라 여자들은 남자에 비해 협상을 부담스럽고 특별한 절차로 생각하는 경향이 있다.[14]

---

14) 카네기멜론대 린다 뱁콕(Linda Babcock) 등에 의하면, 원하는 것을 성취함에 있어 남자는 훨씬 적극적인 방법을 채택하는데 여자는 요구하는 것 자체를 꺼리는 경향이 있다. 이러한 차이로 인해 남자는 협상을 일상의 중요한 부분으로 여기지만, 여자는 아주 구조화되고 형식을 갖춘 경우에만 협상으로 인식한다.

협상자 개인의 특성[15]과 그가 처한 상황[16]이 협상을 시작하도록 하는 데 영향을 미치는 중요한 요인으로 알려져 있다. 브라질 직장인들을 대상으로 한 연구에 의하면 자기의 협상력이 상대보다 강하다고 생각하면 주도적으로 협상을 시작하게 된다. 우월한 협상력이 협상에 따른 잠재적 위험이나 비용보다 얻을 수 있는 보상을 더 크게 보이게 하기 때문이다. 힘이 세다고 느끼면 아무래도 사회규범이나 기준, 위험에 개의치 않을 수 있다.

협상자가 개인주의적 성향이 강할 경우에도 상대에게 접근해 협상을 벌일 가능성이 더 높은 것으로 나타났다. 다른 사람과의 관계 유지와 조화를 중요시하는 집단주의자는 자기 본위의 행동이나 사회적으로 서투르게 보이는 행동은 피하려 해 협상이 필요한 경우에도 주저한다. 그러나 자신에게 보다 관심을 기울이는 개인주의자는 자신의 행동이 상대에게 미치는 결과에 그다지 신경 쓰지 않는다. 자신의 이해관계의 충족을 위해선 내켜지 않는 상대라도 얼마든지 협상 테이블로 불러낼 수 있다.

흥미로운 것은 자신의 협상력이 약하다고 생각하면 개인주의자와 집단주의자 간 협상 착수 행동에 있어서 차이가 별로 없지만, 협상력이 세다고 느낄 경우엔 그 차이가 두드러진다. 자신의 협상력에 대한 지각이 협상 착수 행동에 미치는 개인 성향의 영향을 조절함을 알 수 있다.

예년과 다르게 연초에 세웠던 계획 한두 개라도 시작해 그럭저럭 실천하고 있는 건 순전히 아내의 일갈 덕분이다. 며느리에게 흠 잡히지 않고, 언젠가 태어날 손자나 손녀에게 멋진 할아버지가 되고 싶은 개인적 바람을 자극하여 포기 일보 직전의 무릎을 다시 일으켜 세운 것이다.

---

15) 나이, 성별 같은 인구 통계적 요인과 성격, 개인이 속한 문화 등을 말한다.
16) 상대의 행태·평판, 협상 장소, 상대와 걸린 이익의 정도 등을 말한다.

협상 착수 행동에 영향을 미치는 요인

협상력이 높은 협상자들이, 그리고 집단주의자보다는 개인주의자들이 상대에게 접근하여 먼저 제안하는 등 협상에 착수할 가능성이 더 높다. 이를 감안할 때 이해관계가 걸려 있는 상대와 협상을 시작하는 것 자체가 중요할 경우,

① 상대에게 있어 나의 가치, 상대의 나에 대한 의존도를 기준으로 자신의 협상력을 평가한 후 자신 있게 협상에 나설 필요가 있다. 힘이란 지각의 문제이면서, 상대적·가변적인데다 복합적 요인에 의해 결정되어 부딪혀 보기 전엔 정확히 누가 더 센지 모르기 때문이다.

② 그리고 개인주의 성향의 협상자를 내세우는 것이 좋다. 특히, 상대가 집단주의 문화권에 속하거나 집단주의적 기질을 지녔을 경우엔 더욱 그렇다.

☞ 상대와 풀어야 할 문제, 이해관계가 있을 때 힘이 약하다고 미리 겁먹고 수동적으로 기다리지 말고 합리적 제안을 마련하여 먼저 접근해보라!

참고 : 아메리칸대 로저 볼키마 (Roger Volkema) 등, 2016

서로 의중을 모르면
협력하지 않느니만 못할 수 있다

삼단 같은 머리카락을 자르고 대대로 물려받은 시계를 처분하지만…

"머리카락을 잘랐다고?"

"당신 머리카락은 이제 없어졌단 말이지?"

"멋지지 않아요, 짐? 이걸 찾으려고 온 시내를 다 돌아다녔어요. 이제는 하루에 백 번도 더 시간을 봐야만 할 거예요. 당신 시계를 주세요. 이 줄이 그 시계에 얼마나 잘 어울리는지 보고 싶어요."[17]

우리가 잘 아는 미국 소설가 오 헨리의 단편소설 「크리스마스 선물」에 나오는 대화 한 토막인데 어딘가 심상치 않다. 그의 소설의 매력인 '반전을 통한 뜻밖의 결말'에 이른 것 같다.

솔로몬 왕도 부러워할 만한 남편의 금시계가 헌 가죽 끈에 묶여 있는 게 늘 마음에 걸렸던 델라. 식료품 가게, 푸줏간에서 억지로 값을 깎아 한 푼 두 푼 모았지만 고작 1달러 87센트! 어떻게든 남편의 멋진 시계와 어울리는 시곗줄을 선물하려고 그만 자신의 삼단 같은 머리카락을 잘라 팔고 만다.

시바 여왕이 탐낼 윤기 넘치고 풍성한 머리를 가진 아내가 브로드웨이가(街) 진열대 속 보석 박힌 빗 세트를 갖고 싶어 하는 걸 진즉부터 알고 있는

---

17) 오 헨리. 조선문학편집위원실 엮음. 2003. 오 헨리 단편집. 서울 : 테마북스. p43, p49에서 인용.

짐. 아내의 아름다운 머리를 더 빛내줄 그 빗을 사기 위해 대대로 물려받은 시계를 기꺼이 처분한다.

서로 이해관계를 털어놓고 공유해야 윈-윈 할 수 있다

어렸을 때 이 소설을 읽으며 울컥했는데 다시 읽어봐도 애처롭고 짠하다. 요즘 세상에 이런 부부가 몇 쌍이나 있을까. 사랑하는 아내, 남편을 위해 자신이 가장 소중히 여기는 보물을 포기한 부부를 두고 작가는 "이들이야말로 가장 현명한 사람들이다."라며 소설의 종지부를 찍는다.

크리스마스이브에 부부가 서로의 마음을 확인하고 더욱 사랑이 깊어졌을 터이나 안타깝게도 큰 대가를 지불했지만 당장엔 아무짝에도 쓸모없는 선물을 주고받은 결과가 되고 말았다.[18]

짐이 사양할까 봐, 델라를 더욱 기쁘게 해주려고 그렇게 안 했지만 선물을 사기 전 서로 자신의 속내를 털어놓았거나 뭘 원하는지 물어봤다면 어땠을까. 상대에게 정말 필요하면서 자신도 감당할 수 있는 실용적 선물을 주고받지 않았을까(소설의 재미는 크게 감소하겠지만).

협상에서 나누어 가질 파이(가치)를 키우려면, 윈-윈 하려면 서로 원하는 바, 이해관계를 털어놓고 공유해야 한다. 당사자 간 상충되는 입장 뒤에 있는 욕구, 희망, 관심사, 우려를 서로 알아야 상호 양립하면서 모두에게 이익이 되

---

18) 게임이론(game theory) 측면에서 보면 부부가 동시에 협력적 행동을 선택하고도 그 결과는, 서로 상대를 믿지 못해 경우의 수를 따져 자신에게 더 유리한 대안을 선택함으로써 두 사람 모두 최악의 상황을 맞는 죄수의 딜레마 게임과 같은 경우가 발생했다. 상대의 의중을 모르는 상태에서 동시에 행동할 경우 당사자 모두 (짐과 델라처럼) 협력적 행동을 하더라도 이렇게 의외의 결과가 나타날 수 있다.

는 해결안을 찾아낼 수 있다. 묻고 대화해야 의중과 관심사가 드러난다. 그래야 델라와 짐이 자신의 보물을 팔지 않고도 남편, 아내를 만족시킬 수 있는, 진정 '현명한 선물'을 할 수 있다.

서로의 이해관계에 초점을 맞춰 협상하는 방법

이미 결정된 입장(position)을 놓고 타협하기보다 그 입장을 취하게 된 이유인 이해관계(interests)를 조정하는 것이 협상에 걸린 문제를 현명하게 해결하는 방법이다.

(예1) 남편의 입장(큰 차를 사자) 뒤 이해관계(이유) : 과시하고 싶어서

아내의 입장(실용적인 차를 사자) 뒤 이해관계 : 교통수단일 뿐이어서

(예2) 판매 담당 임원의 입장(여러 모델 생산) 뒤 이해관계 :

소비자의 선택 폭을 넓혀 매출 증대

생산 담당 임원의 입장(소수 모델 생산) 뒤 이해관계 : 생산원가 인하

이와 같이 협상자의 요구, 주장의 형태로 나타나는 입장은 구체적이고 명확하지만 그 요구나 주장의 이유(동기)로서 이해관계는 협상자의 심중에 있는 욕구, 희망, 관심사, 불안 등으로서 알기 쉽지 않다.

그래서 입장이 아니라 서로의 이해관계에 초점을 맞춰 협상할 수 있는 다음의 방법을 소개한다.

① 상대에게 요구나 주장의 이유, 그리고 내 요구를 받아들이지 못하는 이유를 명확히 묻는다.

② 나의 이해관계를 이해할 수 있도록 상대에게 진솔하게 설명한다.

③ 그런 후 파악된 이해관계를 중심으로 서로 만족할 수 있는 해결안을 논의한다.

☞ 상대의 이해관계를 명확히 물어 파악하고, 자신의 이해관계를 상대가 이해할 수 있게 설명한 후 드러난 이해관계에 초점을 맞춰 상호 양립 가능한 이해관계를 찾아 문제를 해결하라!

참고 : 로저 피셔(Roger D. Fisher, 1991) 등, 윌리암 유리(William L. Ury, 1988) 등

선수를 치는 게 좋을까, 먼저 제안하길 기다릴까?

빵 접시와 와인 잔을 먼저 챙겼어야 했나

하늘은 높고 말이 살찌는, 춥지도 덥지도 않은 계절. 바야흐로 결혼 시즌이다. 요즘 토요일, 일요일은 예식장에 가는 차 안이나 식장에서 많이 보낸다. 주말 일과가 되었다. 정말 축하해주고 싶어 참석하기도 하고, 내 혼사에 왔으니 상호주의에 의한 보답으로, 또는 어떤 의무감 때문에 가기도 한다. 어떤 이유에서든 청춘남녀의 결연의 자리에 가니 기분 좋게 나서고, 식을 끝까지 지켜보는 편이다.

하객 입장에선 예식이 혼주와 신랑, 신부가 연출하는 한 편의 '쇼(show)'라고 할 수 있다. 지켜보는 재미가 꽤 있다. 이 결혼식, 저 결혼식 다니면서 배우는 게 많다. 최근에 겪은 일도 오래 기억에 남을, 아주 유익한 경험이었다.

어느 토요일 저녁, 오랜 지인의 딸 결혼식. 예식과 연회가 한 장소에서 이루어지는 '동시 예식'이다. 혼주와 인사 후 식장 안 시야가 좋은 테이블에 자리를 잡았다. 양식 식기류와 잔들로 둥근 테이블이 빼곡하다. 향이 나니 생화임에 틀림없는 꽃들이 길쭉한 화병에 가득 꽂혀 있다. 잔잔한 현악 연주가 흐르고 전체적으로 격조가 있다.

식이 웬만큼 진행되자 식사를 내오기 시작하는데 빵바구니부터 놓고 간다. 냅킨을 무릎 위에 올려놓고 빵을 하나 집어 접시에 놓으려는데 생면부지의 왼쪽 하객이 이미 그 접시를 차지하고 있다. '혹시나' 하고 오른쪽 접시를 흘낏 보니 '역시나' 동석한 친구가 사용하고 있다. 일순 당황했지만 대수롭지 않게 빵을 뜯어 버터는 바르지 않고 그대로 입에 넣었다. 조금 세련돼 보이진 않겠지만 크게 문제 될 건 없으니.

그게 끝이었으면 기억에 오래 남지 않았을 것이다. 테이블 중앙에 마개가 따진 와인 한 병이 주인을 기다리고 있다. 손을 뻗어 왼쪽 하객에게 권하니 잔을 집어 든다. 오른쪽의 친구가 내려놓는 잔에 마저 따른 후 그 친구에게 병을 넘기고 필자의 잔을 찾는데 또 온데간데없다. 할 수 없이 일어나 왼쪽 하객 쪽 잔을 끌어다 따라주는 와인을 받았다. 쨍하고 건배를 하는데 조금 멍하다. '내 빵 접시와 와인 잔을 먼저 챙겼어야 했나?' 물 컵마저 뺏길까봐 얼른 당겨놓았다.

예식장에 일찍 도착할 걸!

어스름한 일요일 저녁, 어떤 분 딸 결혼식. 청첩을 따로 보내지 않았건만 첫째의 결혼식에 왔던 분이다. 고마웠던지라 그 댁 혼사 때 꼭 참석하겠다고 마음먹고 있던 터였다.

식장까지 꽤 멀어 차를 가지고 갔는데 의외의 복병을 만났다. 주차 빌딩이 워낙 협소해 핸들을 몇 번이나 감았다 풀었다 해야 겨우 올라갈 수 있는 외줄 경사로를 따라 한 층, 한 층 진땀을 뺀 끝에 도착한 건물 옥상은 이미 만차! 옥상 난간에 이르렀는데 뒤에도 차 몇 대가 따라와 앞으로도, 뒤로도 갈수 없는 난감한 상황이 되었다.

예식 시간이 다 돼 혼주에게 인사부터 해야겠기에 그냥 차에서 내렸다. 뒤따라오던 운전자들도 차를 통로에 둔 채 식장으로 향하고 있었다. 식장은 발을 내딛기 어려울 정도로 인산인해였다. 겨우 비집고 들어가 줄 뒤에 섰고, 한 걸음 한 걸음 나아간 끝에 혼주를 만날 수 있었다. 예식이 치러지는 야외 정원으로 나오니 앉을 좌석은 고사하고 서 있기도 마땅치 않았다.

안면이 있는 사람들이 있어 인사를 나누고 있는데 스피커에서 이 번호 저 번호의 차 주인을 찾는 방송이 계속 나온다. 필자의 차를 호출하진 않았지만 통로 한가운데 차를 놓고 온지라 마음이 편치 않아 식장을 나오고 말았다.

아니나 다를까, 주차장엔 이미 여러 사람들이 곤혹스런 표정을 지으며 서 있었다. 여러 번 수배 끝에 다른 차량들은 다 빼냈는데 필자 바로 뒤차 운전자가 나타나지 않아 차들이 나가지 못하고 있었다. 거기서 만난 지인 부부도 차 때문에 서둘러 나온 듯했다.

한참 기다리니 주차 요원이 그 차의 운전자로부터 차 열쇠를 받아 왔다. 솜씨 좋은 그 주차원에게도 좁고 굽은 경사로를 후진으로 내려가는 게 여간 어려운 일이 아니어서 시간이 꽤 걸렸다. 통로가 뚫리고 순서대로 빠져 나오는 데 거의 30분이나 걸렸다. 깊어가는 가을밤, 도심 속 정원에서 거행된 멋진 예식을 보지도 못하고 돌아오려니 씁쓸했다.

'예식장에 일찍 도착할 걸!'

먼저가 좋은지, 나중이 좋은지는 상황에 따라 달라지는 문제이다

협상 테이블에서 상대에게 선수를 치는 게 좋은지, 아니면 상대가 먼저 제안하길 기다렸다 후수를 두는 게 좋은지는 아주 흥미로운 주제이면서 열띤 논쟁거리이다. 보통 학자들은 먼저 제안하길 권한다. 먼저 제안한(특히, 숫자로 제시한) 내용이 상대에게 배의 닻처럼 작용하여 결국 그 언저리에서 합의가 이루어지기 쉽다. '닻 내리기 효과(anchoring effect)'19)를 거둘 수 있다. 수많은 연구 결과를 토대로 그렇게 말한다. 범죄 피고인에 대한 판사의 선고 형량이 먼저 제시되는 검사의 구형량에 영향을 받을 정도로 그 효과는 강력하다.

그러나 오랜 경험을 가진 협상 전문가들은 상대의 제안을 보고 대응하는 것이 더 낫다고 말한다. 상대가 어느 정도까지 지불할 용의가 있는지, 얼마나 받으려할지 잘 알지 못하면서 먼저 제안했다가 크게 거둘 수 있는 이익을 스스로 줄이거나, 많이 지불하지 않아도 되는데 자청해서 바가지를 쓰는 '저주스러운' 결과를 숱하게 보고 겪었기 때문이다.

결론적으로 협상에서 상대보다 먼저 제안하는 것이 좋은지, 나중에 제안하는 게 좋은지는 한 마디로 얘기하기 어려운, 상황에 따라 달라지는 문제이다. 협상 대상의 가치에 대해 잘 알고, 상대의 최대 양보선20)에 대한 정보가 충분하다면 먼저 제안하여 기선을 제압하는 것이 유리하다. 그러나 상대는 알고 있지만 나는 모르는 '정보 비대칭(information asymmetry)' 상황에서는 '닻 내리기'의 이점은 포기하더라도 상대의 제안을 받아보고 나서 대응 제안을 하는 게 안전하다. 그래야 보기엔 이긴 것 같아도 실제론 지느니만 못한 '승자의 저주(winner's curse)'를 피할 수 있다.

거래 협상에서는 그렇게 하면 될 텐데, 결혼식장에서 필자가 겪었던 곤란한 상황을 맞지 않으려면 어떻게 했어야 했나. 곰곰이 생각해보니 이 역시 상황에 달려 있는 문제이다. 식사 테이블 에티켓을 확실히 알고 있다면 먼저 내

---

19) 초기에 접한 정보가 결정에 큰 영향을 미치는 현상을 일컫는 행동경제학 용어다. 닻을 내린 배가 물결에 조금 흔들릴 뿐 그 자리에 정박해 있듯 사람들이 처음 접한 정보에 사로잡혀 이를 기준으로 의사 결정을 내리는 걸 말한다. 사람들이 그 기준점을 토대로 약간의 조정을 거치기는 하나 그 조정 과정이 불완전하여 결국 잘못된 결정을 내리기 쉽다. 닻 내리기 효과는 2002년 노벨경제학상 수상자 대니얼 캐너먼(Daniel Kahneman)과 아모스 트버스키(Amos Tversky)에 의해 처음 입증된 바 있다.

20) 협상 용어로는 '저항점(resistance point)'이라 한다.

빵 접시와 와인 잔을 챙기는 것이 안전하다. 옆에 앉은 하객도 알고 있으려니 하고 손 놓고 있다간 필자와 같이 난감한 순간을 맞을 수 있다. 주차 문제도 그렇다. 예식장 주차 여건이 좋지 않다는 걸 알았으면 서둘러 출발해 주차공간을 선점해야 한다.

멋진 '쇼'를 보러 갔다 두 번이나 스스로 촌극의 주인공이 되고 나서 예식장에 갈 땐 늘 선수를 친다. 다시는 빵 접시나 와인 잔을 뺏기지 않고, 주차 때문에 식도 못 보고 발길을 돌리는 일이 없도록.

사람들은 판단이 곤란할 경우 맨 처음 접하는 정보(특히, 숫자 형태의 정보)의 영향을 많이 받아 이를 기준으로 결정하는 경향이 있다. 닻을 내린 자리에 배가 머물러 있듯, 그 정보(숫자)가 판단의 닻(anchor) 역할을 한다.

'닻 내리기'의 영향은 매우 강력해 여러 분야의 의사 결정에서(심지어 법원의 판결에서도) 나타난다. 첫 제안이 상대의 대응 제안과 최종 합의에 영향을 미치는 닻으로 작용하여 먼저 제안하는 쪽이 기선을 잡게 된다.

이와 같이 먼저 제안할 경우 상대를 그 제안에 묶어놓음으로써 유리하게 협상을 끌고 가는 이점이 있지만 거기엔 다음과 같은 위험도 따른다.

① 첫 제안을 과도하게 할 경우 역효과가 나 협상 파국이나 교착 상태에 빠질 수 있다.

② 자신의 선호나 의중을 드러냄으로써 상대에게 이용당할 수 있다.

③ 협상 대상이나 상대의 의중을 잘 모르는 '정보 비대칭' 상황에서 먼저 제안했다가 이기더라도 막대한 대가를 치러야 하는 '승자의 저주'를 당할 수 있다.

④ 당사자 간 관계가 중요하거나 윈-윈 하려는 통합적 협상 상황에서는 상대의 만족도와 거래 지속 의사에 부정적 영향을 줄 수 있다.

☞ 자신의 이익을 최대화하려는 분배적 협상 상황에서 협상 대상의 가치와 상대의 최대 양보선에 대한 정보가 충분하다면 상대보다 먼저 제안하라! 그러지 않다면 상대가 먼저 제안하길 기다려라!

☞ 관계가 중요하고, 윈-윈 하기 위한 협상에서는 먼저 제안하지 말고 가급적 기다려보라!

참고 : 카네기멜론대 채프먼(Gretchen B. Chapman) 등, 1994

한순간의 서툰 판정이
상황을 악화시킨다

왜 그 상사는 직원들 다툼을 그렇게 오래 지켜만 봤을까?

공직 초창기, 어떤 상사분이 계셨다. 그분은 자신이 방침을 정해 하나하나 지시하거나 직원들을 끌고 가기보다는 아래에서 검토해온 것을 거의 수용하는 스타일의 관리자다. 자유방임형 리더에 가깝다. 그러다 보니 그분에 대한 윗사람들의 평가는 잘 모르겠지만 부하들에게선 대단한 신망을 얻었다. '같이 일하고 싶은 상사 1위'로 꼽힐 만한 분이었다.

사무실에서 일하다 보면 직원들 간 다툼이 있기 마련인데 이에 대한 그분의 대처 방식 역시 일하는 스타일과 닮았다. 어느 날이다. 처음엔 옆 사람에게나 들릴 정도로 시작된 다툼이 사무실 전체가 들썩거릴 정도의 고성으로 바뀌었다. 그분은 고개를 들고 바라만 볼 뿐 나서지 않는다. 직원들이 '아니, 과장이 뭐해? 뜯어 말리고 야단도 치고 그래야지!' 하는 눈치를 보내도 반응이 없다. 소란에 참다못한 다른 직원들이 화를 내며 두 사람 모두를 나무라는 지경에 이르러서도 그분의 방관적 자세는 요지부동이었다.

웬만큼 시간이 지났다. 제풀에 지칠 때쯤 비로소 두 사람을 조용히 불러 앉힌다(여기서부터 등장하는 그분의 갈등 해결 방식이 무척 흥미롭다). 먼저, 왜 다투게 되었는지 차례로 묻는다. K가 여차저차해서 싸우게 되었고 어찌저찌해 자기가 옳다고 얘기하니 그 말 맞다는 듯 고개를 끄덕인다. 이어서 L의 얘기를 듣고 나서도 "아, 그런가." 하며 수긍한다. 직원들 간 다툼은 소관이 분명하지 않은 일을 누가 처리해야 하는지에 대한 것이 대부분이다. "두 사람의 얘기가 다 일리가 있네. 이건 K의 일도 아니고, L의 일도 아닌 것 같아. 이 일은 다른 직원에게 맡길게." 하면서 상황을 종료시켰다.

그 말에 K와 L 모두 문제가 해결돼 희색을 띨 만도 한데 그렇지가 않다. 일순 두 사람이 당황해 하더니 태도가 돌변해 서로 "제가 처리하겠습니다."라고 한다. 둘 다 옳다고 한 과장의 판정으로 '너와 나'의 문제가 '우리와 그들'의 문제로 바뀌어 자칫 두 사람 모두 사무실의 공적(公敵)이 될 판이었기 때문이다. 직원들 간 분쟁을 마냥 방치한다고 봤는데 뒤늦게 개입해 느긋하게 내놓은 해법에 그만 혀를 내두르고 말았다. '저게 내공이다!' 싶었다.

분쟁에 개입하는 제3자는 공정하면서 현명한 판단을 내릴 수 있어야 한다

바다의 여신 테티스와 인간 영웅 펠레우스의 결혼식에 초대받지 못해 심통이 난 불화의 여신 에리스. 잔칫날 나타나 눈부신 미모를 뽐내며 앉아 있는 여신들의 자리에 '가장 아름다운 여신에게'라고 쓰인 황금 사과를 던지고 휙 사라져버린다. 그러자 결혼식에 참석한 모든 여신들이 서로 "내 것!"이라며 일대 소란이 벌어진다. 사과 주인을 가리기 위한, 아니 누구의 미모가 제일 뛰어난가에 대한 여신들 간 다툼은 결국 제우스의 아내 헤라와 전쟁의 여신 아테나, 그리고 사랑의 여신 아프로디테 세 명으로 압축된다.

신들 간 분쟁을 해결해야 하는 막중한 책무를 가진 제우스. 자기 아내 헤라도 낀 미묘한 문제라 무척 골치가 아프다. 그래서 자신의 유능하고 충실한 심부름꾼 헤르메스를 통해 인간들 중 가장 미남이라는 양치기 파리스에게 이 문제에 대한 판정을 맡긴다. 별로 이해관계가 없는 인간에게 여신들의 미모 경연 심사를 맡긴 건 합리적으로 여겨지는데 왜 하필 양치기에게? 미남만이 미녀를 제대로 알아볼 수 있다고 생각해 그랬을까.

트로이의 왕자로 태어났으나 장차 트로이를 멸망시킬 것이라는 어머니의 불길한 태몽 때문에 산에 버려져 목자들이 주워 키웠던 파리스다. 느닷없이 미모의 여신들이 양떼나 돌보는 자신을 매수하기 위해 나타나자 정신을 차릴 수 없다. 헤라는 부와 권력을 주겠다고 하고, 아테나는 전쟁에서의 승리를, 아프로디테는 절세미인을 약속한다.[21]

제대로 배우지 못한 젊디젊은 양치기 건달이 뭘 택하겠는가. 세상에서 가장 아름다운 여인을 약속한 아프로디테에게 그 황금 사과를 건네준다. 이로써 처음이자 마지막이었던 여신들 간 미의 경연에서 아프로디테는 당당히 가장 아름다운 여신으로 등극한다.

그런데 아프로디테가 약속한 절세미인은 스파르타[22]의 왕 메넬라오스의 아내 헬레네였다. 파리스가 아프로디테의 도움으로 헬레네를 유혹하여 트로이로 데려오는 바람에 그녀를 되찾아 오려고 그리스와 트로이 간 전쟁이 일어나게 된다. 인간들뿐만 아니라 많은 신들도 참여해 무려 10년 간 계속된 트로이 전쟁은 이렇게 아주 사소한 사건에서 시작되었다.

갈등과 분쟁을 당사자 스스로 협상을 통해 해결하는 것이 분쟁 해결 결과에 대한 만족도, 재발 가능성, 앞으로의 관계 등의 측면에서 가장 바람직하면서 비용이 적게 드는 방법이다. 그러나 화, 분노로 감정이 격해지거나, 커뮤니케이션이 제대로 되지 않아 당사자 스스로 분쟁을 해결할 수 없을 경우엔 제3자의 개입이 필요하다. 이때 당사자 간 이해를 조정하거나 옳고 그름을 가림

---

21) 세 여신이 파리스에게 약속한 선물은 '인생에서 무엇이 가장 중요한가?'에 대한 교훈적 메시지를 전달하는 알레고리(추상적인 개념이 구체적인 모습으로 나타난 것)로 해석한다.

22) 고대 그리스엔 아테네, 스파르타, 미케네, 테베, 올림피아, 델포이 등의 도시국가(polis)가 있었다.

에 있어 제3자는 공정해야 하고, 오랜 경험과 전문 지식을 토대로 현명한 판단을 내릴 수 있어야 한다. 그래야 그 판정이 존중되고 신뢰를 받는다.

그리고 감정으로부터 분쟁이 생겨나고, 또 분쟁을 통해 그 감정이 악화되기 때문에 분쟁에 개입하는 제3자는 당사자들이 감정을 모두 발산·표출하도록 하는 것이 중요하다. 감정을 표현하면서 적대감이 누그러지기 때문이다.

그 상사는 직원들 간 일어나는 분쟁을 원만하게 해결하는 방법을 정확히 알고 있었다. 무책임한 과장이라는 비난을 받을 때까지 두 직원이 서로 쌓인 감정을 다 드러내도록 끈기 있게 기다렸고, 한쪽 편 손을 들어주는 대신 모두의 입장을 두둔하는 중립적·포용적 자세를 유지했다. 더욱이 K와 L 간 대결 구도를 두 사람과 나머지 직원 전체의 구도로 만들어 공동 책임을 느끼게 함으로써 문제를 결자해지(結者解之)하는 결과를 끌어내기도 했다.

그리스 신화 속에서 딱 한 번 있었던 '미스 올림포스' 선발대회의 심판이 얼굴만 잘 생겼지 세상 물정 모르는 파리스가 아니고 헤르메스나 다른 현자였더라면 가장 아름다운 여신에 누가 뽑혔을까. 질투와 시샘으로 가득 찬 여신들을 상대로 미모 판정을 하면서 아프로디테 딱 한 명의 손만 들어줄 게 아니라 세련미는 헤라, 지성미는 아테나, 청순미는 아프로디테 식으로 세 여신 모두의 손을 들어줬더라면 어땠을까. 결국 자질 없는 심판관의 서툰 판정으로 발발한 트로이 전쟁에서 모든 영웅들이 다 죽고 인간의 '영웅시대'[23]는 막을 내리고 만다.

팔십 중반의 나이에도 그 상사 분은 아주 정정하시다고 한다.

---

23) 그리스 신화에선 인간의 시대를 황금시대, 은시대, 청동시대, 영웅시대, 그리고 마지막 철시대로 이어지는 다섯 시대로 구분한다.

다음의 경우엔 직접적 이해관계가 없는 제3자가 개입하여 분쟁을 조정하거나 중재하는 것이 협상 교착 상태의 타결이나 문제를 해결하는 데 큰 도움이 될 수 있다.

① 화, 분노로 당사자 간 감정 수준이 고조된 경우

② 당사자 간 커뮤니케이션이 잘 안 되거나 막힌 경우

③ 서로의 입장·동기에 대해 고정 관념적 견해를 갖고 있는 경우

④ 갈등, 분쟁을 해결하기 위해 어떤 정보가 필요하고, 어떤 정보를 획득할 수 있는지
   에 대해 당사자 간 심각한 이견이 존재하는 경우

⑤ 협상 이슈의 수와 순서에 대해 서로 동의하지 않는 경우

⑥ 당사자 간 이해관계의 차이가 조정 가능해 보이지 않는 경우

⑦ 당사자들의 가치관이 아주 다르고, 근본적으로 무엇이 옳은지에 대해 동의하지
   않는 경우

⑧ 갈등 해결 절차가 존재하지 않거나 당사자들이 그러한 절차를 따르지 않는 경우

⑨ 협상이 완전히 중단되어 교착 상태에 빠진 경우

공정하면서 전문성과 경험을 갖춘 제3자의 개입으로 두 당사자가 분리되면서 감정적 분위기·커뮤니케이션·관계가 개선되고, 협상 과정과 결과의 합리적 조정이 가능해진다.

☞ 당사자 간 협상이 교착 상태에 빠질 경우 협상과 직접적인 이해관계가 없으면서
   경험과 전문 지식을 갖춘 제3자에 의한 조정이나 중재 요청을 검토해보라!

참고 : 로이 레위키(Roy J. Lewicki) 등, 1996

갈등 관리,
소통이 답이다

아가멤논, 갈등 관리에 실패한 신화 속 영웅이다

　요란한 태풍이 지나가고 곧이어 맞은 추석. 여름 다 지나 찾아온 불청객 덕분에 명절날 아침이 청명하기 그지없다. 고부가 어제 오후 내내 지지고 볶더니 상차림이 풍성하다. 작년 추석엔 며느리 손에 물 한 방울 안 묻게 했는데 이번엔 전도 부치고, 수육도 삶고, 밤도 다듬게 하는 등 이것저것 맡긴 모양이다. 기대를 뛰어넘은 며느리 솜씨에 아내가 흐뭇해한다. 신부 수업 때 잘 배워 뒀다 이번에 제대로 실력 발휘를 한 며느리도 기분이 좋아 보인다.

　시어머니와 며느리로 만난 지 일 년 반. 서로 화목하게 지낸다. 엇박자 내지 않고 손발을 잘 맞춰 왔다.

　아내는 아들보다 며느리와 더 자주 소통한다. 만나서, 전화로, 문자메시지로. 그건 며느리가 먼저 연락하고 즐거이 찾아오기에 가능한 일이다. 사내애들만 키우다 사분사분하게 구는 며느리가 안겨오니 기다렸다는 듯 꼭 품는 모양새다. 두 사람이 늘 소통하면서 갈등으로 번질 수 있는 잠재적 요인을 미리 차단하는 것 같다.

　차례를 지내고 예매해 둔 〈그리스 보물전〉을 보러 갔다. 백 일간의 전시 마지막 날인데도 관람객이 꽤 많았다. 그리스 전역의 박물관 소장품 360여 점을 주제별로 모아놓은 전시회였다. 사진으로만 봤던 신들의 조각상과 벽화,

도자기, 장신구 등을 실물로 보니 참 반가웠다. 크레타와 미노스, 미케네 문명으로 이어지는 그리스의 육천 년 역사가 오롯이 담긴 유물 한 점 한 점이 다 흥미로웠지만 그중에서도 트로이 전쟁의 주역 아가멤논(Agamemnon)의 황금가면이 단연 눈길을 끌었다.

아가멤논. 그리스 신화 속 최대의 사건인 트로이 전쟁에서 그리스 연합군 총사령관을 맡았던 인물이다. 트로이의 왕자 파리스에게 아내 헬레네를 납치당한 메넬라오스의 형이기도 하다. 그 납치 사건으로 그리스와 트로이 간 전쟁이 벌어졌으니 피랍된 제수 덕분에 큰 감투를 쓰고 아킬레우스, 오디세우스를 비롯한 기라성 같은 영웅들을 휘하에 거느린 셈이다.

아가멤논의 황금가면

그의 화려한 가면과는 달리 호메로스의 『일리아스』에서 그려진 아가멤논의 모습은 실망스럽고 옹색하다. 상황 판단 능력은 말할 것도 없고 포용력, 솔선수범 등 리더로서 갖추어야 할 자질이 한참 부족하다. 특히, 아랫사람들의 갈등을 조정해야 할 위치에 있으면서 오히려 자신이 갈등의 씨앗을 뿌리고, 그렇게 생겨난 갈등을 그의 가면마냥 눈감고 방치함으로써 문제를 최악의 상황까지 몰고 가곤 했다.

트로이 출정을 앞두고 아가멤논이 경솔하게도 사냥의 여신 아르테미스의 성스러운 숲에서 사냥을 즐기다 여신의 비위를 거슬러 배들이 꼼짝달싹 못하고 항구에 발이 묶이고 만다. 시작부터 일을 그르친 것이다. 여신을 달래려면 자신의 딸 이피네게이아를 제물로 바쳐야 한다고 하자 아킬레우스와 결혼시킨다고 속이고 딸을 오도록 해 희생양으로 삼는다. 뒤늦게 이 사실을 안 아내 클리타임네스트라는 남편을 증오하게 되고, 자신도 모르게 희생양의 미끼로 사용된 아킬레우스는 크게 분노한다.

그뿐만이 아니다. 지지부진하던 전쟁 10년째, 아킬레우스와 함께 트로이를 공격하고 노획한 전리품을 나누어 가지면서 또 사단이 일어난다. 아가멤논이 전리품으로 차지한 딸을 풀어달라고 그녀의 아버지가 엄청난 몸값을 제시하며 애원하지만 심한 모욕을 주며 쫓아버린다. 이 일로 태양신 아폴론의 분노의 화살이 그리스군 진영에 수일 동안 쏟아져 애꿎은 병사들만 죽어나갔다.[24] 결국 두 손 번쩍 들고 그녀를 돌려보내고 만다.

협상하러 온 상대를 문전박대했다 호되게 당한 아가멤논. 여기서도 교훈을 얻지 못하고 포기한 전리품 대신 아킬레우스의 전리품을 가로챈다.[25] 아가멤

---

[24] 아가멤논에게 딸을 빼앗긴 크리세스는 아폴론의 사제로서 아가멤논 군에게 벌을 내려달라는 그의 기도에 아폴론이 답한 것이다.

[25] 이에 대하여는 158쪽 〈타협해선 안 되는 것도 있다〉를 참고.

논의 처사에 아킬레우스가 다시 격분해 더 이상 전투에 나가지 않게 되며, 신들의 노여움까지 사 그리스군은 연전연패한다. 거듭 악수를 둔 아가멤논이 별별 약속을 다하며 달래보지만 아킬레우스는 요지부동이었다.

지휘하는 인물의 됨됨이 탓인지 트로이 전쟁은 질질 끌었고, 천신만고 끝에 그리스군이 승리하고도 총사령관 아가멤논은 아킬레우스나 오디세우스 등의 명성에 가리고 만다. 그리고 어찌됐든 개선장군으로 트로이의 왕녀를 전리품으로 데리고 의기양양하게 돌아오지만 딸의 일로 원한을 품은 아내에게 잔인하게 죽음을 당한다. 결국 아가멤논은 끊임없이 남들과 갈등을 일으키고, 그 갈등을 제대로 관리하지 못해 실패한 신화 속 영웅이라 하겠다.

협상은 갈등을 당사자 간 커뮤니케이션을 통해 관리하는 메커니즘이다

갈등(葛藤). 목표나 가치관이 달라 자신에게 방해가 된다고 생각하는 상대와 서로 의존하게 되면서 일어나는 상호 작용을 말한다. 이런 교과서적 정의보다는 '줄기가 시계 방향으로 휘는 칡과 그 반대 방향으로 꼬면서 자라는 등나무가 함께 있는 상태'라는 한자 풀이가 훨씬 이해하기 쉽다. 칡과 등나무가 같이 있으면 어떻게 되겠는가. 얽히고설키고, 서로 영향을 주고받게 될 것이다. 좋은 영향이든, 나쁜 영향이든.

사람들(집단) 간 갈등은 양면성이 있다. 갈등을 겪으면서 상대를 이해하게 되는 사회적 학습과 변화에 대한 자극이 이루어져 발전의 계기가 된다. 하지만 갈등을 방치하거나 적절히 대응하지 못할 경우 관계 악화, 발전 잠재력의 훼손, 사회 분열 등 파괴적인 결과로 이어진다.

거미줄처럼 연결된 세상에서 경제 주체, 사회적 단위 간 갈등 요인은 늘 존재하고, 잠재된 갈등이 언제라도 표출될 수 있기 때문에 이를 어떻게 건설적·생산적으로 관리하느냐가 모름지기 개인이나 집단의 성공의 관건이 된다.

협상은 갈등을 당사자 간 커뮤니케이션을 통해 관리하는 메커니즘이다. 제3자에게 맡겨 시시비비를 가리거나 힘으로 해결하지 않고 당사자들이 직접 소통하면서 푸는 방법이다.

황금 마스크의 주인공 아가멤논. 갈등을 잘 관리하지 못해 실패한 반면교사로서 역할은 충실히 한 셈이다. 갈등 관리나 협상의 시각으로 보면 그렇다. 그가 갈등 관계에 있었던 신들, 영웅들, 가족들과 소통하고 협상 능력을 발휘해 그 갈등을 잘 관리했더라면 어땠을까.

집으로 돌아와서도 아내는 며느리와 꽤 오래 통화중이다.

협상 NOTE　　　　　　　　　　　**갈등 관리의 해법으로서 커뮤니케이션**

개인·조직 간 갈등은 커뮤니케이션을 통해 구체적으로 나타나고, 그 갈등이 어떻게 (건설적으로 아니면 파괴적으로) 다루어지느냐 역시 커뮤니케이션을 통해 결정된다. 이와 같이 커뮤니케이션 프로세스로서 갈등을 관리하는 스타일은 회피, 수용, 경쟁, 타협, 협력 등 다섯 가지로 나눌 수 있는데 갈등 당사자들이 경쟁적이기보다는 협력적으로 소통할 때 건설적인 결과를 낳는다.

갈등 관리 메커니즘으로서 협상에서도 적극적·협력적으로 소통할 때 모두 윈-윈 하는 통합적 협상 결과를 달성할 가능성이 높아진다.

☞ 갈등 관리의 핵심은 소통이다. 서로 관심사와 의중을 들어내고 문제 해결을 위한 정보를 공유하는 등 갈등의 상대방과 적극적·협력적으로 소통하라!

참고 : 아리조나대 캐서린 밀러(Katherine Miller), 2015

불공정한 윈-윈이
일어나지 않도록 하라[26]

가치를 창출하면 승자가 둘이 될 수 있다

야구의 계절이 돌아왔다. LA 다저스의 류현진 선수가 개막 첫 등판서 멋진 승리를 거뒀다. 국내 프로야구 정규 시즌도 시작된다. 백구의 향연에 많은 사람들이 설레고 열광할 것이다.

야구를 비롯해 게임은 재미있다. 구경하든, 직접 하든. 관중은 선수들의 미기(美技)와 투지에 눈이 즐겁고, 선수들은 승부와 순위, 그리고 보상이 걸린 터라 온몸이 짜릿짜릿하며 즐겁다. 그래서 재미없고 따분한 일에 게임 요소를 도입해 등수, 등급을 매기고 즐겁게 하도록 하는 '게임화(gamification)' 기법이 비즈니스와 조직 운영에 많이 이용되고 있다. 일을 자발적으로 잘 하려는 동기가 줄어드는 상황에서 놀이와 게임의 재미를 가미해 독려하는 방법이다.

이런 게임의 결과 점수에 의한 승자는 한 사람(팀)뿐이다. 그러나 게임을 통해 창출할 수 있는 가치를 기준으로 할 땐 승자가 둘이 될 수 있다. 점수로는 졌어도 소중한 경험을 얻었다면, 오리무중이던 상대의 전력을 파악할 수 있었다면, 그리고 좋은 경기를 해 지명도가 높아져(나중에 관중 수입을 많이

26) 이 에세이는 필자가 2014.03.28.자 한국경제신문(한경에세이)에 기고했던 〈관중이 이기는 게임〉을 일부 수정한 것임을 밝혀둔다.

올릴 수 있어) 만족스럽게 생각한다면 둘 다 이긴 게임을 한 셈이다. 이른바 '윈-윈(win-win)' 한 것이다. 거래나 협상에서 파이를 키우고 유·무형의 가치를 찾아내 나눠 가짐으로써 당사자 모두가 이기듯.

이 경우에도 관중도 이기는 게임이 되어야 진정한 윈-윈이다

그런데 이 경우에도 선수, 팀만 윈-윈 해선 곤란하다. 선수나 팀은 윈-윈이지만 관중은 패배의 쓴 잔을 맛볼 수 있기 때문이다. 플레이오프 진출이 확정된 두 팀이 전력을 아끼느라 최선을 다하지 않는다면 비싼 입장료를 낸 관중들은 어떨까. 재미없는 게임에 분노할 것이다.

범죄 공모자가 서로 상대를 믿고 입을 꽉 다문 덕에 모두 가벼운 형만 살고 희희낙락하며 감옥에서 나온다면 시민들은 불안에 떨 것이다. 가격을 담합해 두 기업이 배를 불리면 그 부담은 고스란히 소비자의 몫이다. 그들이 윈-윈을 위해 만들어낸 '기생적 가치(parasitic value)' 때문에 다른 많은 사람들이 손해를 보게 된다. 선수와 팀뿐 아니라 게임을 지켜보는 관중도 이기는 게임이 돼야 진정한 윈-윈이다.

대리인이나 중개인은
신중히 써라

집주인에게 이것저것 물으면 중개인들이 왜 싫어할까?

무더운 날씨지만 냉방이 잘된 기차 안은 참 시원하다. 차창 밖 성하(盛夏)의 풍경이 싱그럽다. 기차 안에서 파는 커피도 맛있다. 아내도 기분이 좋은 듯 카메라 셔터를 연신 누른다. 지방 소도시에 사는 첫째가 집을 구하는 걸 도와주러 가는 길인데 한때 애창했던 '남행열차'에 몸을 싣고 보니 조금 설레는 모양이다.

숙소로 찾아온 첫째와 부동산을 통해 미리 골라 둔 집을 보러 나섰다. 오피스텔에서 아파트로 옮겨보려는데 객지라 혼자선 벅찼는지 SOS를 친 것이다. 아파트 주차장에 도착하니 우리 쪽 중개인이 먼저 와 있다. 파란 바지 차림의 50대 후반쯤의 여성이다. 인상, 옷차림에서 만만찮은 기운이 느껴진다.

집주인 쪽 중개인과 모두 네 곳을 둘러 봤다. 어느 집이나 마음에 드는 점도 있고 거슬리는 부분도 있었다. 전망은 좋은데 도로 옆이어서 소음이 심한 집. 동 위치, 층 모두 양호하나 벽에 곰팡이가 피어 손질이 많이 필요한 집. 바로 들어가 살 수 있을 정도로 깨끗하지만 조금 어두운 집.

그런데 집을 둘러볼 때마다 중개인들에게서 이상한 점이 느껴진다. 집주인이나 세입자에게 이것저것 물으면 중개인들이 싫어하는 눈치다. 자기들이 대신 대답하고 도중에 말을 끊기도 한다.

집을 다 보고 나오는데 우리 쪽 파란 바지 중개인이 어떻게 할 건지 묻는다.

"시세가 오르고 있어 빨리 결정하는 게 좋아요."

넌지시 다그친다. 생각해보고 내일 연락하겠다고 하자 표정이 굳는다.

호수가 내려다보이는 식당. 창가에 앉아 아까 둘러본 집에 대해 아내와 첫째의 평을 들어 봤다. 보는 눈이 거의 비슷해 네 집 중 가장 나은 집과 그 다음으로 나은 집이 쉽게 추려진다. 최선과 차선의 후보를 정했으니 이제는 인터넷을 통해 파악한 시세를 기준으로 증감 요인을 고려해 두 집 각각에 대해 목표 가격, 그리고 최대로 양보했을 때 가격을 정해둬야 할 차례. 집주인들이 호가에서 얼마나 깎아줄지도 헤아려봐야 하고.

그렇게 내일 벌어질 거래 전략을 꼼꼼하게 짰다. 저녁을 먹으며 중간중간 "쨍!" 하고 잔도 부딪혀 가면서. 테이블 한쪽에 제법 빈 병이 쌓인다. 내일 흥정, 기대된다!

디데이(D-Day). 아침을 간단히 먹고 중개인에게 전화를 걸었다. 반기는 목소리다. 가장 마음에 드는 집(중개인이 침이 마르도록 자랑했던 집이다)이 어디인지 알려주면서 집주인과 흥정을 해보고, 잘 안 되면 그때 가서 다른 집을 얘기하겠다고 했다. 1순위자와 협상이 안 될 경우 비장의 대안, 배트나(BATNA)를 갖고 있음을 알린 것!

그리고선 그 집에 이런저런 흠이 있으니 당초 호가에서 얼마간 빼달라고 했다. 그렇게 해주면 주인이 원하는 입주 시기가 우리에겐 너무 빠르지만 그대로 수용하겠다고 덧붙였다. 협상의 정석대로 정당한 이유를 들어 가격 인하를 요구하면서 조건부 양보 의사를 밝힌 것.

"저쪽 중개인에게 그대로 전할게요."

중개인이 가타부타 말이 없다 한마디 짧게 내뱉으며 전화를 끊는다. 반색하던 아까의 목소리가 아니다. 나름 합리적인 이유를 제시한 데다 집주인의 사정을 배려하면서 가격을 깎아달라고 했으니 '서로 밀어주기(log-rolling)' 식의 긍정적인 결과가 있겠지 하며 느긋하게 기다리고 있는데 중개인으로부터 연락이 왔다. 10만 원도 깎아줄 수 없단다. '아니, 거래를 하겠다면서 호가대로 다 받겠다고! 그래, 그럼 할 수 없지!' 차선으로 정해 둔 집을 알려주며 그쪽과 얘기를 해보라고 했다. 중개인의 반응이 시큰둥하더니 이번엔 5분도 안 돼 전화벨이 울린다.

"그 집은 이미 다른 사람과 계약됐어요!"

첫째의 얼굴에 실망한 표정이 역력하다. 첫술에 배부르겠냐며 다른 부동산에도 알아보고, 그래도 여의치 않으면 아직 여유가 있으니 시간을 두고 찾아보자고 했다.

심기일전해 다른 부동산을 찾았다. 마침 바로 볼 수 있는 집들이 있었다. 어제 갔던 아파트 단지 내 같은 평수의 두 곳을 보여주는데 하나는 2층, 다른 하나는 맨 꼭대기 층이다. 파란 바지 중개인이 알선한 집들보다 호가는 더 낮지만 첫째가 둘 다 마음에 들어 하지 않는다. 아무래도 첫째가 어제 봤던 집에 미련이 많은 것 같다. 첫째더러 파란 바지 중개인에게 다시 연락해보라고 했다. 통화 내용으로 미루어 가격은 역시 요지부동. 1년이든, 2년이든 들어가 살 사람의 마음에 드는 게 중요하다 싶어 그냥 계약하자고 했다. 첫째가 좋아한다.

계약서를 쓰러 부동산 사무실에 도착하니 중개인의 얼굴이 활짝 펴 있다.

"생각 잘 하셨어요. 그만한 집 찾기 쉽지 않아요."
"……"
"어머니께서 참 멋쟁이시네요!"

음료수를 내오며 아내더러 딴전을 부린다. 주인은 왜 여태 안 오냐고 조금 퉁명스럽게 물었더니 돌아오는 대답이 가관이다.

"아, 어제 집을 보여준 분은 남편이고 명의는 부인으로 되어 있는데 해외여행에서 모레 돌아온대요."

그러면서 부인이 돌아와 마음을 바꾸기 전에 오늘 계약금조로 얼마간 걸고 계약서는 모레 쓰자고 한다.

'아니, 뭐라고! 그럼 그동안 주인이 아니고 결정권이 없는 남편과 흥정한 거야? 남편은 고사하고 저쪽 중개인과만 얘기한 건 아니고? 그도 아니면 저 파란 바지 중개인이 우리 의사를 전하긴 한 건가? 혼자 1인 2역, 1인 3역 다한 것 아니야!'

대리인을 활용할 경우의 이점과 문제점을 모두 고려해 신중히 접근하라!

이해관계 당사자가 직접 협상 테이블에 앉기도 하지만 대리인을 통해 협상하는 경우가 많다. 대리인의 전문성을 활용하기 위해[27], 당사자 간 악화된 관계나 감정을 중간에서 완충시킬 수 있어서, (불가피한 악역은 대리인에게 맡기는 것처럼) 협상에서 전술적 융통성을 확보하려고 그렇게 한다. 변호사, 회계사, 세무사, 부동산 중개인 등이 성업하는 이유다.

모든 일에 양면성이 있듯 대리인을 통해 협상할 경우 문제점 또한 적지 않다. (그림 1)과 같이 협상 당사자1과 협상 당사자2 간 1:1 커뮤니케이션이 대리인들이 끼면 복잡한 매트릭스(matrix) 구조로 바뀌면서 의사소통이 쉽지 않게 된다. 전달 과정에서 정보가 누락되거나 왜곡될 수 있다.

내 의사가 대리인(과 상대의 대리인)을 통해 상대에게 제대로 전달되지 않는다면 협상 목표선과 최종 양보선을 합리적으로 정하고 전략을 잘 수립한들, 타당한 요구를 하고 조건부 양보를 한들 무슨 소용이 있겠는가.

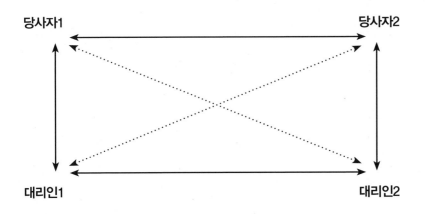

(그림 1) 대리인을 통한 협상의 커뮤니케이션 구조

---

27) 내가 갖고 있지 못한 특정 분야에 대한 전문 지식, 협상 프로세스에 대한 전문성, 그리고 넓은 인맥에서 비롯한 특별한 영향력 등이 대리인을 통해 얻을 수 있는 전문성이다.

보다 심각하게는 대리인이 의뢰인의 이익이 아니고 자기 이익을 위해 일하는, 이른바 '대리인 문제(agency problem)'가 발생할 수 있다. 첫째는 집을 싸게 구하길 원하나 거래 금액의 일정 요율로 수수료를 받는 중개인은 꼭 그렇지만은 않다. 의뢰인은 완전한 승소를 바라지만 그의 변호사는 모른 처지도 아닌 상대 변호사와의 관계 때문에 절반의 승리만 거두려고 한다. 이렇게 협상 당사자와 대리인 간 '이해의 충돌(conflicts of interests)'이 일어난다. 어떤 땐 대리인이 의뢰인을 위해 노력하지 않고 수수료만 챙기려고도 한다. 그래서 가능하면 갈등, 분쟁의 당사자가 직접 협상하는 것이 좋지만 부득이 대리인을 활용할 경우 대리 협상의 이점과 문제점을 모두 고려해 신중히 접근하길 권한다.

집을 내놓은 사람과의 연결은 중개인의 도움을 받아야 하지만 서로의 입장과 의중의 확인까지 중개인에게 전적으로 맡길 일은 아니었다. 중개인을 통해 집 주인의 의사를 전해들을 게 아니고 중개인 사무실에서 같이 만나 직접 흥정했더라면 어땠을까. 그랬더라면 해외에 나갔다는 실제 주인의 존재도 더 빨리 알 수 있었고, 그녀의 입장을 직접 확인해 흥정할 수도 있었다. 계약을 포기하는 일이 있어도 그렇게 해야 중개인이 행여 딴마음 먹거나 '이 거래는 빨리 해치워버리고 다른 손님 건을 신경 써야지!'와 같은 행태를 막을 수 있었는데. 그런 생각들로 돌아오는 내내 개운치 않았다. 커피 맛이 쓰디썼다.

의뢰한 일과 관련하여 의뢰인과 대리인 간에 선호와 이해관계, 인센티브가 다를 수 있고, 대리인이 의뢰인보다 정보를 훨씬 더 많이 갖고 있다 보니 대리인이 자신의 이익을 더 우선시하는 '대리인 문제(agency problem)'가 발생할 수 있다. 이런 대리인 문제를 예방하기 위해 다음의 방법이 많이 사용되고 있다.

① 대리인의 서비스 이용 계약에 성과에 따른 인센티브 요소를 도입한다.
② 대리인이 의뢰인의 이익을 위해 최선을 다하는지 면밀히 감시한다.
③ 대리인이 성실하게 의무를 이행하겠다는 것을 보증하게 한다.

그러나 이런 방법들이 어느 정도 효과는 있지만 비용 문제 등으로 인해 적용에 한계가 있고, '대리인 문제'의 해결에만 신경을 쓸 경우 대리인을 활용함으로써 얻고자 하는 협상의 파이 키우기, 즉 가치 창출을 놓칠 수 있어 균형적 접근이 요구된다.
그런 점에서 대리인을 활용하는 경우 대리인에게만 전적으로 맡겨놓지 말고 당사자 간 직접 접촉이나 커뮤니케이션을 유지할 필요가 있다.
☞ 대리인을 통해 협상하더라도 가능한 한 협상 상대의 의사와 입장을 직접 확인하라!

참고 : 하버드대 로버트 누킨(Robert H. Mnookin) 등, 2000

---

28)　대리인 문제에 관하여는 306쪽 〈대리인이 '내 일 하듯' 일하도록 하라〉도 참고.

관건은
정보에 달려 있다

상견례 음식이 왜 이렇게 늦게 나오지?

첫째의 결혼 상견례 날이다. 첫째와 며느리 될 애는 4년째 사귀고 있는 이른바 'CC'이다. 예전엔 대학에서 만나 연애나 결혼에 성공한 쌍을 캠퍼스 커플(campus couple), CC라고 불렀는데 요즘은 사내 커플도 그렇게 부르는 모양이다. 결혼 날짜를 이미 잡은 터라 부모들 간 인사를 나누는 의미 정도지만 자식을 길러 처음 갖게 돼 그런지 꽤 기다려졌던 자리다.

고이 기른 딸을 며느리로 맞게 해준 데 대한 감사의 표시로 예비 사돈 내외를 오찬에 초대하는 형식이어서 장소를 우리가 정했다. 30년 전, 아내와 맞선을 봤던 호텔의 중식당으로 했다. 아내의 강력한 추천의 결과다. 더러 "손해난 결혼이었어!"라고 볼멘소리를 하지만 내심은 그렇지 않은 모양이다. 부부가 처음 만난 곳에서 자식의 상견례를 갖게 돼 뜻이 깊었다.

창밖 풍경이 보이는 아담한 방. 앉고 보니 균형이 잘 맞는다. 사돈네는 딸만 둘, 우리는 아들만 둘. 애들이 연을 맺으면서 양가의 다소 아쉬운 부분, '부족한 2%'가 채워지게 됐다. 첫 상면이라 서먹하고 어색할 줄 알았는데 이런저런 얘기와 덕담이 부드럽게 이어지며 금세 자리에 화기가 돈다. '부모들끼리 만나 혹시 불편한 일이 생기지 않을까?' 염려했던지 다소 긴장해 보이던 첫째와 며느리 될 애의 표정도 한결 밝아졌다.

그렇게 사돈네와 시선을 맞추고 경청하며 담소를 나누면서도 '왜 이렇게 음식이 늦게 나오지?' 하는 생각이 들 정도로 한참 지나서야 코스로 주문한 첫 번째 요리가 나온다. 늦게 나왔지만 홍초를 뿌린 해산물 요리가 꽤 먹을 만했다. 입맛을 돋우기에 안성맞춤이었다. 애들 자라면서 일화를 서로 소개하며 분위기가 포근해질 무렵 두 번째 요리를 올린다. 종류가 다른 해산물 요리였다.

'이어질 요리를 감안해 그런가?'

앙증맞을 정도로 양이 적었다. 화제는 양가 집안 얘기로 바뀌며 대화가 무르익으려는데 종업원이 들어와 "준비한 요리는 다 나왔습니다. 마지막 식사 주문을 받겠습니다." 하고선 한 손에 메모지, 다른 손엔 펜을 들고 채근한다.

'아니, 벌써! 겨우 두 가지 나왔는데…'

아내도 어안이 벙벙한 모양이다. 한 마디 하려는 걸 참는 것 같았다. 바로 나온 식사에 디저트까지 들었지만 많이 허전해 커피를 따로 주문해 마셨다. 사돈네와 얘기를 마무리하고 일어서는데 왠지 아쉽다. 만개(滿開) 전 저버린 꽃, 클라이맥스에 이르지 못하고 '기-승-결'로 막을 내린 연극을 본 기분이었다. 돌아오자마자 아내가 그 식당 홈페이지에 올라와 있는 메뉴를 샅샅이 훑어보더니 전화를 걸어 따졌다.

"상견례 자리라고 예약했고, 그쪽에서 추천해준 대로 주문했는데 왜 더 싼 메뉴보다 가짓수도 적고 부실해요?"

그랬더니 전화 받은 종업원 왈, 자기들도 요리를 내오면서 이상하다 생각했는데 확인해 보니 갓 들어온 직원이 주문을 받으면서 비즈니스용으로 개발한 '깔끔한' 메뉴를 잘못 권했다나. 그러면서 가짓수는 적어도 요리 자체는 고급이란다.

정보도 없이 협상 테이블에 앉는 건 요행을 바라는 것과 같다

비즈니스든, 협상이든 성공의 관건은 정보에 달려 있다. 정보란 결국 상대에 관한 정보이다. 제안과 관련한 상대의 논리, 사실 관계, 가정, 이를 뒷받침하는 자료와 통계, 그리고 선호와 우선순위, 협상 스타일 등.

상대의 제안을 받아들일지 말지는 의사 결정의 문제로서 올바른 결정은 정보의 질과 양, 그리고 그러한 정보의 제대로 된 분석에 달려 있다. 정보는 협상을 자신에게 유리하게 끌고 가는 협상력의 원천이다. 정보도 없이 협상 테이블에 앉는 건 협상의 결과를 운에 맡기는, 요행을 바라는 것과 같다.

주문을 받았던 식당의 새내기 직원을 탓할 게 아니고 예약을 할 때 '특선 런치 A코스'의 정체를 파악했어야 했다. 그래서 그것이 먹는 시간은 줄이고 일 얘기를 길게 나누기에 적합한 '비즈니스 런치'여서 상견례 메뉴로는 부실해 요리 한두 개 더 추가했더라면 자리가 보다 풍성했을 것이다. 더 욕심을 낸다면, 인원이 여덟 명이나 되고 특별한 자리이니 식당 측과 '딜(deal)'을 해 테이블에 꽃 몇 송이라도 놓이게 했더라면 그야말로 '금상첨화'였을 텐데.

언제일지 모를 둘째의 상견례 땐 오늘 일을 거울삼아야겠다.

협상 정보란 자신의 주장을 뒷받침 하면서 상대의 주장을 반박하는 데 사용할 수 있는 다음의 정보를 망라한다.

- 자신과 상대의 제안 관련 논리, 사실 관계, 가정과 이와 관련한 자료와 통계
- 상대의 요구, 주장의 이면(裏面)에 있는 이해관계(요구나 주장의 이유)
- 상대의 협상 목표와 최대 양보선, 협상 경험, 협상 스타일 등

위의 정보 중 상대의 최대 양보선(resistance point)에 관한 정보는 협상을 유리하게 끌어가는데 특히 중요하다. 그걸 알아야

① 이번 협상의 합의 가능 영역인 조파(ZOPA : zone of possible agreement)[29]
  가 그려진다.
② 첫 제안을 자신이 먼저 함으로써 기선을 잡을 수 있다.
③ 협상을 결렬시키지 않으면서 상대를 어디 까지 밀어 붙일지 알 수 있다.

그래서 다른 정보는 상대와 공유하더라도 자신의 최대 양보선만은 끝까지 감춰야 하고, 반대로 상대의 최대 양보선은 어떻게든 알아내는 게 좋다.[30]
한편, 자신의 선호와 우선순위에 대한 정보는 서로 공유하는 게 좋다. 그래야

① 모두 윈-윈 하는 '창의적 해결안(creative option)'을 찾아낼 수 있다.

---

29) 조파(ZOPA)에 대하여는 269쪽 〈협상 테이블에서 '밀당' 어떻게 해야 하나〉를 더 참고.
30) 상대의 최대 양보선을 알아내기 위해 관련 정보를 수집해서 추정하는 정당한 방법을 쓰기도 하나
    (예 : 사측은 노조의 파업 자금 규모를 토대로 파업 가능성 판단, 노조는 회사의 재고량 등을 파악
    해 사측의 파업 대응 능력 판단), 어느 대기업에서 노조 회의실을 도청했던 것처럼 불법적 수단을
    동원하기도 한다.

② 상대에게 중요한 이슈는 내가, 나에게 중요한 이슈는 상대가 양보하는 '서로 밀어
  주기(logrolling)' 식 협상이 가능해진다.

☞ 상대에 관한 정보(특히, 최대 양보선에 관한 정보)를 파악하여 밀고 당기기에 활
  용하라!
☞ 선호와 우선순위에 대한 정보를 서로 공유해 창의적 해결안을 찾는 데 활용하라!

패키지 딜(package deal),
'이슈 주고받기'가 방법이다

하노이는 엄청나게 발전해 있었다

하노이(河內). 역사적으론 당나라가 남쪽 변경 통치를 위해 설치한 안남도
호부가 있었던 곳. 역대 왕조 시절에도, 지금도 베트남의 수도. 이름 그대로 강
과 크고 작은 호수를 옆에 끼고 있는 천년 역사의 유서 깊은 도시.

하노이에 두 차례 가본 적이 있다. 처음 찾았던 15년 전. 낙후됐지만 여러모
로 세련됐다는 인상을 받았다. 거리를 가득 메운 오토바이 행렬로 코, 목이
약간 불편한 걸 제외하곤.

베트남 관리들과 가진 회의 때마다 앙증맞은 잔에 내온 '아주 쓰다!' 싶으면
서도 향긋한 커피가 에스프레소라는 걸 나중에 알았다. 에스프레소를 그때
처음 마셔본 것이다. 베트남 측 참석자 대부분 명함에 'Ph.D'가 새겨져 있었
다. 나중에 들어보니 동구권 유학파들이었다. 유럽풍이 느껴지는 거리 풍경
도 격조가 있었다. 남북으로 길게 뻗어 있는 국토 모양처럼 밖에선 좁아 보이
는데 안으로 깊숙이 지어진 다소 기형적인 건물 구조가 이채로웠다.

그로부터 8년 후. 하노이는 완전 딴판이었다. 고층 빌딩이 우뚝 우뚝 솟아
있고, 곳곳이 공사판이었다. (오토바이가 많은 건 여전했지만) 자동차 행렬이
물결을 이루었다. 거리를 오가는 사람들의 표정과 차림도 달라졌다. 밝아지

고 화려해졌다. 그렇게, 하노이는 엄청나게 발전해 있었다.

원칙에는 합의했으니
그 이행에 있어 창의적 해법과 접점을 찾는 것이 열쇠다

그 하노이에서 개최됐던 2차 북미정상회담이 합의에 이르지 못하고 끝났다. 전문가들이 여러 각도로 그 원인을 분석했다. 무엇보다도 북한의 비핵화 방법과 미국의 제재 조치 해제에 있어서 두 나라의 입장차가 컸다. 미국은 영변 핵시설뿐만 아니라 플루토늄과 우라늄 농축 시설, 장거리 미사일을 모두 폐기하는 일괄 타결, 이른바 패키지 딜(package deal)[31]을 원했다. 그리고 완전한 비핵화가 이루어지기 전까지는 제재를 완화하지 않겠다는 입장이었다. 반면, 북한은 동시적·단계적 비핵화를 주장하며 취한 조치마다 이에 상응하는 미국의 보상을 요구했다.

언론 보도대로라면, 2018년 싱가포르 1차 회담에서 '완전한 비핵화'라는 원칙에는 합의했지만 그 이행 방법에 대한 이견으로 협상이 결렬된 것이다. '선담원칙 후담세절(先談原則 後談細節)', 먼저 큰 틀의 원칙을 논하고 구체적인 것은 나중에 다룬다는 방법론이 이번 협상에서는 잘 작동되지 않은 듯하다.

양측이 이러한 이견을 실무협상을 통해 충분히 조율하지 않고 정상회담에서 탑다운(top-down) 방식의 담판을 지으려 했던 것도 협상이 결렬될 수밖에 없었던 이유의 하나로 지적됐다.

게다가 협상은 상황이 좋은 '천시(天時)'에 해야 되는데 하노이 회담은 타이

---

31) 당사자 간 여러 이슈에 대해 이슈별로 협상하지 않고 모든 이슈를 한꺼번에 묶어 협상하면서 상대에게 중요한 이슈는 내가 양보하고, 나에게 중요한 이슈는 상대가 양보하는 식으로 '이슈 주고받기'를 통해 합의를 이루고자 하는 협상 방식이다.

밍도 좋지 않았다. 트럼프도 정상회담 중 열린 자신의 러시아 스캔들 관련한 청문회가 자신이 회담장을 걸어 나오도록 하는 데 영향을 미쳤다고 밝혔다. 협상안에 합의했다가 정치적으로 더욱 곤경에 처할 수 있어 아예 협상 결렬을 선택한 것으로 보고 있다.

망고, 두리안 등 열대과일이 참 달고 맛있던 하노이. 그 하노이에 4,500여 km를 열차로 꼬박 사흘을 달려, 다른 한 쪽은 12시간의 시차를 겪으며 날아왔건만 그냥 돌아가려니 어땠을까. 기대 속에 지켜본 사람들도 많은 아쉬움이 남았을 협상이었다. 전문가들은 비핵화의 원칙에는 합의했으니 그 이행 시기와 절차, 방법에 있어서 창의적 해법과 접점을 찾는 것이 문제 해결의 열쇠라 진단한다.

비즈니스 협상은 가격만을 논의하는 단일 이슈의 제로섬 협상이 되기 쉬운데 이외에도 양도일, 대금 결제, 품질, 계약 기간, A/S 수준 같은 이슈를 개발하여 다중 이슈로 논의하면 모두의 몫이 늘어나는 포지티브 섬(positive-sum) 협상이 될 수 있다.

이때 개발한 여러 이슈를 이슈별로 협상하지 말고 한 데 묶어 패키지로 협상하길 권한다. 그래야 상대에게 더 중요한 이슈는 내가 양보하고, 나에게 더 중요한 이슈는 상대가 양보하는 '서로 밀어주기(logrolling)'가 가능해지기 때문이다. 결국 '이슈 주고받기'가 패키지 딜(package deal)의 방법인 셈이다.

☞ 윈-윈 하기 위해선 이슈를 개발해 단일 이슈를 다중 이슈로 만들고, 그 이슈들을 묶어 '서로 밀어주기(logrolling)'식으로 협상해보라!

참고 : 디팩 맬호트라(Deepak Malhotra) 등, 2007

네트워크 시대, 개인의 협상 능력이 중요하다[32]

갈등을 해결하는 가장 효과적인 방법이 당사자 간 협상이다

옛날에는 크든 작든 벼슬이라도 하려면 신언서판(身言書判)을 갖추어야 했다. 관리가 되기 위한 자격 요건이다. 인물 좋고, 말 잘하고, 글 잘 짓고 잘 쓰며, 사리판단이 밝아야 관리 노릇을 제대로 할 수 있다고 봤다. 지금보다 단순했던 사회라 이것만 갖추면 이름을 날리며 별 어려움 없이 살아갈 수 있었으리라.

복잡다단해지고, 개인·조직 간 상호 작용과 상호 의존이 심화된 오늘날엔 어떨까. 신언서판만으로는 충분하지 않을 것 같다. 서로 얽히고설키다 보니 갈등과 분쟁이 많이 발생할 수밖에 없다. 이렇게 수시로 발생하는 다툼과 갈등을 어떻게 해결하고, 관리하느냐가 매우 중요해졌다.

갈등을 해결하는 가장 효과적인 방법이 당사자 간 협상이다. 소송이나 경제적·물리적 실력 대결에 비해 갈등 해결에 따르는 거래 비용이나, 결과에 대한 만족도, 당사자 간 관계, 재발 가능성 측면에서 가장 바람직하다고 보기 때문이다.

---

32) 이 에세이는 필자가 2013.07.02.자 매일경제신문(매경춘추)에 기고했던 〈신언서판+α〉를 일부 수정한 것임을 밝혀둔다.

서희 장군 같은 불세출의 협상가가 많이 나오길 기대한다

세상이 고도로 네트워크화 되면서 개인의 협상 능력이 정말 중요해졌다. 조직의 리더, 구성원 모두에게. 갈등 관리 수단으로서 협상이 이렇게 중요해졌지만 우리는 체계적인 협상 교육이나 훈련을 거의 받지 못했다. 또, 상대를 일방적으로 이기지 못하고 협상 테이블에 앉는 걸 수치스럽게 여기기도 했다.

그러다 보니 갈등, 분쟁을 협상으로 해결하지 못하고 갈 데까지 가서, 엄청난 대가를 치르고서야 봉합되는 경우를 자주 본다. 많은 갈등 사안들이 벼랑 끝에서 비로소 멈추는 것이다. 안타까운 일이다.

문제를 협상으로 풀려는 마인드, 협상을 야합이 아니라 효과적인 갈등 해결 방법으로 여기는 문화와 함께 개개인의 협상 역량이 우리가 축적해야 할 사회 자본이 아닌가 싶다. 21세기를 살아가는 사람들이 신언서판에 협상 능력까지 갖춘다면 금상첨화일 터.

수십만 대군을 이끌고 침입한 거란의 소손녕과 담판을 벌여 자진 철군하도록 하면서 옛날에 빼앗긴 땅까지 되돌려 받은 서희 장군. 그런 불세출의 협상가가 많이 나오길 기대한다.

커진 파이에서 얼마나 챙기느냐는 협상력에 달려 있다[33]

어떻게 하면 파이를 크게 할 수 있을까?

간식으로 파이를 좋아한다. 집에서 만들어 먹기도 하고, 사먹기도 한다. 특히 피칸 파이를 커피와 함께 자주 먹는다. 달콤하면서도 피칸을 깨무는 재미가 있어 더 맛있다.

보통 거래나 배분의 대상을 지금보다 크게 만든다고 얘기할 때 "파이를 키운다."고 한다. 빵이나 과자, 피자도 될 텐데 왜 굳이 파이를 키운다고 했는지 모르겠지만(후식, 간식으로 파이만한 게 없어서 찬사의 표현으로 그랬나) 정말 어떻게 하면 파이를 크게 할 수 있을까? 이스트를 더 넣어야 하나. 물, 온도를 잘 맞춰 반죽을 크게 부풀리면 될까.

먹는 파이는 그러면 될 것이다. 그럼 파이를 키운다고 할 때의 그 파이는? 어렵지 않다. 상대와의 관계에서 파이가 상징하는 '가치'를 만들어내면 된다. 계량적 가치든, 비계량적 가치든.

고급 이스트와 좋은 밀가루를 쓰면 파이를 크게 구울 수 있듯 돈, 시간을 들이면 거래할 파이를 크게 할 수 있다. 1주 휴가지 선택과 관련해 부부간 이견이 있다면 2주 휴가를 내서 두 군데를 다녀오면 어떨까. 유산으로 남긴 주

---

33) 이 에세이는 필자가 2013.08.07.자 매일경제신문(매경춘추)에 기고했던 〈파이 이야기〉를 일부 수정한 것임을 밝혀둔다.

식을 오늘 팔지 않고, 경기가 더 좋아질 때 판다면 형제간 나눌 재산이 커질 것이다.

파이는 상대와의 '차이'에서도 생겨난다. 그러기 위해서는 서로의 의중과 관심사, 선호, 우선순위를 알아야 한다. 철수에게는 돈의 문제가 영희에게는 자존심, 관계의 문제일 수 있다. 김 씨는 노후가 중요하고, 은행은 당장이 중요하다. 박 군은 위험을 피하려 하나, 보험회사는 기꺼이 감수하려 한다.

이렇게 같은 사안에 대해서도 사람마다 의미와 추구하는 바가 다를 수 있다. 거기에 파이가 숨겨져 있다. 또, 남편은 설악산 통나무집으로 휴가를 가자고 했지만 사실은 설악산이면 어디서 묵든 상관없고, 부인이 제주도 해변 호텔을 주장했으나 호텔에 묵는 것에 더 의미를 둘 경우, 거기서도 주고받을 파이가 만들어진다.

협력해서 파이를 키우고, 경쟁하면서도 서로 만족스럽게 일을 매듭짓자

자, 이제 커진 파이를 어떻게 나누느냐가 문제다. 커진 파이의 몫 챙기기는 자신의 협상력에 달려 있다. 그러나 그 경우에도 명심할 게 있다. 파이는 자신이 자르고, 상대에게 먼저 고르도록 하는 것처럼 서로 공정하다고 느껴야 한다. 그리고 자신이 더 많은 몫을 챙기더라도 상대로 하여금 '내가 이겼다!'고 느끼게 해 줄 필요가 있다. 파이 키우기는 모두가 만족하기 위한 거니까.

상대가 있는 세상사, 협력해서 파이를 키우고, 경쟁하면서도 서로 만족스럽게 일을 매듭지어 보자.

두 당사자가 상호 신뢰와 개방적 자세, 양보, 정보 공유, 활발한 커뮤니케이션을 토대로 다음과 같이 협력하여 협상의 파이를 키우는 창의적 해법을 찾을 수 있다.

① 당사자 간에 놓인 문제가 무엇인지 정의한다. 협력이 이루어지기 위해선 먼저 무엇이 문제인지에 대해 서로 동의하고, 문제를 함께 해 결할 공동의 목표로 정의해야 한다.

② 서로 상대의 니즈와 관심사, 불안과 우려 등 이해관계를 이해한다.
   ※ 이해관계는 실제적인 것(예 : 가격)도 있고 프로세스, 관계, 원칙에 관한 이해관계도 존재

③ 파악된 서로의 이해관계를 토대로 다음 두 가지 방법을 이용해 문제 해결 대안들을 발굴한다.
- 문제를 재정의하여 윈-윈 해결 대안들을 발굴한다.
   희소한 자원의 문제 ⇒ 투입 자원을 늘리거나 재할당
   이슈에 대한 당사자 간 다른 우선순위의 문제 ⇒ 우선순위에 맞게 양보·교환
   한쪽이 일방적으로 양보해야 하는 문제 ⇒ 그에 따른 비용, 고통을 다른 쪽이 보상
   모두의 니즈를 충족시키는 새로운 대안을 창출해야 하는 문제
- 브레인스토밍 등을 통해 문제 해결 대안들을 발굴하여 서로의 선호와 우선순위를 토대로 대안들의 순위를 책정한다.

④ 객관적 평가 기준에 의해 문제 해결 대안들을 평가하여 최선의 대안을 선택한다. 대안을 평가할 때 공정성 등의 요소와 당사자 간 위험·시간에 대한 선호의 차이를 고려 하여 최선의 대안을 선택한다.

☞ 문제를 해결해야 할 공동의 목표로 정의하고, 서로의 이해관계를 잘 이해한 후, 복수의 해결 대안을 발굴하여, 객관적 기준에 따라 모두에게 최선인 대안을 선택하라!

참고 : 오하이오 주립대 로이 레위키(Roy J. Lewicki) 등, 1996

헤르메스 같은
협상과 조정의 명수들

신들의 세계에서도 갈등과 분쟁이 끊이지 않았다

제우스를 포함한 올림포스 산정(山頂)의 신들은 각자 자신의 역할과 영역을 갖고 있다. 서로 이를 존중하고 간섭하지 않는다. 최고 신 제우스도 다른 신의 영역을 결코 침범하지 않는다.

그런데 그리스 신화에 나오는 신들은 늙거나 죽지 않는다는 걸 빼놓곤 인간보다 별로 나을 게 없다. 탐욕스럽고 편협하며 시기와 질투를 일삼는다. 당연하게도 신들의 세계에서도 갈등과 분쟁이 끊이지 않았다.

신들의 갈등은 어떻게 풀었을까? 신들도 별 수 없었다. 서로 힘세고 잘나 다툼이 생기면 곧잘 실력 대결을 벌였다. 권위 있는 다른 신이 누가 옳고 그른지 판정하거나, 분쟁을 중재하기도 했다. 이 과정에서 커다란 역할을 한 신이 있다. 타고난 협상가이자 소통과 중재의 명수, 헤르메스[34]다.

헤르메스는 꾀돌이, 요령꾼, 문제 해결사의 이미지를 지닌 복잡한 캐릭터의 신이다. 날개 달린 모자, 날개 달린 지팡이에 날개 달린 샌들까지 신고서 신들과 인간들 사이를, 이승과 저승을 거침없이 다닌다. 말 그대로 동에 번쩍,

---

[34] 제우스와 티탄 신족의 딸 마이아 사이에서 태어났다. 참고로 티탄 신족은 하늘의 신 우라노스와 대지의 신 가이아가 결합하여 낳은 12명의 거대한 신들로서 자식 세대인 제우스를 비롯한 올림포스 신들에게 축출되기 전까지 이 세상을 다스렸다.

서에 번쩍 자유자재로 경계를 넘나드는 존재다. 그래서 고대 그리스의 마을 입구엔 어김없이 헤르메스의 석상이 세워져 있었다. 이리저리 떠도는 나그네, 상인, 거지들을 보호하는 신이기도 하다.

재치 넘치고 수단 좋은 이런 헤르메스를 아버지 제우스는 자신의 충실한 메신저, 수행 비서로 적극 활용한다. 골치 아픈 일을 대신 해결하도록 하고, 자신의 그 유명한 바람기의 뒤처리까지 맡긴다.

상대의 선호, 관심사를 정확히 파악해 태어나 첫 협상을 멋지게 마무리한다

헤르메스의 협상가로서 자질은 천부적이다. 태어나자마자 요람에서 기어 나와 이복형 아폴론[35]이 키우던 소들을 훔친다. 그리고 들키지 않기 위해 소 꼬리를 잡고 뒷걸음질 쳐 안전한 곳에 숨겨놓는다. 나중에 이를 알게 된 아폴론이 노발대발하며 소를 돌려달라고 해도 끝까지 발뺌한다. 아버지 제우스가 형제들의 분쟁에 개입해 할 수 없이 소를 돌려줘야 할 상황이 되자 헤르메스의 타고난 흥정 수완이 발휘된다.

아폴론이 음악을 좋아하는 걸 알고서 얼른 거북을 잡아 아름다운 소리를 내는 리라를 만들어 소떼와 바꾸자고 제안한다. 리라 소리에 매료된 음악의 신 아폴론이 기꺼이 헤르메스의 제안을 받아들이고 서로 화해한다. 상대의 선호와 관심사를 정확히 파악하고 도둑맞은 소떼 대신 리라로 보상한 게 주효해 태어나 처음 벌인 협상을 멋지게 마무리한다.[36]

이 일을 시작으로 헤르메스는 신들의 세계와 인간 세상, 하늘과 땅, 저승을

---

35) 제우스와 티탄 신족 레토 사이에서 태어난 태양의 신이자 음악, 시, 의술, 궁술을 관장하는 신이다. 예언의 신이기도 해 델포이 섬에 있는 그의 신전엔 누구든 찾아와 자신의 앞날에 대해 물어볼 수 있는 신탁소가 있었다.

36) 이 에피소드에서 유래돼서 인지 헤르메스는 도둑들을 보호하는 신이기도 하다.

넘나들며 제우스와 다른 신들의 뜻을 전달하고, 갈등과 분쟁을 조정하며, 위기에 처한 신과 인간을 돕는다.

사회가 고도로 네트워크화 되고, 사람들 간 상호 의존과 상호 작용이 심화되며 갈등, 분쟁이 끊이지 않는 현실에서 헤르메스 같은 협상과 조정의 명수들이 도처에서 활약하길 기대한다.

3장

협상의 펀더멘털, 꼭 알고 준비하자

협상의 결과는
어떻게 결정될까?

〈협상〉, 화상을 통해 벌이는 협상 이야기이다

며느리를 맞고 첫 추석이다. 어제 늦게까지 고부가 지지고, 무치고, 삶더니 내놓은 합작품이 제법 정성이 들어가 보인다. 음복(飲福)하면서 며느리에게 시할아버지, 시할머니 살아생전의 이런 저런 얘기를 들려주니 쫑긋 듣는다. 손부가 차린 상에 두 분께서도 흐뭇하실 거다. 차례를 지내고 난 뒤 아침을 먹고 온 가족이 영화를 보러 갔다. 명절날 극장에 간 건 실로 오랜만이다.

어릴 적 설, 추석 극장가는 참 대단했다. 지금처럼 볼거리, 놀 거리가 많지 않아 명절날 특선 영화를 보는 게 최고의 재미였던 시절이다. 평소에도 붐볐지만 그날은 그야말로 인산인해였다. 암표도 귀해 부르는 게 값! 영화 간판도 유난히 화려하고 크게 만들어 사람들의 눈길, 발길을 사로잡았다. 영화관과 밀접한 관계에 있었던 외종사촌형 따라 조숙했던 '초딩'이 광주 도심의 개봉관을 척척 드나들었던 기억이 아련하다.

〈협상〉. 아내, 두 아들에 며느리까지 앞세우고 추석날 본 영화다. 인질을 두고 무기밀매조직의 두목 민태구(현빈 분)와 여자 경찰 하채윤(손예진 분)이 화상을 통해 벌이는 협상 이야기이다. 둘째가 협상을 가르치고 있는 아버지를 배려해서, 그리고 본인의 직업의식도 발동해 이걸로 정한 모양이다. 박진감 넘친 데다 내용이 내용인 만큼 두 시간 내내 '매의 눈'을 하고 감상했다.

작가가 협상에 대해 많이 공부하고 시나리오를 썼다는 인상을 받았다. 협상에서 상대의 인적 정보 파악이 얼마나 중요한지, 모니터를 통한 협상이 대면 협상과 어떻게 다른지를 배우들의 대사와 연기로 잘 표현해냈다. 골프를 치다 불려와 상의만 양복으로 갈아입고 아래는 라운딩 차림 그대로 화상 카메라 앞에 앉은 언론사 사장에게 민태구가 일어서보라고 해 상황이 들통 나는 장면은 가히 압권이었다.

여러 요인이 복합적으로 협상 과정과 결과에 영향을 미친다

이 영화에서 하채윤을 콕 지명하여 협상을 할 만큼 민태구는 그녀에 대해 잘 알고 있지만 하채윤은 민태구가 누구이고, 그의 범죄 동기나 이유가 뭔지 전혀 모른 채 모니터 앞에서 그와 마주한다. 민태구가 느글느글한 웃음을 지으며 "오늘 협상의 결말이 어떻게 될 것 같아요?"라고 묻는 장면이 나온다. 이 대사처럼 협상의 결말, 결과는 어떻게 결정될까?

여러 요인이 복합적으로 협상 과정과 결과에 영향을 미친다. 우선 협상 당사자인 민태구와 하채윤의 성격, 감정 상태, 경험과 전문 지식 등 개인 특성이 중요하다. 그들이 사용하는 협상 전략과 전술도 협상 자체의 성패와 협상자의 성과에 지대한 영향을 미친다. 두 사람의 관계, 인질 협상과 관련하여 두 사람이 갖고 있는 정보의 양과 질도 협상이 어떻게 끝날지를 결정하는 요소다. 여기에 두 사람이 속한 조직의 문화, 협상 목표, 협상이 이루어지는 시간적·공간적·사회적 상황이 역시 민태구가 궁금해 하는 협상의 결말에 영향을 미친다. 결국 협상 결과는 인과적 관계에 있는 여러 독립변수들의 영향의 크기를 알아야 예측할 수 있는 종속변수이다.

영화 〈협상〉의 결말은 이렇다. 민태구는 경찰특공대에 의해 저격당해 죽고,

하채윤은 민태구가 인질 협상을 통해 만천하에 드러내고자 했던 (추악한 권력과 부패 기업의 공모에 의한) 여동생의 죽음의 비밀을 밝히고 끝이 난다.

범죄를 저지른 일당이 모여 있는 아지트에 침입한 민태구가 자신의 몸에 칭칭 감은 폭탄을 터트렸다면 동생의 원수를 갚을 수 있었는데 그렇게 하지 않는다. 만일 그랬다가 천신만고 끝에 현장에 도착한 하채윤까지 죽을 경우 동생의 죽음에 얽힌 비밀이 영원히 묻혀버리기 때문이다. 모니터를 통한 불과 몇 시간의 만남이었지만 협상가로선 너무 감성적인 하채윤에게 신뢰와 친밀감, 이른바 라포(rapport)가 형성되었던 것이다.

협상의 결말이 어떻게 될지에 대한 열쇠는 죽을 각오로 인질극을 벌렸던, 그리고 하채윤이 공정하게 사건을 처리할 것이라는 믿음을 갖고 있었던 민태구 자신이 쥐고 있었던 셈이다.

추석날 영화 보기론 거의 50년 만이었다. 그때의 명절 극장가의 활기는 느끼지 못했지만 대신 차분한 분위기에서 첫째가 뽑아다 준 아메리카노를 음미하며 온전히 영화에 몰입할 수 있었다.

협상 NOTE   **협상 결과에 영향을 미치는 요인**

여러 연구자들의 연구 결과에 대한 메타분석[37]에 의할 때 협상 성과(결과)에 영향을 미치는 요인을 다음의 7가지 범주로 분류할 수 있다.

① 협상자의 개인 특성 :
   협상이 상충하는 이해관계의 조정을 위한 당사자 간 상호 작용이다 보니 협상자의 개인적 특성이 큰 영향을 미칠 수밖에 없다.

---

37) 어떤 주제를 거시적·종합적으로 파악하기 위해 그 주제에 관한 여러 연구자들의 연구 결과들을 통계적으로 결합하는, '개별 연구들의 연구'를 메타분석(meta analysis)이라 한다.

② 협상 전략·전술 :

협상자 간 상호 작용의 본질은 전략과 전술의 실행으로서 어떤 전략과 전술로 협상에 임하느냐에 따라 협상의 판도나 결과가 많이 달라진다.

③ 협상자 간 관계 :

이해관계가 걸린 사람들 간 상호 작용인 협상에서 당사자들의 관계가 좋을 경우 협상 결과도 좋으리라고 예측할 수 있다.

④ 정보 :

협상력의 원천으로서 많은 정보를 보유할 경우 협상을 주도할 수 있다. 그리고 자신의 선호와 우선순위에 관한 정보를 공유할 경우 '서로 밀어주기(logrolling)'가 가능하고, 모두 윈-윈 하는 '창의적 대안(creative option)'을 찾아낼 수 있다.

⑤ 문화 :

같은 문화권 사람들 간 협상과 다른 문화권 간 협상은 협상의 개념, 커뮤니케이션, 합의의 본질 등 여러 측면에서 다르다. 다른 문화 간 협상이 훨씬 비협력적인 경향이 있다.

⑥ 협상 목표 :

협상 목표와 협상 결과(성과) 간에는 높은 정(正)의 상관관계에 있다. 구체적이고 도전적인 목표가 협상자의 기대 수준을 높이고, 성취 동기를 부추겨 높은 성과를 낳는다.

⑦ 협상 상황 :

협상의 시간적·공간적·사회적 상황이 협상자의 심리와 태도, 협상 전략에 영향을 미친다. 그래서 협상을 언제, 어디서 할지 정하는 문제가 또 하나의 협상 이슈가 되고, 테이블 위에 놓을 음료수 종류와 같은 사소한 사항도 협상의 성격을 감안해 신경 써 정한다.

☞ 협상 과정과 결과에 영향을 미치는 요인들을 고려하여 다가올 협상을 준비하라!

① 협상자의 자질, 지식·경험, 커뮤니케이션 능력
- 협상자가 갖추어야 할 자질로는 성실성, 합리성, 헌신, 인내심, 치밀함, 종합적 사고 능력, 판단력, 분석 능력, 자기 통제, 유머 감각, 공감 능력, 체력 등이 중요하다.
- 교육·훈련을 통해 얻은 지식과 풍부한 협상 경험이 모두 윈-윈 하는 통합적 협상안 도출을 보다 용이하게 하는 등 협상에 긍정적 영향을 미친다.
- 협상 과정에서 자신의 의사를 상대에게 신속·정확·분명하게 전달하고, 상대의 메시지를 언외(言外)의 의미까지 이해할 수 있는 능력이 성공적 협상의 필수 요소다. 특히, 비언어적 메시지 전달이 차단되는 전자 협상의 증가로 커뮤니케이션 능력이 더욱 중요해졌다.[38]

② 협상자의 기본적인 성격 요인(개방성, 성실성, 외향성, 친화성, 신경증)과 가치관 (개인주의-집단주의, 권위주의-평등주의, 온정주의-합리주의 등)

③ 협상자의 감정(감성지능)
- 협상 당사자가 감정을 가진 인간이다 보니 감정이 협상 과정과 결과에 많은 영향을 미친다.
- ※ 화가 난 감정 ⇒ 상대의 관심사 파악 부정확, 자기 파괴적 선택, 상대로부터 신뢰 상실과 보복 유발 ⇒ 협상 교착 등 최악의 상황으로 귀결 ⇒ 자기 감정의 조절이 협상의 성패를 가른다.

---

[38] 의사 표현을 간접적·암시적으로 하는 편인 한국, 중국, 일본 등 이른바 고상황(high-context) 문화권 협상자들은 대화 시 의미 파악을 위해 상대의 얼굴 표정이나 목소리, 분위기 등 비언어적 메시지, 맥락적 단서에 크게 의존하는데 전자 협상 환경에서는 이 부분이 제약됨으로써 메시지 전달·접수의 불확실성이 보다 커졌다고 본다.

- 자신의 감정 조절도 중요하지만 상대의 감정을 이해하고 이를 기반으로 자신의 사고와 행동을 이끄는 높은 감성지능이 합의 도출에 긍정적 역할을 한다.[39]

④ 협상자의 인종, 성별, 연령, 외모와 같은 관찰 가능한 개인 특성도 협상에 영향을 미친다.

☞ 협상가로서 필요한 자질을 갖춘 직원을 선발하여 교육·훈련을 통해 협상에 관한 체계적인 지식을 쌓도록 하면서 많은 협상 경험을 갖도록 해 숙련된 전문가로 양성하라!

---

39) 협상자의 감성지능이 협상에 미치는 영향에 대하여는 253쪽 〈감성적이면 늘 손해일까?〉를 더 참고.

왜 목표를
높게 세우려 하지 않을까?

높이 겨냥하라(Aim high)!

미국 배우 클린트 이스트우드 주연의 〈사선에서(In The Line of Fire)〉라는 영화가 있다. 과거의 실수로 늘 죄의식에 쌓여 있는 경호원과 대통령 암살범 간의 대결을 그린, 아주 재미있게 잘 만든 영화다.

영화의 절정 부분에 주인공이 자신을 쓰러뜨리고 총구를 겨누고 서있는 범인의 위치를 (캄캄해서 조준에 어려움을 겪고 있는) 같은 편의 저격수들에게 알려주기 위해 범인에게 대꾸하는 말처럼 내뱉는 대사가 "높이 겨냥하라(Aim high)!"이다. 워키토키를 통해 흘러나오는 주인공의 말뜻을 알아챈 저격수들이 주인공과 엉켜 있는 범인의 위치를 가늠하고 쏘아 쓰러뜨린다. 주인공이 위기의 순간에 재치 있게 사용한 이 말은 "목표, 꿈을 크게 가지라!"고 부추길 때 많이 쓰는 영어식 표현이다.

무언가를 할 때 목표는 높게 세워야 한다. 달성이 쉽지 않은 도전적인 목표가 내 기대 수준을 높이고, 성취 동기와 더 많은 노력을 유발하여 결과적으로 높은 성과를 낳기 때문이다. 적당히 해도 달성할 수 있는 쉬운 목표에 비해. 이때 그 목표는 구체적이어야 한다. 수치로 나타내는 게 좋다. 그래야 노력의 방향과 강도를 제대로 정할 수 있다. 어느 해인가 미국 경영학회가 가장 중요하면서 실용적인 경영이론으로 선정한 '목표설정이론(Theory of Goal-setting and Task Performance)'에서 하는 얘기다.

협상에서도 마찬가지다. 구체적이고 의욕적인 협상 목표와 협상 성과 간엔 높은 정(正)의 상관관계에 있다. 수많은 연구에서 입증된 결론이다. 모름지기 높이 겨냥해야 돌아오는 몫도 커진다.

목표를 달성하지 못할 때
노력의 과정은 무시되고 문책 당하는 걸 학습한 결과다

그런데도 왜 목표를 높게 세우려하지 않을까? 목표를 달성하지 못할 때 따르는 책임 때문이다. '주인-대리인((principal-agent) 관계'에서 대리인의 입장에 있는 사람들이 갖는 공통적 속성이다. 회사, 조직을 위해 목표를 높게 세우고 최선을 다했는데도 이를 달성하지 못했을 때 노력의 과정은 무시되고 문책 당하기 십상인 현실을 여러 차례 학습한 결과다. 자기 보호, 자기 방어 차원에서 나오는 자연스러운 행동이다.

그래서 요즘 똑똑한 CEO는 이렇게 한다. 달성 가능한 '최대 목표'와 '정상 목표' 두 가지를 세운다. 그러고 나서 직원들이 최대 목표를 달성하도록 끊임없이 자극하고 동기 부여한다. 그러나 일단 일이 끝난 다음엔 정상적인 목표를 기준으로 성과를 평가한다. 이를테면 일을 추진할 땐 최대 목표가 준거점이 되지만 일의 결과는 정상적인 목표를 기준으로 평가함으로써 높은 성과를 거두면서 직원의 성취감, 만족도도 높여 더욱 동기 부여되도록 하는 것이다.

우리 일상에서도 창공의 독수리를 겨냥해 심혈을 기울여 쏘되 나중에 떨어진 것이 매라 해도 흔쾌히 여기는 자세와 마음가짐으로 산다면 삶이 지극히 만족스러울 것 같다.

만족스러운 협상은
설득에 달려 있다

오디세우스는 창의적 제안과 설득에 능한 영웅이었다

오랜 지인 S씨가 있다. 25년 전 그와 같이 속한 모임이 있었고, 지금도 어떤 모임에서 만나는데 그때도 그랬지만 그는 자연스럽게 총무가 되었다. 옆에서 시키지도 않았는데 몇 번 모이다 보면 연락이나 장소 섭외 같은 귀찮은 일들은 어느새 그가 도맡아 하고 있다. 사적 친목 모임의 일이지만 기민하고 순발력 있게 해낸다. 그러니 모임이 잘된다.

그는 직장에서도 순탄했다. 지금도 마찬가지다. 첫 번째 직장에서 퇴직 후 재취업해 오래 근무하고 있다. 공짜가 없는 세상에서 능력이나 기여한 바 없이 가능한 일이겠는가.

그렇게 그는 요령과 조리가 있다. '어느 자리에서도 잘 대처하고, 순조롭게 헤쳐 나간다!'는 인상을 준다. 공부를 많이 하고 학교 성적이 좋아도 일하는 게 요령부득인 사람이(그 정반대의 사람도) 있는 걸 보면 '일머리'라는 게 확실히 있는데 그는 일머리가 뛰어난 사람이다.

서글서글하기까지 해 그를 만나고 나면 기분이 좋다. 다시 만나고 싶다. 많은 이들이 그렇게 말한다. 상대방에게 호감을 갖게 만드는 S씨는 사회적 지능, '사회머리'도 좋은 셈이다.

그리스 신화 속에서 일머리, 사회머리가 뛰어났던 영웅이 있다. 오디세우스다. 트로이 전쟁에서 그리스 군을 승리로 이끈 또 다른 주역 아킬레우스와는 극명하게 대비되는 인물이다. 단순하고 우직했던 아킬레우스와 달리 오디세우스는 지략과 임기응변에 설득력까지 갖춘 재사, 수완꾼이었다.

그의 일머리가 빛났던 압권은 그리스의 절세미녀 헬레네를 차지하기 위한 구혼 경쟁에서 자신과 상대 모두를 만족시키는 윈-윈(win-win) 해결안을 만들어낸 일일 것이다.

헬레네에게 왕, 영웅들의 구혼이 쇄도하자 그녀의 아버지 틴다레오스는 걱정이 태산이다. 선택받지 못한 구혼자들이 행패라도 부릴까 두려워서다. 구혼자의 한 명으로 나섰다 경쟁자들의 면면에 일찌감치 포기하고 대신 틴다레오스의 조카딸 페넬로페를 점찍어둔 오디세우스. 틴다레오스에게 문제를 해결해줄 테니 페넬로페와 결혼할 수 있도록 도와달라고 제안한다.

틴다레오스가 이를 수락하자 오디세우스는 먼저 구혼자들로부터 "누가 헬레네를 차지하든 다른 사람이 그에게서 그녀를 빼앗으려 하면 헬레네 부부를 보호해주겠다."는 서약을 받은 후 사윗감을 결정하라고 일러준다. 이 묘책은 주효했고(그 시점뿐만 아니라 나중까지[40]), 약속한 대로 틴다레오스는 오디세우스가 페넬로페와 결혼할 수 있도록 도와준다. 상대의 의중과 상황을 정확히 판단하여 (협상학자, 협상 전문가들이 늘 강조하는) '창의적 대안(creative option)'을 제시함으로써 모두의 이해관계를 충족시킨 것이다.

훗날 트로이의 왕자 파리스가 헬레네를 납치함으로써 벌어진 트로이와의 전쟁에서 완강하게 저항하던 트로이를 힘없이 무너지게 한 '목마 작전' 역시 오디세우스의 머리에서 나왔다.

---

40) 결국 헬레네는 스파르타의 왕 메넬라오스를 선택해 그와 결혼했는데, 그 후 트로이의 왕자 파리스가 헬레네를 납치하자 메넬라오스와 그의 형 아가멤논은 구혼했던 영웅들에게 이 서약을 상기시키며 그녀를 되찾기 위한 트로이와의 전쟁에 참전을 요구함으로써 그리스 연합군이 결성된다.

그리스 연합군이 결성된 것도, 여장(女裝)을 하고 숨어 있던 아킬레우스를 전쟁에 참전시킨 것도 오디세우스의 기지 덕분이었다. 트로이성 안으로 들어가 석과 문제의 원만한 해결을 도모하기도 하고, 그리스군 총사령관 아가멤논과 아킬레우스 간 화해를 주선하는 등 그리스군의 승리를 위해 유감없이 그의 지모와 지략을 발휘한다. 실질적으로는 오디세우스가 그리스 군을 지휘했다고 봐도 된다. 그가 제안한 전략과 전술대로 그리스 군이 움직였으니.

그의 재주와 능력 발휘는 여기서 그치지 않는다. 전쟁이 끝난 후 개선장군으로 보무도 당당하게 고향땅을 밟으려 했지만 호메로스의 『오디세이아』에 그려진 오디세우스와 그의 부하들의 귀향길은 험난하고도 멀었다.

에게 해 망망대해에서 쉴 새 없이 불어 닥치는 폭풍과 수많은 식인 괴물들, 떠다니는 암초와 진퇴양난의 험로 등 온갖 물리적 위험에다 환각과 유혹에 빠지는 등 그야말로 백척간두, 풍전등화의 신세에 놓인다. 거기에 마녀 키르케, 여신 칼립소의 섬에 붙들리는 여난(女難)까지 당하면서 오디세우스의 귀향은 기약 없이 늘어진다.

이런 모든 위험과 곤경을 오디세우스는 순간적인 재치와 현명한 선택으로 헤쳐 나간다. 거기에 여난을 '여복(女福)'으로 만드는 그의 여자 다루는 능력이 보태져 거지꼴로지만 살아서 고향에 돌아갈 수 있었다.

오디세우스의 매력에 푹 빠져 꿈같은 시간을 보내던 키르케. 그가 떠나가겠다고 하자 화를 내거나 못 가게 마법을 부리지 않는다. 오히려 그에게 닥칠 위험과 대처 방법을 알려주면서 흔쾌히 보내준다. 키르케의 조언 덕분에 오디세우스 일행은 상반신은 여자, 하반신은 새의 모습을 하고 노래로 뱃사람을 (바다에 뛰어들도록) 유혹하는 세이렌들로부터 벗어나는 등 여러 위험을 무릅쓰고 항해를 계속한다.

난파돼 홀로 떠밀려온 오디세우스에게 영생을 약속하며 자신과 결혼해 달라고 7년째 청혼하던 칼립소. 그가 끝내 돌아가겠다고 하자 아쉬워하면서도 무사 귀환을 빌며 오디세우스의 뗏목에 순풍이 불도록 해준다.

폭풍에 표류하던 오디세우스를 발견한 축복의 땅 스케리아 섬의 공주 나우시카. 자신의 애틋한 바람과는 달리 그가 떠나가자 "날 잊지 말아 달라!"며 애잔히 축원한다.

오디세우스가 여자들의 염원과 간청을 뿌리치고 떠나면서도 보복, 저주가 아니라 도움과 축복을 얻어낸 걸 보면 그의 여자 마음을 돌려놓는 솜씨, 설득력이 뛰어났음을 알 수 있다.

주저하는 상대가 확신을 갖게 만들어야 합의를 이루어낼 수 있다

고정된 파이를 서로 많이 차지하려는 분배적 협상이든, 파이를 더 키우려는 통합적 협상이든 만족스러운 협상 결과는 상대 설득에 달려 있다. 상대에게 내 입장을 이해시키고, 내 제안의 타당성을 납득시키고, 주저하는 상대가 확신을 갖게 만들어야 합의를 이루어낼 수 있다.

내가 원하는 대로 상대가 행동하게 하려면 어떻게 해야 하나. 오디세우스는 어떻게 했을까.[41] 설득이 이루어지는 경로를 과학적으로 연구한 학자들에 따르면 '솔깃해진' 상대의 고개가 '끄덕여지도록' 제안을 잘 만드는 게 무엇보다 중요하다. 상대에게 신뢰할 수 있는 사람, 호감이 가는 사람으로 비칠 필요도 있다. 그런 사람에겐 설득에 따른 경계, 방어막을 내려놓기 때문이다. 어떤 경우엔 상대가 자신도 모르게 휩쓸려 내 제안을 수용하게 되는 분위기의

---

[41] 캐나다 작가 마거릿 애트우드(Margaret Atwood)가 쓴 『페넬로피아드』에서 아내인 페넬로페가 전하는 오디세우스의 설득의 비결은 '상대로 하여금 공통의 장애물을 앞두고 있으며, 그것을 극복하려면 서로 힘을 합쳐야 한다고 믿게 만드는 것'이었다.

조성도 중요하다.

오디세우스는 인지 지능, 대인(對人) 지능, 그리고 설득력까지 뛰어나 명분과 실리 모두 챙기며 세상을 편안하게 살았다. 균형 감각도 지녀 미녀들과 몇 년씩 동거하며 호사를 누리지만 적당한 선에서 끝내고 페넬로페에게 돌아간다. 20년이나 기다려준 아내에 대한 지조도 지킨 것이다.

그리스 신화 속 세이렌은 노래로 사람들을 유혹했지만 어떤 커피 전문점의 로고로 쓰이는 녹색 바탕 흰색 윤곽의 세이렌은 커피 향과 맛으로 행인들의 발길을 유혹한다. 오디세우스는 부하들의 귀를 밀랍으로 틀어막고, 자신은 돛대에 몸을 묶어 그 유혹을 이겨냈는데 S씨는 거리 여기저기 있는 현대판 세이렌의 유혹에 어떻게 대처할까.

| 협상 NOTE | 사람들의 기본적 심리를 이용한 설득 방법[42] |

설득은 상대가 내 설득 메시지를 인지적으로 처리하려는 동기와 능력에 따라 두 경로를 통해 이루어진다.

- 내 메시지가 상대에게 중요하면서 상대가 이를 숙고할 능력이 있는 경우 : '중앙경로'를 통해 메시지를 처리한다.
  ※ 비판적 사고를 동원하여 메시지의 수용 여부 결정 ⇒ 메시지의 내용, 구조, 전달 방식 등 메시지 요인이 중요(논리를 통한 설득으로 설득 효과가 장기적)
- 메시지가 중요하지 않거나 숙고할 능력이 부족한 경우 : '주변 경로'를 통해 처리한다.

---

42) 설득의 방법론에 대하여는 19쪽 〈선거 유세 활동, 한 표를 두고 벌이는 일종의 협상 게임〉을 더 참고.

※ 비판적 사고를 동원하지 않고 메시지의 수용 여부 결정 ⇒ 메시지 자체보다는 메시지 전달자(나)가 누구이고, 메시지 수신자(상대)가 어떤 반응을 보이며, 메시지가 어떤 상황에서 전달되는지가 수용 여부에 큰 영향(미묘한 단서, 감성을 통한 설득으로 설득 효과가 단기적)

'주변 경로'를 통해 이루어지는 설득과 관련하여 메시지가 전달되는 상황에서 사람들의 기본적인 심리를 이용한 다음의 여섯 가지 설득 방법이 매우 효과적이다.

① 상대에게 먼저 작은 양보나 호의를 베풀어 '상호성의 원칙'에 의한 더 큰 양보(호의)를 얻어내라!
② (원가를 결정하면 이를 고수하려는 '일관성의 욕구'를 이용하여) 상대로부터 설득 사안과 관련하여 그리 부담스럽지 않은 입장 표명이나 다짐을 먼저 받아낸 후 원하는 바를 요구하라! 그 다짐을 적극적(서면 형태 등)·자발적·공개적으로 하게 해 다짐의 구속력을 높여라!
③ (확신이 들지 않을 땐 남들이 하는 걸 보고 따라 하려는 '사회적 증거의 원리'를 이용하여) 설득 사안에 대해 다른 사람들(상대가 잘 알거나 좋아하는 사람들, 상대와 비슷한 사람들)도 그렇게 했다는 걸 제시하면서 승낙을 얻어내라!
④ (좋아하는 사람의 말을 잘 들어주는 '애호의 원칙'을 활용하여) 상대와 공통점을 밝히거나 상대를 칭찬하는 등 먼저 상대가 나에게 호감을 갖도록 만들어라!
⑤ (권위를 가진 사람에 의해 정당화 될 경우 어떤 행동도 서슴지 않는 '권위의 원칙'을 활용하여) 내 주장이나 제안에 전문성, 경험, 지위나 타이틀 등에서 나오는 권위가 따르도록 하라!
⑥ (희소해지면 가치가 상승하고 더 소유하고 싶어지는 '희소성의 원칙'을 활용하여) 제안에 시간적·수량적 제한을 두거나 특별한 혜택과 독점적 정보(가치)가 포함되도록 하라!

참고 : 심리학자 리차드 페티(Richard E. Petty, 1986) 등, 로버트 치알디니(Robert B. Cialdini, 2001)

협상자의 매력엔
비용도 따른다

신체적 매력엔 후광(後光)이 따른다

'난 왜 이렇게 생겼지?'

고민하기 시작한 게 초등시절 그 언젠가부터다. 곱슬머리에 주근깨 많은 얼굴. 무척 불만스러웠다.

"남자는 못생겨도 괜찮아. 공부 잘하고 똑똑하면 된단다."

거울을 들여다보며 우울해하는 어린 아들을 보시곤 어머니께서 달래주신 적도 있었다. 사춘기 돼서는 자라지 않는 키가 문제였다. 작은 키는 얼굴의 주근깨완 비교할 수 없이 큰 고민거리였다. 사회생활하면서 키 콤플렉스가 많이 가셨지만 환갑이 지난 요즘도 더러 신경 쓰일 때가 있어 그만 혼자 실소를 짓는다.

잘생긴 용모, 신체적 매력엔 후광(後光)이 따른다. 잘생긴 사람은 왠지 정직하고, 유능하고, 친절할 것 같다. 영리해 보이기까지 한다. 그러다 보니 여러모로 - 선거 득표에도, 연봉 책정에서도, 곤경에 처해 도움을 얻어낼 때도, 사람을 설득할 때도 - 유리하다. 심지어 재판에까지 영향을 미쳐 매력적인 피의자가 무죄를 선고받는 비율이 그렇지 않은 피의자의 두 배나 된다는 연구 결과도 있다. 이렇게 잘생긴 외모는 사람들과의 관계에서 큰 이점을 발휘한다. '매력 자본'이라 할 만하다.

그런데 모든 일에 양면성이 있듯 잘생겨서 유리하기는커녕 오히려 매를 더 맞을 수도 있다. 깔끔하게 생긴 사람이 거짓말을 곧잘 할 때, 신수는 훤한데 일처리는 젬병일 때, 인상은 좋으면서 무뚝뚝할 때, 지적인 용모와 달리 곰처럼 미련할 때 바로 그렇다. 어긋난 기대·예상의 반작용으로 더 밉고, 더 실망스럽고, 더 한심하게 여겨진다. 유명무실한 대상을 만났을 때의 그런 감정이 치솟는다. 이럴 땐 잘생긴 얼굴이 자본이 아니라 오히려 부담이 된다. 거기에 걸맞게 진실하고, 일머리도 뛰어나고, 붙임성 있게 행동하려고 늘 노력해야 한다. 얼굴값, '매력비용'을 치러야 한다.

나의 잘생긴 용모가 협상 상대의 경쟁심과 비윤리적 행동을 부추길 수 있다

협상자의 멋진 외모는 신뢰와 호감의 원천으로 작용한다. 주저하는 상대에게 확신을 심어주고, 내 제안의 이점을 납득시키고, 양보와 타협을 끌어내는 데 분명 도움이 된다. 매력적인 사람이 더 나은 협상 결과를 거둘 것으로 어렵지 않게 예상할 수 있다. 문제는 협상 테이블에서도 잘생긴 게 도움만 되는 건 아니고 대가를 톡톡히 치르게도 한다는 것! 나의 신체적 매력이 상대의 경쟁 심리, 공격성, 비윤리적 행동을 부추겨 그렇게 된다.

진화심리학 관점의 연구에 의하면 자손 번식 측면에서 수컷에 비해 훨씬 많은 수고와 노력을 하는 암컷 입장에서는 짝짓기 할 수컷을 고르는 데 매우 신중하고 까다로울 수밖에 없다. '아무 수컷'이 아니고 '강하고 능력 있는 수컷'을 찾는다. 사정이 이렇다 보니 한 암컷을 두고 수컷들 간에 치열한 경쟁이 벌어지게 되고, 그 경쟁에서 유리하다면 수컷들은 무리의 행동규범을 위반하는 일도 꺼리지 않게 진화돼 왔다. 암컷을 차지할 수 있다면 얼마든지 반칙을 저지를 수 있다는 얘기다. 이때 상대 수컷이 잘생겨 강한 경쟁자로 여겨질 경우 더 공격적이고, 더 규칙에 어긋난 행동을 하게 된다.

협상하면서 남자들이 여자들보다 거짓말, 기만행위를 더 잘하는 편인데, 특히 상대가 동성의 남자이면서 잘생겼을 때 그런 비윤리적 행동 경향이 두드러지는 이유를 이와 같은 수컷들의 짝짓기 동기에서 찾는다. 신체적 매력이 도움이 되기도 하지만 상대의 본능적 경쟁심을 유발하여 곤경에 빠지게도 만드는 '양날의 칼'인 셈이다.[43]

키 크고 잘생긴 사람들을 보면 부럽기도 했지만 나이 들면서 사람의 매력에 대한 생각도 많이 바뀌었다. 잘생긴 얼굴보다 그 사람의 분위기에서 풍기는 매력이 더 강렬하고 오래 남는다. 언제 봐도 맵시 있고, 늘 잔잔한 미소를 띠고, 남의 마음을 헤아리며, 때와 장소에 맞게 행동하는 사람이 있다. 그런 사람을 만나면 기분 좋고 즐겁다.

잘생겼다고 마냥 우쭐대거나 도도하게 굴어선 안 되겠다. 얼굴에서 풍기는 이미지와 다르게 행동할 경우 더 비난 받고, 상대의 경쟁심과 비윤리적 행동을 부추겨 크게 낭패 볼 수 있다. 매력비용을 많이 치르게 된다. 반대로 못났다고 실망하거나 기죽을 필요 없다. 매력이 얼굴에서만 나오는 게 아닌데, 노력하면 얼마든지 겉으로 드러나는 것보다 훨씬 깊고 은은한 매력을 자아낼 수 있다. 달덩이처럼 고우셨던 어머니께서는 얼굴로 고민하는 철부지 아들에게 그걸 가르쳐주고 싶으셨던 것 같다.

---

43) 매력비용에 대하여는 141쪽 〈남자와 여자, 누가 더 비윤리적으로 행동할까?〉를 더 참고.

잘생긴 상대가 기만행위에 능할 수 있다. 상대의 외모에서 나오는 호감과 신뢰에 전적으로 의존하지 말고,

① 협상 사전 단계에서 상대의 정직성에 대해 조사하는 등 철저히 준비하라!
② 협상 과정에서 상대가 기만행위를 하는지 주의를 집중하고, 논의 내용을 문서로 기록하는 등 기만행위에 대한 다양한 방어 수단을 강구하라![44]

☞ 나의 신체적 매력이 상대의 경쟁심, 공격성, 비윤리적 행동을 부추길 수 있다. 협상이 종료될 때까지 절제된 언행과 신중한 자세를 유지하라!

---

44) 협상 테이블에서 상대의 거짓말 등 기만행위에 대한 대처 방법은 228쪽 〈거짓말을 왜 그렇게 자주 하게 될까?〉를 더 참고.

감정 조절 행동에
남녀 간 차이가 있다

남녀 간 협상 행동에 차이가 있는지는 한마디로 말하기 어렵다

1990년대 초반, 통신·조달 분야 시장개방과 관련하여 워싱턴 D.C, 제네바, 서울을 오가며 미국 등과 양자협상, 다자협상이 활발하게 이루어질 때다. 정부협상단의 일원으로 여러 차례 회의에 참석하면서 협상단 구성이나 협상 스타일에 있어서 나라마다 차이가 있음을 느꼈다.

남자 일색인 우리나라나 일본과는 달리 구미 여러 나라 협상단엔 '숙녀들'이 끼어 있는 점이 쉽게 눈에 띄었다. 특히, 미국협상단은 대표가 여성일 때도 더러 있었고, 대표가 아닌 여성 참가자들도 협상 과정에서 거리낌 없이 발언하는 모습이 무척 인상적이었다.

♂과 ♀. 남자와 여자의 상징 기호다. 그리스 신화에 나오는 전쟁의 신 아레스의 창과 방패, 미의 여신 아프로디테의 거울을 뜻한다고 알려져 있다. 이 기호에서도 느껴지듯 생긴 모습만이 아니고 행동 성향에서도 남녀 간 차이가 난다. 그런 차이가 협상에선 어떻게 나타날까?

젠더(gender)가 협상자의 협상 행동과 협상 결과에 어떤 영향을 미치는지는 협상학자, 협상 전문가들의 오랜 관심 분야였다. 협상 테이블에서 남자는 경쟁적·공격적으로, 여자는 협력적·동정적으로 행동하는 경향이 있다고 말한다. 그러나 협상 행동에 있어서 이러한 남녀의 차이는 있지만 그리 크지 않으며, 협상 상황에 따라서는 유의한 차이가 나타나지 않거나 반대로 나타나는 경우도 있다. 한마디로 잘라 말하기 어려운 얘기다.

여자는 남자보다 더 감정 상황에 대한 생각을 바꿔 부정적 감정을 조절한다

그래서 요즘엔 젠더 그 자체가 바로 협상에 미치는 영향보다는 남녀 간 다른 성향, 행동 방식을 통해 협상 과정이나 결과에 미치는 영향을 분석하는 쪽으로 연구의 초점이 바뀌고 있다.

터키 기업의 간부들을 대상으로 한 실험 연구에서도 협상 성과(가격 흥정에서 거둔 이득으로 측정한)에 미치는 젠더의 직접적인 영향은 나타나지 않았지만 감정 조절 행동을 매개로 하여 분석해보니 남녀 간 성과 차이가 분명하게 확인되었다.

사람들은 두 가지 방법으로 자기의 감정을 조절한다. 감정이 생겨나는 초기에 그 감정을 일으키는 상황에 대한 생각을 바꿔 감정을 조절하기도 하고, 감정 상황을 겪고 나서 감정 표현이나 반응을 의도적으로 줄여 조절하기도 한다.[45] 후자보단 전자의 방법으로 감정을 조절할 때 아무래도 부정적 감정의 영향을 덜 받고 긍정적 감정 상태로 돌아올 수 있다고 말한다.

이렇게 감정 상황에 대한 생각을 바꿔 감정을 조절하는 빈도에 있어서 남자와 여자 간에 큰 차이가 난다. 여자들이 그런 방법을 더 자주 사용한다.[46]

이해관계를 두고 치열하게 경쟁하기도 하고, 협력하기도 하는 협상 상황에서 감정이 생겨나지 않을 수 없다. 감정이 치밀어도 부정적 감정에서 벗어나

---

45) 전자를 인지 재해석(cognitive reappraisal)에 의한 감정 조절, 후자를 억제(suppression)에 의한 감정 조절이라 부른다.

46) 남자는 감정을 표현하는 것이 남자답지 못하다고 생각해 여자보다 더 감정 표현을 억제하는 편이다. 감정을 억제하여 감정을 조절할 경우 부정적 감정의 영향을 더 많이 받을 수밖에 없다.

협상 이슈에 초점을 맞추는 감정 조절 행동에 있어서 남녀 간 차이가 협상 결과에 영향을 미친다. 다시 말하면 감정 조절 행동이 젠더와 협상 결과 간 관계를 가운데서 매개하는 역할을 한다.

시장개방 협상은 다른 나라에 시장을 열고 닫는 문제다 보니 치열하다 못해 자칫 감정적으로 충돌할 수 있다. 그래서 미국은 바람직한 방향으로 감정을 조절하는 능력에 있어서 남녀 간 차이를 고려하여 협상단에 여성을 많이 포함시켰는지 모르겠다. 결과적으로 숙녀들이 낀 미국 대표단과의 협상 분위기는 대체로 좋았던 것으로 기억된다.

협상에서 감정은 부정적·긍정적 영향 모두 미친다.

- 부정적 영향 : 실제적인 문제로부터 관심을 분산시키고, 상대에게 자신을 다 드러내 자칫 이용당하기 쉽게 만들며, 치밀한 사고를 방해한다.

- 긍정적 영향 : 감정은 정보 전달 기능이 있어 중요한 이슈에 대한 신호를 보내고, 상대에게 내가 무엇을 염려하는지 알게 해 상호 이익이 되는 해결안의 도출에 도움이 된다.

이와 같이 양면성이 있는 감정의 표현을 무조건 억제할 경우 협상자의 인지적 에너지가 소모되어 협상의 실체적 이슈에 대해 생각할 수 있는 능력이 저하되고, '상대=적'이라는 고정 관념을 갖기 쉬워 경쟁적으로 행동하게 된다.

※ 감정 억제 ⇒ 생리적 각성(physiological arousal)↑ ⇒ 주의 능력↓ ⇒ 고정 관념적 사고 ↑

따라서 화와 같은 부정적 감정은 협상 파국의 원인이나 유쾌하고 긍정적인 감정은 협상자의 인지 능력을 향상시켜 창의적 대안을 찾아내고 협력적으로 행동하도록 해 긍정적 감정 상태에서 협상에 임하는 게 좋다.

한편, 부정적 감정을 조절함에 있어서 그러한 감정을 다 겪고 나서 반응이나 표현을 억제하는 것보다 감정이 생성되는 초기에 그러한 상황을 긍정적으로 받아들여 빨리 벗어나는 것이 더 나은 방법이다.

☞ 화와 같은 부정적 감정이 생겨날 땐 상황을 긍정적으로 생각해 부정적 감정의 영향에서 바로 벗어나라!

참고 : 하버드대 데니얼 샤피로(Daniel L. Shapiro, 2006), 터키 토로스대 굴시멘 유르트세베르(Gulcimen Yurtsever, 2013) 등

여성과 남성,
누가 협상을 잘 해낼까?

남성 장관 청문회와 여성 장관 청문회의 검증 포인트가 사뭇 달랐다

고위공직자에 대한 국회의 인사청문회가 해당 인사의 업무 능력이나 자질보다는 도덕성에 더 초점을 맞춰 이루어지는 경향이 있다. 주로 재산 문제, 탈세, 위장 전입, 논문 표절 등이 단골 검증 메뉴다. 그러다 보니 '신상 털기식 청문회'가 되기 일쑤라고 꼬집는다. 새 정부가 들어서면서 몇 달에 걸쳐 이루어진 청문회도 크게 다르지 않았다. 검증하고 검증 받는 인물이 달라졌을 뿐 묻고 답변하는 내용은 '그 밥에 그 나물'이었다.

그런데 청문회를 지켜보면서 한 가지 흥미로운 점을 발견했다. 전에 비해 여성들이 많이 입각한 편인데 같은 장관급 인사에 대한 청문회지만 남성 장관 대상 청문회와 여성 장관 청문회의 검증 포인트가 사뭇 달랐다. 여성 장관에 대해선 통상적인 도덕성 시비도 이슈였지만 자질과 역량 문제를 많이 따졌다. 여러 나라와 이해관계를 잘 다루어야 할 부처의 장관 후보자에 대해선 유독 이 문제를 심하게 따졌다. (국가 간 갈등, 분쟁을 조정하는 국제기구에서 경력을 쌓은 인사지만) 여성이 힘센 나라의 거친 남성 장관들을 상대로 협상이나 담판을 잘해낼지에 대한 의구심에서 그랬지 않나 싶다.

협상 결렬을 기준으로 볼 때 여자가 남자보다 협상을 더 잘하는 편이다

여성과 남성, 누가 협상을 잘 해낼까? 어떤 문제에 대한 당사자 간 합의를 이루기 위해 협상을 하게 된다. 합의 측면에서 볼 때 협상의 결과는 세 가지다. 서로 이익을 많이 거둬 모두가 이기는 윈-윈(win-win) 합의, 한쪽은 이익을 많이 챙기고 다른 한쪽은 적게 가져가는 윈-루즈(win-lose) 합의, 그리고 합의 도출에 실패하는 협상의 결렬.

이 세 가지 결과 중 협상자가 가장 피하고 싶은 경우가 협상 결렬이다. 협상에 많은 시간, 돈, 감정 에너지를 쏟아 부었지만 아무 것도 손에 쥔 게 없고, 문제는 그대로이기 때문이다. "합의만 이룰 수 있다면 신성불가침의 이슈라도 타협할 수 있어!"라고 말하는 이유이다. 부실한 합의도 받아드릴 수 있다는 입장이다.[47]

연구 결과가 일관적이진 않지만 협상자로선 피하고 싶은 협상 결렬을 기준으로 볼 때 여자가 남자보다 협상을 더 잘한다는 게 다소 우세하다.[48] 남자는 경쟁적이어서 자기 이익만 챙기려는 분배적 협상 스타일을 선호하다 보니 협상 결렬이 더 잦은 반면, 여자는 남자보다 더 협력적이고 상대의 이익도 고려하는 통합적 협상 스타일이어서 협상이 결렬되는 경우가 덜 발생하는 것으

---

47) 협상 테이블에 앉았으면 어떤 형태로든 합의를 도출해야 한다는 '합의지상론자'가 있는가 하면, 그와 상반된 의견을 가진 사람들도 많다. 2015년 오바마 대통령의 주도로 이루어진 이란과 핵협상 합의에 대해 미국의회 내에서 "부실한 합의를 이루느니 협상이 결렬되는 편이 낫다(No deal is better than a bad deal)!"고 주장하는 목소리가 거셌다. 영국의 EU 탈퇴 협상, 그리고 한미 FTA 재협상과 관련하여 테레사 메이 총리와 우리나라의 통상본부장도 그런 입장을 나타낸 바 있다.

48) 어떤 연구에선 남성의 협상 결렬율이 여성보다 높게 나타나나 다른 연구에선 남녀 간 유의한 차이가 발견되지 않는 등 연구마다 다르지만 여성의 협상 결렬율이 더 높게 나타난 연구는 찾기 쉽지 않다.

로 보고 있다.

주변국과 걸린 이해관계를 관철하는 역량에 대해 까다로운 시험을 치르고 혹평과 질타, 심한 반대 속에 그 여성 후보자가 장관으로 임명되었다. 청문회 과정에서 제기된 우려가 현실화 될지, 아니면 여성 장관에 대한 편견에서 비롯된 기우로 끝날지는 두고 볼 일이다.

협상 NOTE   **협상 결렬이나 타결에 영향을 미치는 요인**

여러 연구 결과에 의할 때 협상 결렬이나 타결에 영향을 미치는 요인은 다음과 같다.

협상 결렬의 원인

- 협상자가 말끝을 흐리고 얼버무릴 때
- 협상자가 1인이 아니고 2~3인의 팀으로 이루어질 경우
- 협상자가 상대에 관한 협상과 무관한 정보를 가지고 있을 경우
- 협상에 걸린 이익과 비용에 관한 불확실성이 존재하는 경우
- (연속해서 협상이 이루어질 때) 지난 협상에서 합의 도달에 실패한 경우
- 협상 초반에 한 당사자가 오해받기 쉬운 제안을 낼 경우
- 부하의 협상 능력에 비해 상사의 기대가 너무 클 경우
- 제3자를 협상대리인으로 사용할 경우
- 초보 협상자가 협상 결렬이 빈번히 발생한다고 믿을 경우
- 위기상황에서 부정적 사회분위기가 형성되는 경우

협상 타결에 도움이 되는 요인

- 상대의 관점을 고려하는 경우
- 보다 융통성 있게 행동하는 경우
- 상대방과 친근한 관계(rapport)가 형성된 경우
- 협상자 간 친분 등 사회적 관계가 존재하는 경우

- 협상자가 상대의 첫 제안을 이득의 관점에서 보는 경우

- 협상 대표가 조직에서 보다 높은 직위에 있는 경우

- 거래 상대방을 바꾸기가 쉽지 않은 경우

- 협상자의 자기효능감(self-efficacy : 어떤 일을 잘해낼 수 있다는 신념)이 높은 경우

☞ 합의 도달이 협상의 중요한 목표일 경우 협상 대표와 팀원을 선정하고 사용할 전략과 전술을 결정함에 있어서 위의 요인들을 감안하라!

참고 : 미국 그랜드밸리대 마이클 카터(Michael J. Cotter) 등, 2017

남자와 여자,
누가 더 비윤리적으로 행동할까?

동물의 짝짓기에 있어 암컷과 수컷의 입장이 사뭇 다르다

옛 직장 동료의 아들 결혼식에 다녀왔다. 주변의 지인들이 자식을 짝 지울 나이가 되다 보니 한 달에 한두 번은 예식에 참석하게 된다. 역학상 길일(吉日)이라는 날엔 여러 건의 혼사가 겹쳐 애를 먹기도 한다. 결혼식에 가면 보통 끝까지 자리를 지키는 편이다. 그것이 혼주와 신랑, 신부에 대한 예의이면서 진정한 축하라고 생각해서다. 그리고 부부 탄생을 지켜보는 재미도 꽤 있다. 예식마다 분위기가 다르고, 어색하면서도 들뜬 신랑과 신부의 표정이 각양각색인지라 눈이 즐겁다. 오늘도 여느 때처럼 한 편의 공연을 감상하듯 편안하게 예식을 지켜봤다. 입장하는 순간부터 신랑이 참 차분하고 여유 있다. 치열한 경쟁에서 예쁜 신부를 차지했다는 승자의 느긋함, 자신만만함 같은 게 느껴진다. 연신 방긋 웃는 신부. 엄선한 짝이 무척 마음에 들어 그러는 모양이다.

동물의 짝짓기에 있어 암컷과 수컷의 입장이 사뭇 다르다. 암컷은 일생 동안 몇 번의 번식 기회밖에 없지만 수컷은 거의 무제한이다. 암컷이 임신과 출산, 양육에 많은 시간과 에너지를 쏟는 데 비해 수컷은 그다지 하는 게 없다. 이렇게 번식 기회와 새끼에게 쏟는 노력에 있어서 차이 때문에 상대를 선택할 때 수컷과 암컷이 다르게 행동한다. 암컷은 상대를 잘못 만났을 때 치르는 비용이 매우 커 수컷을 고르고 또 고른다. 반면, 수컷은 그 비용이 상대적으로 적어 짝의 선택에 그다지 까다롭지 않아도 된다.

진화심리학의 '부모 투자 이론(Parental Investment Theory)'대로라면 신랑의 눈에 들기 위해 그동안 여자들끼리 벌인 경쟁보다 까다로운 신부를 차지하기 위해 신랑을 비롯한 남자들 간 경쟁이 훨씬 치열했을 것으로 생각된다.

짝짓기 욕구가 강할 때
남자가 여자보다 협상에서 더 비윤리적으로 행동한다

협상 테이블에서 '평균적'으로 남자들이 여자들보다 더 비윤리적으로 행동하는 걸로 알려져 있다. 그 이유를 재미있게도 동물의 세계에서 벌어지는 수컷들의 치열한 짝짓기 경쟁에서 찾는 학자들이 있다. 암컷의 눈에 들기 위한 경쟁에서 유리하다면 수컷은 무리 규범의 위반도 기꺼이 마다하지 않는다. 게다가 암컷들이 새끼를 주로 돌보기 때문에 규범 위반에 따른 사회적 제재(체벌, 집단으로부터 따돌림, 평판 손상 등)가 자식의 생존과 성장에 미치는 부정적 영향이 수컷의 경우 그다지 크지 않다. 암컷이 규범 위반으로 집단으로 물어뜯길 경우 어린 새끼들의 생존에 치명적인데 비하면. 다시 말하면 짝짓기 경쟁에서 '큰 인센티브, 적은 비용'이 수컷들로 하여금 암컷들보다 더 비윤리적으로 행동하도록 만든다.

그런데 '평균적'이라는 표현에서 알 수 있듯 협상할 때 남자가 여자보다 항상 비윤리적으로 행동하는 건 아니다. 남녀 간 차이가 나타나지 않는 경우도 있고, 오히려 여자가 남자보다 더 비윤리적일 때도 있다. 비윤리적 행동에 있어서 성별 차이가 협상 조건이나 상황에 따라 두드러지기도 하고 그렇지 않기도 하다는 얘기다.

사회적 행동에 있어서 남녀 간 차이에 대한 진화론 관점의 연구에 의하면, 짝짓기 욕구가 강할 때(성욕이 왕성해질 때) 남자가 여자보다 협상에서 더 비윤리적으로 행동하게 되는데 특히, 상대가 동성의 남자이면서 매력적으로 생겼을 때, 그리고 그러한 비윤리적 행동이 사회적으로 수용 가능한 행동규범을 심각하게 위반하는(기만행위 같은) 행동일 때 남녀 간 차이가 현저히 나타났다.

뒤집어 말하면 남성 협상자의 짝짓기 동기가 약하거나, 그러한 동기가 강하더라도 앞에 앉은 상대가 여성이거나, 같은 남성이라도 자신보다 못생겨서 강한 경쟁자로 여겨지지 않을 땐 비윤리적 행동을 덜하거나 하지 않는다는 얘기다. 그리고 여자도 짝짓기 욕구가 강한 상태에서 예쁜 동성의 상대를 만나면 경미한(질문에 대한 답을 피하는 정도의) 비윤리적 행동은 남자와 다를 바 없이 한다.

어여쁜 신부를 아내로 맞이하기 위한 남자들 간 경쟁이 있었는지, 그리고 경쟁이 있었다면 얼마나 치열했는지는 알 수 없다. 분명한 건 일생의 대사에서 떨리고 긴장될 텐데 더할 나위 없이 의젓한 신랑을 보면 경쟁이 벌어졌다 하더라도 페어플레이 했을 것 같다. 굳이 손가락질 당할 행동을 하지 않더라도 다른 구혼자들을 이길 수 있는 경쟁력을 갖춘 걸로 보여서. 그런 짝이 더욱 맘에 들어 신부는 그렇게 방긋방긋 웃었던 것일 테고.

비윤리적 행동에 있어서 성별 차이에 대한 사회화와 진화론 관점의 연구에 의하면 두 가지 이유로 남자들이 여자들보다 더 비윤리적으로 행동하는 경향이 있다.

① 아들과 딸에 대한 부모들의 차별적 행동(사내애들의 싸움은 어느 정도 용인하는 것과 같이)과, '여자는 더 공동체에 충실하고 덜 이기적'이라는 고정 관념에서 비롯된 남녀 간 다른 사회적 역할 기대로 인해 비윤리적 행동에 대한 성별 차이가 일찍부터 학습된다.
② 짝짓기를 위한 남자들끼리 경쟁에서 규범 위반으로 거두는 효과에 비해 그 제재가 크지 않아 남자들은 경쟁에 유리하다면 비윤리적 행동을 여자들보다 더 자주 한다.

협상 상황에서는 다음의 경우에 남자들이 더 비윤리적으로 행동하는 경향이 두드러졌다.
- 짝짓기 욕구가 강할 때,
- 협상 상대가 동성의 남자이면서 잘생겼을 때,
- 그러한 비윤리적 행동이 사회적 행동규범을 심각하게 위반할 때

☞ 비윤리적으로 행동하기 쉬운 협상에서는,
- 가급적 남자보다는 여자를 협상 대표로 임명하고,
- 협상자의 남성 호르몬(testosterone) 수치가 높을 경우 긴장감을 낮추어 비윤리적 행동 가능성을 줄이며,
- 남성 호르몬 수준이 높은 오전보다는 오후에 협상 스케줄을 잡고,
- 남녀 간 균형을 맞추어 협상 팀을 구성하는 것을 고려해보라!

참고 : 런던 비즈니스스쿨 마가렛 리(Margaret Lee) 등, 2017

시간은
협상력의 원천이자 변수이다

현모양처 페넬로페는 시간을 벌 줄도 알았다

역사 상 최고의 악처는 누구고, 3대 악처로 누구누구를 꼽을 수 있다고 말한다. 아내의 패악에 평생을 시달린 그 남편들은 세상이 아내에게 지어준 악명에 동의할지 모르겠으나 정작 당사자들은 펄쩍 뛰며 억울해 할 것 같다. '양처, 악처를 구분하는 명확한 잣대가 있는 것도 아닌데…' 하면서.

"현모양처 1위?"에 대한 얘기는 않는 걸 보면 글줄이나 읽고 귀동냥께나 한어떤 남자가 부인 앞에서 기를 못 펴는 자신의 처지를 위안 삼아 그런 '악처타령'을 지어 냈을 수 있겠다. 비슷한 형편의 남자들이 술자리 같은 데서 그걸 화제로 희희낙락해 하면서 널리 퍼지게 됐고. 가부장적 사회, 남성 중심 문화의 향수도 악처 운운에 영향을 미쳤을 수도 있다.

'남자는 여자 하기 나름이에요.'라는 광고 카피가 풍미한 적 있다. 여자도 남자하기 나름이다. 남녀간, 부부간의 관계는 그렇게 상대적, 상호적이다.

악처, 양처에 대한 절대적 기준이 없고 그 구분이 다분히 상대적이긴 하나 일반적으로 남편에게 헌신적인 아내도 있고, 못된 아내도 있는 건 분명하다. 신화의 세계에서도 악처도 나오고, 지아비에게 지극 정성을 다했던 여인들도 등장한다. 젊은 정부와 짜고 남편 아가멤논[49]을 독살한 클리타임네스트라

---

49) 아가멤논에 대하여는 80쪽 〈갈등 관리, 소통이 답이다〉를 참고.

를 악처로 분류해도 무리가 없을 것이다. 반면, 병든 남편 대신 기꺼이 죽은 알케스티스는 '천사 같은 아내'의 전형이다. 이런 알케스티스 못지않게 내조와 헌신을 다했던 또 한 명의 신화 속 여인이 있다. 영리하기까지 해 세상 남자들이 최고의 배우자로 꼽을 만한 여인이다. 불세출의 영웅 오디세우스의 아내, 페넬로페다.

남편 오디세우스가 10년이나 계속된 트로이 전쟁에서 종횡무진 활약하며 승리를 거두고 그리운 아내에게로 돌아가는 귀국길. 예상치 못한 곤경과 모험의 연속으로 10년이란 시간이 또 흐른다. 페넬로페는 그 긴 세월을 시아버지를 봉양하고 아이를 키우며 조신하게 지낸다. 여기까지만 보면 페넬로페는 우리 역사, 민담에서도 어렵지 않게 찾을 수 있는 효부열녀 중 한 명에 지나지 않을 것이다. 그 다음 얘기가 우리의 관심을 끈다.

많은 재산을 가진 여인이 생사를 모르는 남편을 기다리며 혼자 지내고 있는데 사내들이 가만 두겠는가. 나라 안팎의 수많은 구혼자들이 그녀를 차지하려고 혈안이 되어 오디세우스의 왕궁을 제집 드나들 듯 하며 집적거리고, 유혹하고, 협박까지 한다.

오랜 독수공방에 남편에 대한 그리움과 외로움, 그리고 사내들의 괴롭힘에 지쳐가면서도 페넬로페는 흔들리지 않고 꿋꿋하게 정절을 지킨다. 그러기를 십 수 년. 더는 참지 못한 사내들이 발악을 한다. 이제는 어떤 이유, 핑계도 통하지 않을 태세다. 위기일발의 순간 페넬로페가 생각해낸 절묘한 한 수! "늙은 시아버지의 수의를 다 지을 때까지만 기다려주세요!"라고 부탁한다. 수의를 다 짓고 나면 여러 구혼자들 중에서 한 명을 선택하겠다고 약속하며. 인내의 한계에 다다른 사내들이지만 저승에 입고 갈 노인의 수의를 만들 시간을 달라는데 어떻게 거절할 수 있겠나.

그때부터 페넬로페는 낮에는 베틀에 앉아 옷을 짜지만 한밤중엔 그날 짠

옷을 몰래 다 풀어버린다. 그러기를 반복하니 시아버지의 수의 짓기는 아무리 해도 마무리되지 않는 '페넬로페의 베짜기'가 되어 사내들의 애간장이 다 타들어가게 만든다. 그렇게 3년이라는 시간을 벌자 마침내 오매불망 기다리던 남편 오디세우스가 돌아온다. 그리고 모든 문제가 해결된다.

'시(時)테크'를 잘하는 사람이 협상의 고수다

이 세상 모든 것이 시간이 흐르면서 바뀐다. 시간은 가치이고 힘이다. 지혜로운 여인 페넬로페는 이를 통찰하고 있었다. 협상력이 제로에 가까웠던 협상에서 시아버지의 수의를 핑계로 다 쏟아져 내려가는 모래시계를 되돌리고 되돌리며 시간을 벌었더니 상황이 반전되며 통쾌한 승리를 거둔 것이다.

시간은 협상력의 원천이면서 협상 판을 요동치게 하는 변수다. 유능한 협상가는 협상 단계별로 시간을 적절히 배분해 관리하면서, 정작 상대는 시간 압박을 받도록 하는 전략을 쓴다. '시(時)테크'를 잘하는 사람이 협상의 고수다.

남편에게 끝까지 성실했고 시간을 버는 지혜까지 갖춘 아내가 있었기에 트로이 전쟁의 영웅 오디세우스는 마녀 키르케의 유혹과 바다의 요정 칼립소의 사랑에도 넘어가지 않고 기나긴 시간이 걸리지만 페넬로페에게 돌아간다. 남편은 아내 하기 나름이었고, 지어미는 지아비 하기 나름이었던 것. 두 선남선녀의 부창부수(夫唱婦隨)에 음유시인 호메로스는 오디세우스의 귀향 이야기 『오디세이아』를 읊으면서 몹시 흐뭇했을 것 같다.

'감정대로 하고 싶은 나'를 통제해야 한다

마셔선 안 된다는 '나'와
와인 맛을 즐기고 싶은 '또 다른 나'와의 협상이 가능하다

30년 가까이 달고 사는 고질병 하나가 있다. 걸핏하면 콧물, 재채기가 나고 목이 붓고 눈이 가렵다. 증상이 처음 나타난 건 미국에서 유학 중이던 1991년 봄. 일리노이 대학에서 석사 과정을 거의 마쳐가던 때이다. 처음엔 눈이 약간 가려운 정도로 시작되더니 금방 다른 곳으로 번지며 심해진다. 쉴 새 없는 재채기와 줄줄 흐르는 콧물. 눈알을 후벼 파버리고 싶을 정도의 가려움.

도저히 견딜 수 없어 병원에 가 고통을 호소하니 미국인 여의사가 "Hay fever!"라며 대수롭지 않게 얘기한다. 공중에 떠다니는 꽃가루가 원인이란다. 처방해 준 약 한 알을 먹었는데 언제 그랬냐는 듯 금방 말짱해진다. 신기한 건 약효가 정확히 24시간이라는 것. 그 시간이 지나면 여지없이 눈, 코에서 또 소동이 일어난다.

매일 약을 먹으며 그 고약한 녀석과 싸우길 거의 두 달. 5월말 한국에 돌아오니 괜찮아졌다. '가도 가도 옥수수밭, 밀밭뿐인 미국 중서부 시골 마을의 풍토병이었구나!' 하며 안도했다.

그런데 그게 아니었다. 이듬해 개나리, 진달래가 꽃망울을 터뜨릴 무렵 그 녀석이 다시 찾아왔다. 그다음 해, 또 그다음 해에도. 봄만 되면 치르는 연례

행사가 되었다. 그러면서 봄이 오는 게 은근히 두려워졌다. 옛날 선비들은 길고 추운 겨울에 대춘부(待春賦)를 지으며 낭만적으로 봄을 기다렸다는데.

'알레르기(allergy)성 비염'이 봄만 빼앗아간 게 아니다. 몇 년 전부터는 여름이 끝나가고 조석으로 선선해지기 시작하는 9월에도 비염 증상이 나타났다. 나이 들면서 저항력이 떨어지니 환절기 찬 공기에도 몸이 과민 반응을 보이게 된 것이다. 가을의 정취도 제대로 느끼지 못하게 되었다.

최근에는 술을 조금만 마셔도 콧물, 재채기가 나온다. 알레르기 유발인자가 알코올로까지 확대된 것이다. 꽃가루나 찬바람 같은 계절성 요인으로 인한 경우는 시간이 지나면 나아지는데 술을 어디 계절 가리며 마시나. 알레르기 증상을 아예 달고 살게 된 셈이다. 집에서 가끔씩 반주로 와인이나 맥주 한잔 마시는 게 큰 즐거움이었는데 이마저 삼가게 되었다.

다행인 건 봄에 피는 꽃, 가을 찬바람은 어떻게 할 수 없지만 술은 내가 조절할 수 있다는 것. 마시면 괴로우니 마셔선 안 된다는 '나'와 와인의 그 묵직하면서 달콤한 맛을 즐기고 싶다는 '또 다른 나'와의 협상이 가능하다. 보통은 와인 한잔이 가져다주는 순간적, 말초적 즐거움에 비해 그 후에 겪을 콧물, 재채기 등의 후유증이 오래 가고 지독해 마시고 싶은 유혹을 떨쳐낸다. 그렇지만 아주 기분 좋은 일이 있을 땐 유쾌하게 한 잔 따른다. 이어지는 행복감이 치르게 될 대가보다 크기 때문이다.

욕망, 감정의 표현과 통제에 있어서도 조화와 균형이 요구된다

이래선 안 되는 줄 뻔히 알면서도 충동을 이기지 못해 기어이 일을 저지르고 말 때가 있다. 우리 안에 '이성에 따라야 한다는 나'도 있지만 '감정, 욕망대로 하고 싶은 나'도 있어 그렇다. 그래서 주민과 아파트 관리 회사 간에 백만 원도 안 되는 비용을 두고 몇 년씩 다투다 재판 비용이 억대를 넘어가는 이해 못할 일이 종종 일어난다.

협상 테이블에서도 '감정대로 하고 싶은 나'를 통제해야 한다고 말한다. 그래야 근시안적이고 불합리한 행동이나 결정을 막을 수 있다.

그렇다고 욕망, 본능이 보내는 신호를 완전히 무시하거나 억제하는 것 또한 바람직하지 않다. 배고픔을 느낄 땐 뭐라도 먹어야 하는 것처럼 그 신호에 중요한 의미와 암시가 담겨 있을 수 있다. 감정, 욕구를 너무 억누르면 정신 건강에도 좋지 않다. 더욱이 죽음을 앞둔 말기 환자들이 이구동성으로 "잘못한 일보다 하고 싶었지만 하지 못한 일이 더 후회스럽다!"고 한다지 않는가. 욕망, 감정의 표현과 통제에 있어서도 조화와 균형이 요구되는 이유이다.

교과서에서는 협상 준비를 철저히 하고, 욕구대로 할 경우에도 그 한도를 정하거나 제3자적 입장에 있는 인사의 의견을 구하는 등 자신의 내부에서 일어나는 이런 갈등에 슬기롭게 대처할 것을 권하고 있다.

오늘 첫째 내외와 집에서 저녁을 먹기로 되어 있다. 사돈네에서 보내온 민어회에 화이트 와인 한잔 마실 계획이다. 선선하고 쾌청한 가을밤, 거기에 휘영청 달까지 뜬다니 참 기분 좋은 밤이 되겠다. 첫째나 며느리가 채워준다면 두 잔까진 마실 요량이다.

협상 과정에서 머리로는 해선 안 되는 줄 뻔히 알면서도 감정과 충동적 욕구에 따라 꼭 하고 싶을 때가 종종 있다.

이때 하고 싶은 대로 함으로써 자신에게 최악의 협상 결과가 일어나지 않도록 하면서, 동시에 그러한 감정, 욕구가 보내는 신호나 정보를 이용해 목표를 달성하는 데 도움이 되도록 할 수 있다.

① 협상 준비를 철저히 해 충동적이거나 시간 압박 하의 결정이 일어나는 걸 최소화한다.

② 불가피하게 감정에 따라야 할 경우 비용, 시간의 한도를 미리 정해 적정한 선에서 멈춘다.

③ 객관적 입장에서 판단할 수 있는 외부 인사나 전문가의 의견을 듣고 결정한다.

☞ 협상 과정에서 '감정, 욕망대로 하고 싶은 나'의 불합리한 의사 결정을 예방하기 위해서는 협상 준비를 철저히 하고, 사안을 외부자의 관점에서 보고 결정하라!

참고 : 하버드대 디팩 맬호트라(Deepak Malhotra) 등, 2007

협상 능력이나
상대와 나눌 파이는 키울 수 있다

능력에 대한 신념이 목표, 도전, 장애에 대해 아주 다른 태도를 취하게 한다

한동안 못 봤던 학교 선배 두 사람과 점심을 같이 했다. 한 선배는 대학 강단에 서고 있고, 또 한 선배는 얼마 전 공무원으로 퇴직했다. 서로 근황을 묻다 두 사람 모두 서예에 깊이 빠져 있음을 알게 되면서 화제는 온통 그쪽으로 쏠렸다.

보리굴비가 오른 밥상머리에서 막걸리도 한잔 하면서 자신들의 서도 입문·연마 과정을 '맛깔스럽게' 털어놓는데 입담이 좋은 사람들이라 얘기가 꼬리에 꼬리를 물었다. 식당의 다른 손님들이 다 나가고도 한참 지나도록 자리가 계속됐다.

대학교수인 선배는 15년 필력에 몇 차례 중국까지 가서 지도를 받기도 했고 수상 경력도 있었다. 예서, 해서를 주로 쓴다고 한다. 공직에서 퇴직한 선배는 이태 전 시작했는데 서예교실을 두 군데나 다닐 정도로 심취해 있다. 앞서거니 뒤서거니 이어지는 얘기를 듣다 "서예에 선천적 재능이 있었네요." 했더니 손사래를 친다. 전혀 그렇지 않단다. 꾸준히 하면 실력이 늘 거라는 생각으로 열심히 했더니 점차 글씨체가 잡히고 손에 힘도 생기더란다. 재미를 느끼면서부터는 스스로 보기에도 글씨 솜씨가 빠르게 좋아졌고.

능력은 고정되었다고 생각하는 사람(능력불변 신념론자)도 있고, 노력에 의해서 얼마든지 키울 수 있다고 믿는 사람(능력증진 신념론자)도 있다. 어떤 연구에 의하면 능력에 대한 개인의 신념이 그 사람으로 하여금 목표에 대해, 그리고 도전과 장애에 대해 아주 다른 태도를 취하게 한다.

자신의 능력에 대한 타인의 평가를 중시하는 능력불변 신념론자는 긍정적 평가를 받을 수 있는 '성과 목표(performance goal)'를 선호해 쉬운 일만 맡으려 하고, 장애 앞에서 쉽게 포기한다. 반면, 능력증진 신념론자는 자신의 역량을 키우고 뭔가를 배울 수 있는 '학습 목표(learning goal)'를 선호해 도전적 과업을 추구하고 장애와 실패 속에서도 인내하며 끝까지 포기하지 않는다.

능력불변 신념론자는 '고정 파이 편견'을 갖는 데다 거짓말도 서슴지 않는다

능력불변 신념론자와 능력증진 신념론자는 목표, 장애에 대한 반응뿐만 아니라 협상 스타일에 있어서도 판이한 차이를 보인다. 능력불변 신념론자는 협상에서 상대와 나눌 가치 역시 불변이라는 '고정 파이 편견'을 갖고 있다. 그러다 보니 더 경쟁적이며, 상대를 위협으로 여기고 정보 공유를 꺼린다. 그리고 자신의 관점을 강요하기 위해 상대의 관점을 거부하는 경향이 있다.

흥미로운 것은 능력불변 신념론자의 이러한 경쟁적 협상 스타일은 비윤리적 행동에 대한 태도, 그리고 실제 기만전술의 사용과 강한 상관관계를 보인다. 협상 능력은 타고난지라 교육·훈련을 통해 학습될 수 있는 게 아니라고 생각하는 협상자는 거래를 성사시키는 데 도움이 된다면 거짓말도 서슴지 않는다는 얘기다. 왜 그럴까?

인간의 학습은 환경, 개인 특성, 행동 세 가지 요인의 상호 작용에 의해 일어난다는 '사회적 인지 이론(Social Cognitive Theory)'에 의하면, 보통 남에게 못할 짓을 할 때 겪는 자기 책망, 자기 비난이 비윤리적 행동이나 범죄 행위를 억제시킨다. 그런데 능력은 변하지 않는다고 생각하는 협상자의 경우엔 거짓말, 사기와 같은 비윤리적 행동을 저지르면서도 자신을 비난하지 않는 '도덕적 이탈(moral disengagement)'이 일어나 그러한 기만행위를 보다 쉽게 한다. 자신의 역량을 입증하고 성과를 인정받는 데 집착하다 보니 능력불변 신념론자에게선 비윤리적 행동을 억제하는 자기 조절 프로세스가 잘 작동되지 않는 것이다.

일체유심조(一切唯心造). 모든 게 마음먹기 달려 있다. 사람의 행동과 의사 결정은 그렇게 생각의 영향을 많이 받는다. 두 선배 모두 노력하면 된다는 생각으로 열심히 붓을 놀리며 자칫 의기소침해질 수 있는 60대의 삶을 활기차게 보내고 있다. 그들은 대인관계나 거래에 있어서도 상대를 배려하고 협력적이며, 정당한 방법으로 파이를 키워 자신의 몫을 챙기는 타입이기 쉽다. 그것이 아무리 어려워도 노력하면 할 수 있다는 신념의 영향으로.

능력에 대한 개인 신념이 비윤리적 행동에 미치는 영향

협상자가 내리는 중요한 선택의 하나가 거짓말을 하거나 정보를 숨겨 상대를 속일 것 인지, 아니면 정직하게 협상할 것인지인데 상대를 속이는 기만전술은

- 경제적 이득의 인센티브가 존재하거나
- 제안된 거래(문제)의 해결 대안들을 손실로 여기거나
- 쌍방 간에 신뢰가 부족할 때 주로 사용된다.

기만전술의 사용은 이런 상황적 요인뿐만 아니라 협상 능력이 고정되었다고 보는지 에 대한 개인의 신념에 의해서도 영향을 받는데 협상 능력은 변하지 않는다고 생각 하는 사람들은 다음과 같은 특징을 보인다.

① 협상에 걸린 이익을 키울 수 없다는 '고정 파이(fixed-pie) 편견'을 갖고 있다.
② 상대보다 이익을 많이 챙기려고 경쟁적 협상 태도를 취한다.
③ 자신에게 유리하게 거래를 성사시키기 위해 별다른 양심의 가책을 느끼지 않고 속 임수를 쓰거나 거짓말을 하는 '도덕적 이탈'이 일어나 비윤리적 행동을 더 쉽게 한 다.

☞ 협상 대표는 가급적 능력은 신장될 수 있다는 신념을 가진 사람들 중에서 선발하 라!
☞ 능력은 고정된 것이라고 믿는 사람에 대해서는 전문적인 교육 훈련을 통해
 - 그런 태도·지각의 덫을 인식해 극복하도록 하고,
 - 협상에서 상대와 나눌 가치를 창출하는 기술을 개발하도록 하며,
 - 비윤리적 행동을 삼가도록 주의를 촉구하라!

참고 : 캐나다 요크대 케빈 타사(Kevin Tasa) 등, 2017

초점을 맞추어 일하면서도
관점을 확장시켜라[50]

한 가지에 역량을 집중해야, 한 우물을 파야 성공한다

어렸을 때 화경(火鏡)을 갖고 놀았던 기억이 난다. 일종의 볼록렌즈인 화경을 통해 모아진 햇볕을 마른 종이에 얼마간 쪼이면 타기 시작한다. 신기하기도 하고 재미도 있어 놀 거리가 별로 없던 시절 동네 친구들과 화경으로 불장난을 하곤 했다. 겨울날 볕이 잘 드는 처마 밑에 앉아 그러고 있자면 추운 줄도, 시간가는 줄도 몰랐다.

언젠가 CCTV 생산 기업을 찾았을 때다. 새로 나왔다며 두 대의 카메라가 달린 제품을 보여준다. 한 카메라는 일정 지점만 비추고, 다른 카메라는 주변 일대를 찍어 모니터에 두 영상이 같이 나타나도록 했다. 감시 대상 지점뿐만 아니라 인근 지역까지 화면에 잡혀 피사체의 동선 상황도 알 수 있는 아이디어 상품이었다.

화경을 한 곳에만 비추듯 일도 초점을 맞춰 해야 한다. 그래야 선명해지고, 주의가 집중된다. 시간, 돈이 한정된 상황에서 효율적으로 일하는 방법이기도 하다. 화경을 이곳저곳 비추면 아무리 시간이 지나도 종이를 태울 수 없는 것처럼 관심, 노력, 그리고 자원을 분산할 경우 실패하기 쉽다. 잘나가던 기업

---

50) 이 에세이는 필자가 2014.04.18.자 한국경제신문(한경에세이)에 기고했던 〈격물치지의 방법〉을 일부 수정한 것임을 밝혀둔다.

들이 여러 가지를 손대다 넘어진 경우가 얼마나 많은가. 기업 경영, 조직 운영, 개인사 다 마찬가지다. 한 가지에 역량을 집중해야, 한 우물을 파야 성공한다.

당면 관심사, 자신만의 욕구, 명백한 이슈에만 초점을 맞추면 협상이 난항에 처한다

그런데 어떤 일에 초점을 맞추다 보면 맹점이 생기게 마련이다. 주변을 간과함으로써 나무만 보고 숲과 산세를 보지 못한다. 그로 인해 전투에 이기고도 전쟁에 지는 우를 범할 수 있다. 더군다나 사람의 주의력에는 한계가 있어 한 가지에 몰두할 경우 다른 것은 '눈 뜨고도' 못 볼 수 있다.

한 가지 일에 몰입하거나 집중함으로써 생기는 이런 맹점을 극복하기 위해선 두 대의 카메라가 달린 CCTV 마냥 멀리서 조망할 수 있어야 한다. 초점을 맞추어 일하면서도 관점을 확장시켜 그 일의 전체적 모습과 의미를 파악해야 부분적으론 맞지만 전체로 보면 그렇지 않은 '구성의 오류(fallacy of composition)'를 피할 수 있다.

협상 테이블에서도 당면 관심사나 자신만의 욕구, 명백한 이슈에만 초점을 맞출 경우 장기적 문제나 상대의 욕구, 장래에 발생 가능한 이슈를 간과함으로써 협상이 난항에 처하거나 의사 결정의 오류를 범할 수 있다.

그래서 협상 과정에서 늘 역지사지하고 외부자의 관점에서 사안을 바라보면서 외부 전문가를 의사 결정 과정에 참여시키거나 협상 팀 내 반대 의견만 내는 '선의의 비판자(devil's advocate)' 역할의 팀원을 두라고 말한다. 그래야 문제를 맹점 없이, 편견에 사로잡히지 않고 제대로 볼 수 있다.

타협해선
안 되는 것도 있다

아킬레우스, 운명과 타협하지 않아 더욱 사람들의 심금을 울린 영웅이다

얼마 전 동네 어귀에 들어서는데 초등학교 2, 3학년쯤 사내애들이 왁자지껄 떠들며 간다. 넷이서 골목길을 다 차지하고 가다 서다를 반복한다. '요즘 저만한 애들의 관심사는 뭘까?' 호기심이 발동해 가만히 들어보니 목하 열띤 논쟁 중이다. "걔가 짱 히어로야!" "아니야, 스파이더맨이 더 세!" "배트맨이 진짜 히어로라니까!" 그 또래들이 좋아하는 영화 속 주인공들을 놓고 누가 더 센 히어로인지 다투고 있었다.

히어로(hero). 우리말로 영웅인데 필자가 생각하는 영웅과 개구쟁이들의 히어로 간에는 아무래도 세대차이 만큼이나 간격이 있는 것 같다. 요즘 히어로 영화들이 봇물을 이루고 있다. 슈퍼맨, 아이언맨, 엑스맨. 히어로 전성시대다.

'신들과 영웅들의 이야기' 인 그리스 신화엔 많은 영웅들이 나온다. 신화 속 영웅들은 이순신 장군 같은 숭고한 이미지의 영웅과도 다르고, 배트맨 같은 히어로와도 다르다.

제우스를 정점으로 하는 올림포스 열두 신 체제[51]가 갖춰지고 나서 신들

---

51) 제우스를 비롯하여 헤라, 데메테르, 포세이돈, 아폴론, 아르테미스, 아테나, 헤파이스토스, 아프로디테, 아레스, 헤르메스, 디오니소스 등 제우스 세대와 제우스의 자식 세대로 이루어진 12신을 말한다.

의 세계에 인간이 등장한다.[52] 영웅은 바로 신과 인간 사이에서 태어난 신의 후예이다. 신의 비범한 능력을 물려받았지만 인간의 피가 섞이다보니 영원불멸의 신과는 달리 필멸의 존재들이다.

이러한 '필멸성'이 영웅들의 한계이면서 역설적이게도 그들의 삶을 돋보이게 한다. 호메로스 등 고대 그리스 시인들이 초인적 능력으로 위대한 행적을 남긴 후 사라져가는 영웅들의 모습을 '제멋대로'인 신들보다 애정어리고 애잔한 목소리로 읊었다는 느낌이 든다. 그 영웅들 중 자신이 소중히 여기는 걸 지키기 위해 운명과 타협하지 않고 기꺼이 스러져간, 그래서 사람들의 심금을 더욱 울리는 영웅이 있다. 아킬레우스다.

협상을 하게 된 이유나 추구하는 원칙, 가치에 반하면서까지 타협할 순 없다

바다의 여신 테티스와 인간 남자 펠레우스 사이에 태어난 아킬레우스. 테티스가 자신처럼 불사의 존재로 만들려고 아들의 발뒤꿈치를 잡고 스틱스 강에 담그지만[53] 잡고 있던 발뒤꿈치는 강물에 젖지 않아 결국 트로이 전쟁에서 그 곳에 화살을 맞고 죽고 만다. 그 죽음을 피할 수도 있었는데 아킬레우스는 우정 때문에 죽는 운명을 택했다.

트로이 전쟁을 소재로 한 서사시 『일리아스』는 그 주제가 '아킬레우스의 분노'라고 할 수 있을 정도로 전쟁의 전모보다 아킬레우스가 어떻게 분노에 휩싸이게 되었고, 그 대상이 어떻게 바뀌었으며, 어떻게 해소되었는지 노래하고 있다. 아킬레우스는 상관 아가멤논의 부당한 처사에 분노하고, 트로이군 적

---

52) 제우스의 지시로 인간 남자는 티탄 신족 프로메테우스가, 여자는 대장장이 신 헤파이스토스가 만든 걸로 알려져 있다.

53) 저승을 흐르는 스틱스 강에 목욕을 하면 몸이 강철과 같이 단단해져 어떤 창칼이나 화살도 뚫을 수 없게 돼 테티스가 아들 아킬레우스를 강물에 담근 것이다.

장 헥토르가 친구 파트로클로스를 죽인 데 대해 격분한다.

아가멤논이 아킬레우스와 결혼시킨다고 속이고 딸 이피네게이아를 유인하여 신에게 바치는 희생양으로 삼자 뒤늦게 자신이 미끼로 쓰였음을 안 아킬레우스는 크게 분노한다. 이는 서막에 불과하다. 적군의 간담을 서늘하게 만드는 용맹무쌍한 전사가 어머니에게 달려가 눈물로 하소연할 정도로 그를 화나게 한 건 자신의 전리품을 아가멤논이 가로챈 일 때문이다.

영웅이 전리품 하나 갖고 그렇게 분노할 일인가 하겠지만 그게 보통 전리품이 아니다. 아킬레우스가 사랑하는 여인이다. 당시 영웅들은 전리품을 자신의 명예로 여기는 터라 몹시 사랑하는 전리품을 뺏긴 건 씻을 수 없는 모욕이었다.

분노한 아킬레우스는 돌연 전투 불참을 선언한다. 심지어 아군(그리스군)이 트로이군에게 패하도록 어머니를 통해 제우스신에게 간청까지 한다.

가장 용맹한 장수가 무장(武裝)을 벗어버리고, 최고 신 제우스마저 적군에 유리하게 조화를 부리는데 어찌 되겠나. 그리스군은 연전연패한다. 다급해진 아가멤논은 아킬레우스의 마음을 돌려보려고 빼앗은 여인을 돌려주고 자신의 딸까지 주겠다고 약속하지만 아킬레우스는 요지부동이다.

그러던 중 그리스 군이 죽어나가는 것을 보다 못한 파트로클로스가 아킬레우스의 무장을 빌려 대신 싸우러 나갔다 그만 헥토르에게 죽음을 당한다. 자신의 분신 같은 친구의 죽음에 아킬레우스는 하늘이 떠나가도록 오열하며 식음을 전폐한다.

슬픔 뒤엔 분노가 따르는 법. 헥토르에게 태산 같은 분노가 치밀어 분연히 떨치고 일어나 적진으로 쇄도한다. 헥토르를 죽이면 아킬레우스 자신도 전쟁터에서 죽을 것이라는 예언에도 아랑곳 않고.

마침내 맞이한 헥토르와의 1:1 대결. "누가 이기더라도 목숨만 빼앗고 시신은 욕보이지 말고 돌려보내기로 하자!"는 헥토르의 제안을 일언지하에 거절하고 그의 목을 정확히 찔러 죽인다. 그리고 그의 시체를 말에 매달아 분이 가실 때까지 끌고 다닌다.

아킬레우스, 슬플 땐 슬퍼하고, 화날 땐 분노했으며, 속이 시원하도록 화를 풀어야 했던 단순하고 우직한 영웅이었다. 자신을 분노케 한 상대, 그리고 죽음과도 결코 타협하지 않았다.

협상을 하면서 타협은 필요하다. 상대와 관계를 유지하기 위해, 이해가 상충하는 상황에서 합의를 이루기 위해 내 목표치를 다소 조정하고 어느 정도 이익을 양보해야 한다. 그래야 상대를 협상 테이블에 붙들어 둘 수 있고 다음 거래도 기대할 수 있다. 타협하고 이해관계를 절충하면서 합의가 이루어진다. 누가 양보를 더(덜) 하느냐가 문제지 결국 협상은 타협하기 위한 것이다.

그러나 타협엔 한계가 있다. 시간에 쫓겨, 합의에 급급한 나머지 협상을 하게 된 근본적 이유나 추구하는 원칙, 가치에 반하면서까지 타협할 순 없다. "부실한 합의를 하느니 협상 결렬이 더 낫다."고 말하는 이유이다. 일단락된 미중 무역협상이 타결될듯하면서 중단되고, 재개됐다 다시 교착 상태에 빠지기를 거듭했던 것도 그 때문이었다.

아킬레우스는 운명의 세 여신이 정한 자신의 두 가지 운명 중에서 안전하게 귀향해 천수를 누리다 죽을 수도 있었는데 그렇게 하지 않았다. 친구의 복수를 위해 전투에 나서 목숨을 내던지는 선택을 했다. 요절했지만 사랑과 우정, 그리고 자신의 운명과 타협하지 않아 신화 속 불멸의 영웅이 된다. 그가 전쟁터에서 죽지 않고 꼬부랑 노인으로 죽었더라면 사랑에 눈먼 서양 소녀들의 '가장 이상적인 연인상'은 결코 되지 못했을 것이다.

영웅의 사전적 의미로 볼 때 이순신 장군이나 골목길을 다 차지하고 가던 '초딩들'의 우상 스파이더맨이나 별반 다를 게 없겠다. 실존했던 인물과 가공의 캐릭터라는 차이뿐. 아킬레우스 등 많은 영웅들이 산화(散花)했던 트로이 전쟁을 끝으로 신화 속 '영웅시대'는 막을 내리지만 스크린 속 현대판 영웅들은 오늘도 어린 친구들의 가슴팍을 쿵쿵 뛰게 하고 있다.

타협 전략 사용의 한계

협상에서 타협 전략은 상대와 관계도, 이번 협상에 걸린 성과도 무시할 수 없는 절충 상황에서 자신뿐만 아니라 상대의 입장에 대해서도 관심을 갖는 협상 전략이다.

협상자가 처음부터 타협 전략을 갖고 협상 테이블에 앉진 않으며 경쟁 전략이나 협력 전략으로 시작했다 협상이 난관에 부딪힌 상황에서 협상 결렬을 막고 합의 도출을 위한 차선책으로 타협 전략을 사용한다.

타협의 결과는 양측의 협상력에 따라 결정되는데 보통 서로 공평하다고 느끼기 때문에 협상에 걸린 이익을 똑같이 나누는(split-the-difference) 경우가 많다.

협상이 타협하기 위한 자리이고 합의하기 쉬워 현실적으로 타협 전략을 많이 사용하나,

① 합의에 급급해 협상을 하게 된 근본이유나 자신의 원칙을 훼손하면서 타협하는 것은 재고해야 한다.

② 그리고 서로의 이해관계를 만족시킬 수 있는 창의적 해결안을 찾는 노력을 해보지도 않고 협상 초반부터 적당히 타협하는 것은 지양해야 한다. 타협 전략을 두고 '최선을 다하지 않는 나태한 전략'이라고 말하는 이유이다.

☞ 타협적 자세로 협상에 임하되 처음부터 타협하려 하거나 협상하게 된 이유, 원칙을 어기면서까지 타협하지 말라! 서로의 이해관계를 만족시키기 위한 과정에서 '필요한 타협'이 되도록 하라!

참고 : 미국 조지메이슨대 딘 프루잇 (Dean G. Pruitt) 등, 1993

신뢰는
어떻게 생기나

신뢰, '믿었다가 큰 코 다칠 수도 있는 위험을
기꺼이 받아들이는 심리 상태'다

교착 상태에 빠지고 협상 전망에 대한 회의론이 난무하는 상황에서도 비핵화와 관계 개선을 위한 미국과 북한 간 대화가 지난해까지 이어졌다. 그렇게 된 데는 여러 요인이 작용했을 것이다. 그중에서도 첫 만남 이후 생겨났다고 알려진 트럼프 대통령과 김정은 위원장 간 신뢰가 큰 영향을 미쳤을 것으로 보고 있다.

미식 축구공처럼 어디로 튈지 모를 이미지의 트럼프 대통령이 김정은 위원장을 만나고 나서 기회 있을 때마다 그를 신뢰한다고 말했다. 심지어 "엄청난 유대감, 매우 좋은 개인적 관계를 갖게 됐다."고도 했다. 외교적 수사인지, 아니면 자신의 전공인 '거래의 기술'의 일환인지 알 수 없지만 꽤나 일관성 있게 그 얘길 해왔다. 이에 화답하듯 김정은 위원장도 트럼프 대통령을 신뢰한다고 했다.

신뢰란 남을 믿는 것이다. '믿었다가 큰 코 다칠 수도 있는 위험을 기꺼이 받아들이는 심리 상태'다. 믿음의 대상은 상대의 능력일 수도 있고, 인격 됨됨이일 수도 있다.

사람들은 상대를 겪어보지 않고도 믿을 수 있는 사람인지 자기 나름대로 짐작한다. 이를테면 상대의 학력, 직업, 경험, 보유한 자격을 보고 그의 능력을 믿을지 말지 판단한다. 저 사람이 약속을 잘 지키고 합의한 대로 이행할 것인지는 그 사람의 평판, 지위, 첫 인상이나 풍기는 분위기 등 다양한 개인 특성을 토대로 헤아린다.

이렇게 만나기 전 상대에 대해 가졌던 신뢰의 정도가 만나고 나서 더 커진 것을 협상에서는 "서로 간에 신뢰가 형성되었다!"라고 말한다. 리틀 로켓맨, 늙다리 미치광이로 부르며 서로 적대시 했던 두 사람 사이에 어떻게 신뢰가 형성되었을까? 어떻게 협상했기에 신뢰가 싹트게 되었을까?

내 쪽 요인과 상대 쪽 요인이 같이 영향을 미쳐 상대에 대한 신뢰가 형성된다

사람들 간 관계는 상호적이어서 상대에 대한 나의 신뢰는 상대의 요인만이 아니고 내 쪽 요인에 의해서도 영향을 받는다. 고도로 상호 의존적인 협상 프로세스에서는 더욱 그렇다. 중국인 학생과 기업인 대상 연구에 의하면 나의 '신뢰 성향(trust propensity)'이 상대를 신뢰하는데 긍정적 영향을 미치는 것으로 나타났다.

다른 사람의 말이나 약속, 서면 진술을 잘 믿는 성향의 사람은 협상 테이블에서 자신의 관심사와 선호, 우선순위를 솔직히 털어놓으면서 상대의 그것들도 파악하고자 '묻고 답하기' 위주로 협상[54]하게 된다. 그러한 협력적 협상 행동이 긍정적 신호가 되어 이를 접한 상대도 협력적으로 행동함으로써 결과적으로 상대를 신뢰하도록 하는 데 도움이 되는 것이다.

반대로, 신뢰 성향이 낮은 사람은 상대를 믿지 못해 자신의 이해관계나 우

---

54) 협상 문헌에서는 'Q&A(questions and answers) 전략'이라는 용어를 쓰며, 서로 윈-윈(win-win) 하기 위한 통합적·협력적 협상 전략이 협상 테이블에서 구사되는 방식이다.

선순위에 관한 정보를 알려주는 위험한 행동을 하지 않으며, 대신 자신의 입장을 정당화하고 상대의 요구나 주장을 반박하기 위한 '영향력 행사' 위주로 협상[55]하게 된다. 결국 상대도 이에 대응함으로써 상대에 대한 신뢰 형성에 찬물을 끼얹게 된다.

결국 남을 잘 믿는 편인 데다 겪어보면서 상대의 능력이나 인격에 대해 확신이 들 때, 즉 내 쪽 요인과 상대 쪽 요인이 같이 영향을 미쳐 상대에 대한 신뢰가 형성된다는 얘기다.

트럼프 대통령과 김정은 위원장 간 신뢰 형성은 상대 쪽 요인, 즉 상대의 실력, 능력에 대한 확신의 영향이 더 크지 않았을까. '만나보니 김정은 위원장(트럼프 대통령)과는 이 문제를 해결할 수 있겠어!'라는 믿음이 서로에 대한 신뢰로 이어졌을지 모른다.

협상에서 신뢰가 형성될 경우 상대에게 협력할 용의가 커지고 불확실성이 줄어들며 거래 비용을 최소화 할 수 있다. 또 협상에서 이루어진 합의 사항을 성실히 이행하게 되고 먼 미래까지 이어질 수 있는 협력 관계를 맺을 수 있다. 협상자 간 신뢰 형성이 중요한 이유이다.

협상이란 당사자들이 보조를 맞추며 추는 '댄스'와 같다고 했다. 상대가 내 발을 밟지 않고, 서로 스텝이 꼬이지 않으리라는 믿음 없이는 상대에게 손을 내밀기 어렵다. 그런 신뢰가 생겨야 멋진 춤을 추며 합의를 이루어낼 수 있다.

---

55) 이를 'S&O(substantiations and offers) 전략'이라 부르며 자신의 이익을 최대화하기 위한 분배적·경쟁적 협상 전략이 구사되는 방식이다.

개인의 신뢰 성향이 협상 테이블에서 협상자 간 신뢰 형성에 긍정적 영향을 미친다. 남을 잘 믿는 편인 사람은 자신과 상대의 관심사, 선호, 우선순위에 대한 정보를 상호 공유하려는 '묻고 답하기(Q&A)' 식 협상 전략을 주로 사용한다.

이는 상대에게 자신이 신뢰할 수 있는 사람이라는 신호로 작용하고, 협력적 신호를 접한 상대도 그러한 Q&A 전술로 대응함으로써 서로 간에 신뢰의 토대가 놓이게 된다.

☞ 상대의 협력이 절실하고 꼭 합의를 이뤄야 하는 협상에서는 상대와 신뢰를 구축하기 위해,

① 가급적 신뢰 성향이 높은 사람 위주로 협상 팀을 구성하라!

② 선정된 협상자의 신뢰 성향이 높지 않을 경우,

- 상대의 주장과 논리는 거부하면서 자신의 입장만 관철시키려는 행동은 지양하라!

- 상대에게 호의를 보이고, 자신의 이해관계에 대한 정보를 적절한 수준에서 알려주는 등 협력적 신호를 보내보라!

참고 : 프랑스 IESEG대 징징 야오(JingJing Yao) 등, 2017

배신의 대가를
기억하라

배신은 언제, 어디서나 일어나는 일이다

배신. 사람들과의 관계에서 해서도, 당해서도 안 되지만 언제, 어디서나 일어나는 일이다. 큰 사건은 배신행위로 일어나는 경우가 많다. 드라마 속에선 말할 것도 없다. 배신의 스토리 없이는 드라마 전개가 안 된다(되더라도 별로 재미없다). 등장인물들 간 갈등이 일어나야 보는 이의 흥미를 끄는데 갈등의 더할 나위 없이 좋은 소재가 극중 인물의 배신이다.

배신행위엔 비난이 따른다. 당한 사람은 물론이고 주위 사람들로부터도. 두 당사자 간 일이지만 사회 질서, 윤리를 해치기 때문이다. 배신자로 낙인찍어 적절히 응징해야 반면교사로 삼고 따라 하지 않는다. 갑순이에 대한 갑돌이의 배신에 영희가 입 다물고 있지 않는 것도 바로 그런 이유다. 남자친구 철수를 '학습'시키기 위해서다.

배신행위 중에서도 가장 비난 받는 경우가 조강지처에 대한 배신 아닐까. 고생하며 뒷바라지한 아내를 헌신짝같이 버리는 경우가 왕왕 있었다. 신의를 저버리는 행위 그 자체도 나쁘지만 버림받은 여인에 대한 사람들의 약자 보호 본능, 동정심까지 더해져 '치사하고 파렴치한 짓'으로 매도된다. "조강지처 버린 놈치고 잘되는 거 못 봤다."면서 갖은 악담, 눈총에 손가락질까지 당한다.

깊은 의미나 은근한 교훈적 메시지가 담긴 알레고리(allegory)라지만 어떻게 보면 황당한 이야기의 연속인 그리스 신화에서 이 매력적인 소재가 빠질 리 없다. 신과 영웅, 인간들이 저지르는 갖가지 배신 이야기가 나오는데 그 중 단연 압권은 아르고호(號) 모험의 주역 이아손이 아내 메데이아[56]를 배신한 것이리라.

당시로선 어마어마한 대형 선박을 건조해 헤라클레스, 테세우스, 오르페우스 등 내로라하는 영웅들을 모아 황금 양털 가죽을 구하러 머나먼 항해에 나서는 이아손.[57] 그리스 중동부 해안에서 출발해 흑해 동쪽의 목적지까지 왕복 항해 도중 수많은 모험, 사건을 겪으며 우여곡절 끝에 목적을 달성하고 돌아온다.

여러 영웅들과 신들이 돕기도 했지만 이아손이 성공적으로 임무를 완수할 있었던 건 자신에게 첫 눈에 반한 메데이아의 도움이 결정적이었다. 그녀는 묘약을 만들어 온갖 위험으로부터 이아손을 보호하고, 황금 양피를 지키는 용을 잠재워 이아손의 손에 쥐어준다. 그리고 양피를 되찾으려는 자신의 아버지의 추격으로부터 벗어나기 위해 이복동생을 납치해 죽인다.

어디 그뿐인가. 이아손의 아내가 되고나서 남편에게 왕위를 되찾아 주기 위해 자신의 약제 실력을 총동원한 전대미문의 속임수로 남편의 숙부인 펠리아스마저 죽게 만든다.[58]

---

56) 황금 양털 가죽을 가지고 있었던 콜키스의 왕 아이에테스의 딸로서 약초에 대해 많이 알고 있었다.

57) 이아손이 영웅들을 모아 모험길에 오른 것은 아버지의 왕위를 뺏은 숙부(펠리아스)가 조카인 이아손에게 위협을 느낀 나머지 그를 제거하고자 왕위 이양 조건으로 황금 양피를 구해 오라 명령했기 때문이다.

58) 메데이아는 늙은 양을 토막 내 약초와 함께 솥에 삶아 어린 양이 되어 나오는 시범을 보인 후 늙은 펠리아스도 회춘시켜주겠다며 그의 딸들을 유혹한다. 이에 넘어간 딸들이 잠든 펠리아스를 토막 내 솥에 넣어 삶을 때 메데이아가 약초들을 다 넣지 않아 다시 살아나지 못하고 그대로 죽고 만다.

자식들을 죽이려는 메데이아

그러나… 남편을 위해 아버지와 조국을 버리고, 온갖 악행을 마다하지 않았지만 돌아온 건 배신뿐. 숙부를 죽인 일로 추방당해 팍팍한 처지에 있던 이아손이 추방지의 공주와 결혼해 버린다. 졸지에 소박을 당한 것이다.

배신한 상대를 철저히 응징해야 '죄수의 딜레마' 문제를 극복할 수 있다

당한 사람에겐 어떤 이유로도 상대의 배신이 정당화될 수 없다. '배은망덕도 유분수지, 어떻게 나에게 이럴 수 있단 말인가?' 여자가 한을 품으면 오뉴월에도 서리가 내린다. 메데이아는 독을 사용해 이아손과 결혼한 공주를 타 죽게 하고 왕궁까지 잿더미로 만든다.

그 정도로는 남편에 대한 복수가 성에 차지 않았던 듯 그와 낳은 자신의 두 아이들마저 죽이고 만다. 프랑스 화가 들라크르와가 그린 〈자식들을 죽이려는 메데이아〉를 찬찬히 보면 남편에 대한 분노로 제 자식들을 죽이려 하나 두렵고 무서워 어찌 할지 몰라 고뇌하는 메데이아의 복잡한 표정이 인상적이다. 그 마음이 오죽했으랴.

자신보다 뛰어난 영웅들을 아우르는 리더십도 있고 머리도 좋은데다 여자를 끄는 매력까지 갖춰 이역만리 대항해의 과업에 성공하고도 조강지처를 배신한 결과 이아손은 새 아내도, 자식들도 모두 잃고 만다. 미치광이로 사방을 떠돌던 어느 날, 바닷가에서 아르고호 잔해를 발견하고 잠시 그 아래 누워 있다 뱃머리가 떨어지는 바람에 쓸쓸히 죽고 만다. 아르고호와 영광과 쇠락 모두 같이 했다고나 할까.

협상에서 눈앞의 이익 때문에 배신의 유혹에 빠질 수 있다. 그런 배신 가능성 때문에 협상이, 범죄 용의자들이 서로 믿고 협력할(입을 다물) 경우 모두에게 최선인 결과를 얻을 수 있는데 경쟁하게(자백하게) 됨으로써 최악의 상황을 맞는 '죄수의 딜레마(prisoner's dilemma)' 게임으로 끝나기 쉽다.

어떻게 하면 상대가 배신하지 않을까? 배신에 따른 양심의 가책과 보복에 대한 두려움, 그리고 평판 손상 등 사회적 비난과 처벌이 배신행위를 억제하는 요인으로 알려져 있다. 결국 배신으로 얻는 당장의 이익보다 두고두고 치러야 할 비용, 대가가 훨씬 크다면 감히 배신할 생각을 하지 못하게 된다.

메데이아처럼 배신한 상대를 철저히 응징하거나 어디서든 발을 못 붙이게 만들어야 죄수의 딜레마 문제를 극복하고 서로 협력해 윈-윈 할 수 있다.

페넬로페는 끝까지 의리를 지킨 남편 오디세우스 덕분에 열녀효부로 칭송받는데 뛰어난 약제사, 명의(名醫)로 기록될 수 있었지만 남자를 잘못 만나 '천하의 악녀'로 추락해버린 메데이아의 신화 속 운명이 얄궂다. 그래도 그녀의 악행 덕분에 많은 가정이 온전히 유지되는지 모른다. 세상 남자들에게 조강지처를 배신하면 어떻게 된다는 메시지를 분명하게 보내줘서.

양심의 가책 때문에 배신하는 것이 결코 쉽지 않지만 눈앞에 이익이 어른거리고 불가피한 상황에 처하다 보면 철석같이 한 약속도 지키지 않거나, 신뢰를 저버리거나, 계약상 의무를 회피하려는 유혹에 빠질 수 있다.

상대로부터 배신당하고 싶지 않을 때, 상대와 정보를 공유하여 서로 윈-윈 하고 싶은데 상대의 신뢰에 대한 확신이 서지 않을 때 상대의 양심에만 맡길 수 없고, 배신을 어렵게 하는 안전장치를 마련해 둬야 한다. 약속 파기, 신뢰 위반, 의무 불이행에 대해 다음과 같이 단호한 조치가 이루어져야 배신행위를 예방할 수 있다. 배신의 인센티브보다 훨씬 더 큰 반(反) 인센티브(disincentive)가 작동되게 할 필요가 있다.

① 사전에 보증금(bond)을 납부하도록 해 계약 상 의무 불이행 시 몰수한다.
② 의무의 이행이 지체될 경우 벌과금(penalty)을 부과한다.
③ 계약의 부실 이행이나 불이행의 경우 부정당업자로 제재해 다음 거래의 참여를 배제한다.
④ (인도 물품 성능 미달 시 감가와 같이) 미래 확정조건부로 계약(contingency contracts)한다.
⑤ 부정당업자 명단(blacklist)을 공표하는 등 같은 입장의 거래주체들과 정보를 공유한다.
⑥ 거래 상대의 평판에 대해 철저히 확인하고 이를 고려해 차별적으로 대응한다.

☞ 상대가 부정당 행위의 유혹에 빠지지 않도록 계약(합의) 위반행위에 대한 최대한 무거운 벌칙 조항을 설치해두라! 그리고 실제 위반 시 정당한 사유가 있지 않을 경우 그대로 제재하라!

'저비용, 고효율'의 원칙은
협상도 마찬가지다[59]

승리의 관건은 출루에 있다고 보고 철저히 데이터에 의존해 선수를 뽑는다

영화 〈머니볼(Moneyball)〉을 참 재미있게 봤다. 여운이 오래 남았던 영화다. 브래드 피트가 호연하기도 했지만 실화를 소재로 한 스토리가 잔잔한 감동을 줘서다. 영화 제목에서도 나타나듯 어느 스포츠보다 '돈이 곧 성적'인 메이저리그 야구에서 선수 연봉 총액 최하위의 오합지졸 구단이 리그 사상 최초로 20연승을 달성하고, 연봉이 세 배나 많은 팀을 제치고 최다승 팀이 되는 신화 같은 이야기다. 우리 정서에도 잘 맞는다.

그 성공 신화의 비결은 단장의 기상천외의 선수 선발에 있었다. 승리의 관건은 출루에 있다고 보고 명성이나 겉모습보다는 철저하게 데이터에 의존해 선수를 뽑는다. 키가 작아서, 나이가 많아서, 부상을 입어 다른 팀에서 외면하는 선수들 중 포 볼(four ball)로라도 출루율이 높은 타자, 공이 느려도 베이스에 잘 내보내지 않는 투수를 골라 기적을 일으킨 것이다.

2014년 2월 치러진 미식축구 리그 결승전(슈퍼볼)은 희한하게도 수비 1위 팀과 공격 1위 팀이 맞붙었다. 결과는 수비 팀의 대승으로 끝났다. 쉴 새 없이 몰아붙이는 상대의 공격을 잘 막아내다 틈을 노려 쉽게 점수를 올렸다. 역대

---

59) 이 에세이는 필자가 2014.03.07.자 한국경제신문(한경에세이)에 기고했던 〈효율의 미학〉을 일부
     수정한 것임을 밝혀둔다.

결승전에서 이렇게 수비와 공격 수위 팀끼리 격돌한 게 다섯 차례였는데 한 번을 빼곤 모두 수비 위주의 팀이 이겼다고 한다. 땀도 덜 흘리고, 발품도 적게 팔며 알차게 경기를 한 셈이다.

지방의 어느 중소기업을 찾았을 때다. 주차도 마땅치 않은 달랑 건물 한 동으로 된 회사였다. 비좁긴 했지만 작업장 동선이 편리하고, 정돈이 잘돼 있었다. 그런데 다른 곳에 비해 연구개발실만큼은 꽤 넓은 게 인상적이었다. 그 공간에서 90여 명의 직원이 특수용 등(燈)을 생산해 세계 시장의 4%를 차지하고, 천만 불 수출 탑을 받았단다. 짜임새가 느껴졌다. '이런 기업이라야 글로벌 전문 기업으로 성장할 수 있겠구나!'는 생각이 들었다. 본받을 일이다. 우리 주변에 돈, 힘만 쓰고 건지는 건 변변찮은 경우가 얼마나 많나. 속빈 강정 같은, 겉만 번지르르한 일은 또 얼마나 자주 보는가.

협상에선 '파레토 효율 합의'에 이르는 걸 최상의 목표로 삼는다

일을 하면서 늘 투입 비용과 효과를 따져야 한다. 경영혁신의 본질은 '저비용, 고효율'이다. 감량 경영, 선택과 집중, 외부 위탁의 확대, 업무 프로세스 혁신, 협업, 직원 전문성·직업 윤리 강화, 현장 경영. 모두 효율 때문이다.

이해가 걸린 협상에서도 시간·비용 측면에서 효율적인 방법으로, 관계를 원만히 하면서, 당사자들의 이해관계가 최대한 충족될 수 있는 합의를 이루는 것이 중요하다. 그리고 자신과 상대의 이익 배분에 있어 더 이상 개선의 여지가 없는 합의, 이른바 '파레토 효율 합의(Pareto efficient agreement)'에 이르는 걸 최상의 목표로 삼는다.

운동 경기이든, 기업 경영이든, 협상이든 모두 비용 대비 효과, 효율 개념을 가져야겠다.

4장

고수의 협상은 무엇이 다른가?

협상은 비즈니스다!

나, 돈 좀 벌게 해줘!

톰 크루즈. 잘생긴 배우다. 윗니를 활짝 드러내고 웃는 미소가 여성 팬들의 가슴을 설레게 할 만하다. '아메리칸 스마일 히어로(American smile hero)'라는 별명이 잘 어울린다. 1962년생이면 쉰 후반인데 도통 그 나이로 안 보인다. 찍는 영화마다 흥행에 성공했으니 돈도 많이 벌었음은 불문가지의 일.

흥행 보증수표인 이 배우에게 한때 유쾌하지 않은 꼬리표가 따라 다닌 적 있다. 얼굴은 잘생겼는데 연기 실력은 그저 그렇다는 얘기다. 그랬던 톰 크루즈가 영화 평론가들이 몇 번이나 눈을 씻고 볼만큼 호연했던 영화가 있다. 바로 〈제리 맥과이어(Jerry Maguire)〉다. 프로선수들의 입단이나 연봉, 이적 협상을 대리하는 스포츠 에이전트(sports agent) 제리 맥과이어로 분한 톰 크루즈는 이 영화로 아카데미 남우주연상 후보에 올랐고(아쉽게도 받진 못했다.), 골든글로브상을 거머쥐었다.

잘나가다 회사와 갈등을 빚고 뛰쳐나오면서 모든 게 엉망이 돼버린 제리가 시련을 극복하고 재기하는 과정을 그린 영화다. 같은 회사에서 일하다 제리를 따라 나선 싱글 맘 도로시(르네 젤위거 분)와의 잔잔한 러브 스토리를 곁들여 삶에서 무엇이 중요한지 일깨워주는 수작이다. TV 영화 채널에서 여러 번 봤고 볼 때마다 여운이 오래 남았던 영화다.

이 영화는 사람들의 마음에 와 닿는 멋진 대사로도 유명하다. 그 중 하나가 "나, 돈 좀 벌게 해줘(Show me the money)!"이다. 제리가 자신이 차린 스포츠 에이젠시의 유일한 고객인 무명 선수 로드(쿠바 구딩 주니어 분)의 계약 건을 성사시켜 보려고 갖은 애를 쓰나 좀처럼 일이 풀리질 않는다. 그러자 더는 버틸 수 없을 정도로 형편이 어려워진 로드가 제리에게 악을 쓰며 퍼붓는 장면에서 하는 말이다. "구단과 협상을 잘 해 거지 되기 일보 직전의 나 좀 제발 살려줘!"라는 뜻으로.

'돈'의 문제와 그 사람의 '인격'을 결부시키지 말라

톰 크루즈가 멋지게 연기한 제리 맥과이어의 실제 모델이 미국의 전설적인 스포츠 에이전트 리 스타인버그(Leigh Steinberg)로 알려져 있다. 한때 삼백 명이 넘는 유명 선수들의 협상을 도맡아 했고 지금도 현역으로 활동하고 있다. 그는 자신이 쓴 에세이 〈How to get them to show you the money〉에서 협상의 목표는 "상대를 패배시키는 게 아니고 양측에 가장 유익한 거래 성사 방법을 찾는 것"이며 "비즈니스로서 협상에 임하라!"라고 훈수하고 있다.

협상은 순전히 비즈니스로서 협상 테이블에서 논의하는 '돈'의 문제와 그 사람의 '인격'을 결부시키지 말라고 당부한다. 누구라도 거래하면서 한 푼이라도 더 받으려 하고, 아끼려 하는데 그걸 두고 "돈 밖에 모르는 형편없는 사람!", "수전노!"라고 비난해선 안 된다는 얘기다.

지금 내 앞에서 돈을 더 달라고 갖은 이유를 대며 끈질기게 요구하고 있는 저 사람이 일을 떠나서는 독실한 신앙과 삶의 철학을 갖고 있고, 불우한 이웃을 위해 기부와 봉사도 많이 하며, 자상한 남편이면서 자식들로부터 존경받는 훌륭한 아버지일 수 있기 때문이다.

그래서 교과서에서는 협상의 '문제'와 '사람'을 분리하라고 한다. 협상으로 풀어야 할 문제에는 냉철하고 강경하게 대하되, 어떤 사람인지 헤아리기 쉽지 않고 감정을 가진 상대에게는 늘 부드럽게 대하라고 가르친다. 너무나 당연한 얘기일지 모르나 협상 테이블에 앉는 사람들이 좀처럼 행동으로 옮기기 쉽지 않은 금언(金言)이다.

이런저런 역경을 겪으며 세상일에 눈을 뜨게 되는 제리. 로드를 돈방석에 앉게 해주면서 자신은 돈으로 바꿀 수 없는 도로시의 애틋한 사랑을 얻는다.

상대가 좋든 싫든
목표의 달성에 전념하라

끊임없이 갈등과 문제를 만들어 많은 사람들, 여러 나라가 편치 못하다

영화, 연극은 스토리의 극적 반전이 이루어져야 재미있다. 그래야 흥행에 성공한다. 허구임에도 그럴진대 실제 일어나는 반전은 사람들을 얼마나 흥분 시키겠나. 우승컵의 향방을 바꾼 9회 말 역전승이 두고두고 입에 오르고 기억에 남는 이유이다. 우리 삶, 세상일은 그렇게 갑자기 뒤바뀌곤 한다. 어쩌면 그런 반전이 있어 살 만한 세상이고, 실낱같은 희망이라도 결코 놓지 않는지 모른다.

"내가 이 선을 넘어도 됩니까?" (도널드 트럼프 미국 대통령)
"각하께서 한 발자국 건너시면 사상 처음으로 우리 (북측) 땅을 밟는 미국의 대통령이 되십니다." (김정은 북한 국무위원장)[60]

2019년 6월 어느 주말, 예상치 못했던 남북미 세 정상의 판문점 회동이 이루어졌다. 오사카 G20 회의에 참석 중이던 트럼프 대통령의 트위터 제안에 김정은 위원장이 화답함으로써 성사되었다는 그 만남에 세계가 화들짝 놀랐다. 그야말로 '빅뉴스(big news)'였다. 전격적으로 이루어진데다 전례를 찾기

---

60) 2019.07.01. 동아일보(인터넷 판)에서 인용.

어려운 파격의 연속이었기 때문이다.

'서프라이즈(surprise) 만남'이 돌파구가 되어 하노이 2차 정상회담 후 교착 상태에 빠진 비핵화 협상이 재개될 수 있을지 많은 사람들이 주목했다. 여하 간 반전 기회를 만들어낸 트럼프의 협상가로서 면모를 돋보이게 했던 사건이 었다.

TV에 비친 트럼프의 모습은 자못 흥미롭다. 보통 점잖고 품격이 느껴지는 여느 미국 대통령과는 많이 다르다. 그것은 그의 언사와 외양에서 잘 나타난 다. 그의 말하는 스타일은 절제와는 거리가 멀다. 목청껏, 따발총 쏘듯 얘기 한다. 상대를 압도하지 않고서는 참을 수 없다는 식이다. 거기에 큰 체구를 십 분 활용하여 다양한 손짓, 몸짓을 구사한다. 힘자랑하듯 하는 악수는 이미 유명한 얘기. 상대의 등, 어깨, 팔을 툭툭 두드리는 건 보통이고 툭하면 엄지 를 치켜세우고 검지로 찌른다. 얘기하는 상대를 민망할 정도로 뚫어지게 쳐 다볼 때도 있다(자칫 "한심하군!" 하는 뜻으로 오해받을 수 있는 표정이다.). 그렇게 그의 신체 언어, 보디랭귀지(body language)는 다양하다. 비언어적 메시 지를 효과적으로 이용할 줄 안다. 그것이 그의 카리스마적 권위를 더하는지 도 모르겠다.

이렇게 남에 대한 예의나 배려는 도통 신경 쓰지 않는 듯한 언행을 일삼으 며 미국 내에서도 그렇고 다른 나라와의 관계에 있어서도 끊임없이 갈등과 문제를 만들어 판을 흔들고 휘저었다. '싸움닭'을 연상케 한다. 그가 백악관의 주인인 된 뒤로 많은 사람들, 여러 나라가 편치 못하다. 그들의 눈에 비친 트 럼프는 어떤 모습일까. 못 말리는 트러블 메이커(trouble maker)?

해결해야 할 문제는 엄격하고 까다롭게 다루되 상대에겐 부드럽게 대하라

미국 대통령으로서는 연구 대상의 인물이지만 이런 트럼프가 견지하는 원칙 하나는 있어 보인다. '문제와 사람의 분리', 바로 그것이다. 둘 사이에 해결해야 할 문제는 엄격하고 까다롭게 다루되 상대에겐 부드럽게 대하라는 얘기다. 문제를 풀기 위해 만나놓고 데면데면한 관계나 묵은 감정의 영향으로 문제에 대한 실질적인 논의는 못하고 서로 비난하고 공격만 하고 마는 경우가 협상 테이블에서 왕왕 발생한다.

자신의 별장으로 초대하기도 하고, 골프를 같이 치는 등 다른 나라 원수들의 부러움을 살 정도로 아베와 가까운 사이면서도 일본의 대미 무역 흑자와 방위비 분담 문제를 거론할 때는 완전 딴판이다. G20 회의에서도 그 때문에 아베의 체면이 완전히 구겨졌다. 평소 친분을 믿고 오산한 나머지 손님으로 온 여러 정상들 앞에서 트럼프에게 일격을 당하고 말았다.

중국과 무역전쟁을 치르는 와중에도 시진핑 주석이 '매우 뛰어난 지도자'이고, 그와 '매우 좋은 관계'를 유지하고 있다고 말한다. 말 한마디로 천 냥 빚을 갚을 줄 아는 사람이다.

최악의 관계까지 치달았던 김정은 위원장과 마주 앉고 나서부터는 그에 대한 언급이 싹 달라졌다. 호평 일색이다. 정중히 대하는 모습이 눈에 띤다. 그러면서도 하노이 회담에서 보듯 북한의 비핵화 문제에 있어선 한 치의 양보도 하지 않았다. 실질적 문제에 대한 이견엔 단호히 "No!"를 선언하고 일어서는 걸 보라.

협상에 걸린 문제와 그 문제를 같이 풀 사람과의 관계를 따로 떼 다룬다는 게 결코 쉽지 않다. 협상가로서 오랜 내공을 쌓아야 가능한 일이다. 그런 점에서 트럼프는 프로다. 상대가 좋든 싫든 자신의 이해관계에 초점을 맞추고 기대하는 이익이나 목표의 달성에 전념하는 전형적인 실리 형(型) 협상가다. 그에게 명분은 그다지 중요하지 않는 듯 보일 정도로 실리의 잣대를 들이대 서는 안 될 사안에까지 과도하게 들이대 문제긴 하지만.

『예스(Yes)를 이끌어 내는 방법』의 저자 로저 피셔(Roger D. Fisher) 등은 어떤 협상이든 효율적인 방법으로, 상대와 관계를 원만히 하면서, 모든 당사자들의 이해관계가 충족될 수 있는 '현명한 합의'를 이루는 것이 중요하다고 강조한다. 그들이 제시하는 현명한 합의를 이루기 위한 네 가지 원칙은 다음과 같다.

① 이해관계가 걸린 실질적 문제와 인간관계의 문제가 뒤섞이지 않도록 분리해 대응하라! 실질적 문제에 들어가기 전에 인간관계의 문제를 인식, 감정, 커뮤니케이션 측면에서 해결한다.– 역지사지 하고 결정 과정에 상대를 참여시키고 상대의 체면을 세워주라
- 상대가 감정, 불만을 표출하도록 유도하고, 공감 표시 등 상징적 제스처를 취하라
- 상대의 얘기를 경청하고 상대가 이해할 수 있도록 말하라

② 상대의 입장이 아니라 드러나지 않은 이해관계에 초점을 맞춰 협상하라!
입장 뒤의 이해관계는 여럿이고, 충족 방법도 여럿인데다, 시간이 흐르며 변하며, 당사자 간 그 우선순위가 다를 수 있어 상대와 입장은 상반돼도 이해관계는 공유와 양립이 가능하다.

③ 상호 이익이 되는 해결안(options)을 개발하라!
당사자 간 놓인 문제를 인지하고 상대의 이해관계를 파악한 후 서로 다른 이해관계를 조정해 상호 이익이 되는 창의적 해결안을 도출한다.

④ 객관적 기준(시장가격, 전문가 의견, 관련 법률 등)을 토대로 합의를 이뤄내라!

참고 : 로저 피셔(Roger D. Fisher) 등, 1991

최선의 대안(BATNA)을 준비하고,
드러내라

흥정을 마치고 가게를 나서며 건포도를 깨무는데 달콤하기 그지없다

거실의 어느 곳에 시선이 가면 미소가 절로 나온다. TV 옆에 놓인 아라베스크 문양의 접시와 장식대에 세워둔 쟁반 모양의 꽃무늬 철제 접시가 늘 흐뭇하게 한다. 언제 되뇌어도 기분 좋은 기억이 깃들어 있어서다.

우즈베키스탄의 수도 타슈켄트의 어느 호텔 로비. 기념품 가게를 지나가는데 접시 하나가 눈에 들어온다. 무늬, 색깔, 크기 모두 마음에 든다. 가격표를 보니 US$ 55. 만만치 않은 가격이다. 점원이 다가오는 기척이 느껴져 접시에서 얼른 눈을 떼고 그 옆에 있는 다른 접시를 관심 있게 보는 척했다. 대단치 않아 보이는데 이건 가격이 세 자리 숫자다.

"뭘 도와드릴까요?"

점원이 아주 사무적으로 인사를 건넨다. 나중에 눈을 돌린 턱없이 비싼 접시를 가리키며 말했다.

"저게 마음에 드는데 예산 한도를 초과하네."

"예산 한도가 얼만데요?"

"20달러!"

점원이 대번에 손사래를 친다. "그럼 이거라도 20달러에 줄래?" 돌아서는 그에게 처음부터 마음에 두었던 접시를 집어 들고 가격을 흥정해보았다. 그러자 키가 꽤나 큰 점원이 한참 어이없다는 표정을 지으면서도 5달러는 빼주겠다고 한다. 더 묻지 않고 가게를 나왔다.

가게 맞은 편 바에서 맥주를 마시고 있는데 그 점원이 겸연쩍어 하며 다가온다. 흥정을 걸어봤던 에메랄드 빛 접시를 40달러까지 주겠단다.

'어, 이 친구 내 닻 내리기 전술[61])에 걸려들었네!'

속으로 쾌재를 불렀지만 터무니없다는 표정으로 입에 묻은 맥주 거품을 닦았다.

"20달러 이상은 곤란해!"
"……"
점원이 두말 않고 가버린다.

양고기에 후식으로 말린 과일까지 저녁을 맛있게 먹고 호텔로 돌아오니 기념품 가게가 아직 열려 있다. 아까 흥정하던 그 접시를 집어 들고 점원에게 다가갔다. 그 점원의 입가에 엷은 웃음이 번진다. '별 수 없으니 돌아왔군!' 하는 표정이다.

---

61) 상대보다 먼저 제안하여 기선을 잡는(상대를 거기에 묶어두는) 것을 '닻 내리기 전술(anchoring tactics)'이라 한다. 닻 내리기 효과에 대하여는 69쪽 〈선수를 치는 게 좋을까, 먼저 제안하길 기다릴까?〉를 더 참고.

"내일 아침 비행기로 떠나는데 25달러면 살게."

회심의 미소를 짓던 점원의 얼굴이 금세 굳는다. 정말 내키지 않지만 할 수 없다는 듯 어디론가 전화를 걸어 한참 떠든다. 그리고선 어깨를 으쓱하며("졌다!"는 제스처러니) 접시를 포장해준다. 가게를 나서며 식당에서 남겨온 건포도를 깨무는데 달콤하기 그지없다.

'배트나(BATNA)'가 되어준 뚱보에게 조금 미안하다는 생각이 든다

이스탄불 도심의 전통 시장 그랜드 바자르(Grand Bazaar). 돔 지붕을 얹은 얽히고설킨 골목길을 따라 수많은 상점이 들어찬 시장이다. 오랜 역사를 지녔으면서 지리적, 문화적으로 혼재된 도시의 시장답게 별의별 물건을 다 판다. 바자르에서 흥정에 대해선 익히 알고 있는 터. 별 관심 없이 그냥 눈요기나 하려고 들른 본새를 내며 북새통을 이룬 시장을 천천히 지나쳤다. 눈으론 여기저기 훑어보면서. 한국말 호객꾼들도 있다.

그렇게 유유자적 가는데 저 앞 토산품 가게에 매달아 둔 베이지색 꽃무늬의 쟁반형 접시가 눈에 꽂힌다. 이국적이면서 기품이 있어 보이는 게 딱 누구(?)의 취향이다.

'옳거니, 제대로 볼 줄 몰라 여태 저렇게 걸려 있었던 모양인데 오늘 드디어 임자를 만났군!'

그렇다고 사냥감을 발견한 매처럼 굴어선 안 된다. 얼핏 보니 더 가까이 있는 바로 옆 가게에도 비슷한 물건이 있다. 우선 그 가게에 멈췄다. 색깔만 다르지 아까 눈에 띈 것과 같은 스타일의 접시다. 그걸 집어 들고 짐짓 흥정을 시작했다.

뚱뚱한 가게 주인이 소문대로 깜짝 놀랄 가격을 부른다. 1/10 가격으로 응수했다. 서너 번 이어지는 뚱보 주인의 꽤 많은 할인에도 아랑곳 않고 그 가격을 고수했더니 붉으락푸르락 해져선 안 팔겠다며 고개를 돌려버린다. '사냥감'으로 찜한 베이지색 꽃무늬 접시 가게 주인이 콧수염을 쓰다듬며 옆에서 벌어지는 실랑이를 흥미롭게 지켜보고 있다. 바라던 대로!

필자도 어쩔 수 없다는 몸짓을 해보이며 뚱보네에서 나와 '콧수염'의 가게를 지나치려는데 연신 손짓한다. 못 이기는 척 들어가 이것저것 둘러보다 아까 그 접시에 눈길을 멈췄다. 콧수염이 은근히 다가와 옆 가게에서 본 것보다 더 좋은 접시라면서 뚱보가 마지막으로 불렀던 가격보다 더 싼 가격을 제시한다. "내가 원하는 색이 아닌데… 거기서 10달러 더 깎아주면 살게!" 콧수염이 그만 씩 웃으며 접시를 포장해준다. 고개를 돌려 슬쩍 보니 이번 거래에서 필자의 좋은 대안, '배트나(BATNA)'가 되어준 뚱보 주인이 황당하다는 표정으로 보고 있다. 뚱보에게 조금 미안하다는 생각이 든다.

시장 안 노상 카페에서 '터키의 환희'라는 달달한 과자를 곁들여 진한 커피 한잔을 마시는데 온 입안이 행복해진다.

① 매력적인 배트나(**BATNA**)를 갖고 있는 협상자는 그렇지 않은 협상자보다 양보를 덜 한다.

② 상대가 매력적인 배트나를 갖고 있다고 생각하는 협상자는 미리부터 더 양보할 작정을 한다.

③ 누구의 배트나가 더 매력적인지 양측이 모두 알고 있을 경우 더 매력적인 배트너를 가진 협상자가 더 나은 협상 결과를 얻는다.

☞ 협상이 결렬될 경우에 대비해 좋은 대안(배트나)을 갖고 협상에 임하고, 내가 좋은 대안을 갖고 있음을 상대에게 적극적으로 알려라!

참고 : 미국 서던 매소디스트대 로빈 핀클리(Robin L. Pinkley) 등, 1994

편견에서 벗어나
올바른 결정을 하라

순간의 결정, 선택이 평생을 넘어 사후에까지 영향을 미칠 수 있다

첫째가 직장에서 연차가 쌓이면서 많이 바빠진 듯하다. 지방에 떨어져 살아도 자주 연락해 왔는데 요즘 들어 많이 뜸해졌다. 그동안은 옆에서 거드는 정도였다가 자기 책임의 일을 맡게 되니 여러모로 다를 것이다. 자료 조사에서부터 문서 작성, 보고까지 도맡아 하노라면 발품도 더 팔아야 하고 신경도 많이 쓰게 될 터.

그런 첫째가 오랜만에 며느리와 같이 왔다. 조금 야위었다. 저녁 먹으면서 가만히 들어보니 맡은 일에 대해 실무자로서 1차적 결정도 내려야 하고, 자신의 분명한 의견을 상사에게 개진해야 하는 일들이 쉽지 않은 모양이다.

왜 안 그러겠는가. 위험과 불확실성이 따르는 선택, 결정을 하는 일이 버거울 수밖에. '이렇게 하면 잘 결정한 건가?' '결과가 예상대로 될까?' 고민도 많이 하게 될 것이다. 대학 졸업한 지 엊그제 같은데 직장에서 제 노릇 하고 있구나 생각하니 대견하면서도 조금 안쓰럽다.

우리 삶은 크고 작은 의사 결정의 연속이며 늘 선택의 기로에 서게 된다. 대안이 둘 이상인 상황에서 우리는 어떻게 결정할까. 교과서적으론, 어떤 문제를 인지하고 그것을 해결하기 위해 관련 정보를 수집·분석하여 여러 대안들을 만들고, 사전에 정한 평가 기준에 따라 그중에서 가장 최선으로 여겨지는 대안을 선택하는 것을 '합리적 의사 결정 프로세스'라고 말한다.

그런데 사람들의 인지 능력의 한계나 현실적 제약(시간·정보 부족 등)으로 그렇게 선택하거나 결정하는 경우는 드물다. 보통은 비슷한 상황에서의 과거의 경험을 토대로 직관적으로, 어림잡아 결정한다. 그리고 어느 학자의 표현처럼 "건초더미에서 가장 날카로운 바늘이 아니라 바느질하기에 충분한 정도의 바늘만 찾으면 된다."는 식으로 최선의 대안이 아니라 최소한의 기준만 충족하는 대안이면 만족하고 만다.

의사 결정은 잘해야 한다. 순간의 선택이 평생을 좌우하는 것을 넘어 사후에까지 영향을 미칠 수 있기 때문이다. 헤라클레스처럼.

헤라클레스의 선택

협상은 전술적·전략적 의사 결정이 부단히 이루어지는 프로세스이다

헤라클레스. 제우스가 인간 유부녀 알크메네의 남편으로 변해 그녀와 밤의 길이를 세 배로 늘려가며 정을 나눈 끝에 가진 아들이다.[62] 힘이 셀 뿐만 아니라 지혜도 뛰어나 하늘을 떠받치고 있는 아틀라스의 힘을 빌려 황금 사과를 얻고선 그의 간계에서 영리하게 벗어나기도 하고, 하루 만에 도저히 치울 수 없는 축사의 오물을 강물을 끌어다 깨끗이 청소하기도 한다. 무엇보다도 순간의 선택을 잘해 죽어서 신이 된 영웅이다.

산에서 양을 치던 열여덟의 헤라클레스는 어느 날 두 명의 아름다운 여인을 만난다. 그녀들은 서로 헤라클레스가 자신이 이끄는 인생 행로를 따르길 권한다. 이 장면을 그림으로 표현한 16세기 이탈리아 화가 안니발레 카라치의 작품을 보면 풍만하고 화려하게 차려입은 헤라클레스 왼쪽의 여인은 산 아래를, 오른쪽의 수수하고 단정한 모습의 여인은 험한 산 위를 가리키고 있다. 그녀들이 가리키는 곳이 암시하듯 쉽고 편안하게 쾌락을 누리며 살 것인지, 아니면 땀을 뻘뻘 흘리며 위험도 겪고 남에게 덕을 베풀며 살 것인지 선택의 갈림길에서 선 헤라클레스. 고심 끝에 오른쪽 여인이 권한 고난의 길을 택한다.

당장의 편안함보다는 고생 끝에 정상에서의 환희를 맛볼 수 있는 삶을 선택한 헤라클레스는 그 유명한 열두 가지 위업을 달성하고 숱한 모험을 치르며 그리스 신화 속 최고의 영웅으로 살다 죽어선 올림포스 신의 반열에 오른다. 필멸의 인간이 불멸의 존재로 운명이 바뀐 것이다. 제우스와 헤라 사이에 태어난 아름다운 여신 헤베까지 아내로 얻고서.

갈등의 해결과 이해관계의 조정을 위한 기제로서 협상은 그야말로 전술

---

62) 그래서 헤라클레스가 보통 사람의 세 배나 되는 힘을 가진 것으로 알려져 있다.

적·전략적 의사 결정이 부단히 이루어지는 프로세스이다. 협상 목표를 정하고, 제안을 만들고, 상대방의 제안에 대해 반대 제안을 하고, 설득하고 양보하고 타협하는 그 모든 게 선택과 결정의 과정이다.

시한이 정해진 상황에서 신속하면서 상대의 지지를 이끌어낼 수 있는 정확한 의사 결정이 성공적 협상의 관건이다. 협상 테이블에 앉을 땐 시간적 여유를 갖고, 충분한 정보의 수집·분석을 토대로, 의사 결정 과정에 나타나는 인지적 편견들의 영향에서 벗어나 협상 사안을 객관적으로 바라보라고 한다. 또, 결정 과정에서 자기도 모르게 저지르는 인지적 오류를 감안하여 중요한 협상에선 외부 전문가를 협상 팀의 일원으로 참여시키거나, '선의의 반대자(devil's advocate)'를 지명하여 편견에 치우친 의사 결정을 견제하길 권한다.

결정, 선택의 결과가 그 사람의 희망대로 이루어진 걸 '훌륭한 의사 결정'이라고 한다면 헤라클레스는 정말 훌륭한 결정을 내린 셈이다.

"첫째야! 피하고 싶은 결과가 일어날 확률을 알면서도 위험을 무릅쓰고 결정할 때도 있고, 그런 확률을 전혀 알 수 없는 불확실한 경우에도 선택하지 않으면 안 될 때도 있단다. 불완전한 인간들이 위험과 불확실성 아래서 내린 결정이니 당연히 실패도 나올 수밖에. 그런 시행착오를 거치면서 인간은 조금씩 더 나은 결정을 해왔고, 여기까지 발전해 왔단다. 자신이 가진 지식과 정보, 그리고 원칙을 토대로 최선을 다한 결정이라면 결과가 기대와 많이 다르더라도 어쩔 수 없지 않겠니? 그러니 첫째야, 차츰 경험을 쌓아가면서 '결정 스트레스'에 적응하길 바란다. 그리고 자칫 빠지기 쉬운 편견의 영향에서 벗어나 올바른 결정을 하려고 노력해 보아라.

손실을 같은 크기의 이익보다 훨씬 크게 생각해 지나치게 이를 피하려다 바보짓 할 수 있다. 큰 이익이 난다고 당치도 않은 모험을 하지도 말고. 친숙한 사안이라 해서 결코 경계의 담장을 낮추어선 안 된다. 그리고 네 능력과 성공 가능성을 너무 과신하지 말길 바란다. 한 대안의 선택 시 다른 대안의 포기에 따른 '기회비용(opportunity cost)'은 꼼꼼히 따져보되 이미 엎질러진 물, '매몰비용(sunk cost)'은 과감히 잊어버려라. 그래서 인생의 고비 고비에서 현명하게 선택하고 합리적으로 결정하길 기대하마. 헤라클레스 마냥!"

다음의 편견들이 협상자 자신도 모르게 협상 과정에서 불합리한 결정을 내리도록 한다.

① 프레이밍(framing)과 손실 회피

특정 사안을 잠재적 이득으로 보느냐, 손실로 보느냐에 따라 위험을 다르게 평가하고 다르게 행동한다.

– 이익으로 볼 경우 : 이익을 지키려고 위험 회피 ⇒ 협상 결렬을 막기 위해 기꺼이 양보하고 타협한다.

– 손실로 볼 경우 : 손실을 피하기 위해 위험 감수 ⇒ 협상 결렬이나 파국도 불사한다.

그런데 손실과 이득에 대한 사람들의 지각에 비대칭이 존재해 이익을 얻으려는 것보다 같은 크기의 손실을 피하려는 게 훨씬(거의 2배 이상) 더 크다.63)

② 위험 추구

'손실 기피'라는 동전의 다른 한 쪽이 불합리한 위험 추구 행동으로 대안이 확실한 손실일 경우 이를 피하기 위해 기꺼이 위험을 선호한다. 그리고 잠재적 이익이 굉장히 클 경우에도 불합리한 위험을 감수하려 한다 (예 : 확률이 낮아도 큰 상금이 걸린 쪽에 배팅).

③ 소스 의존성(source dependence)

의사 결정 할 때 불확실성의 수준뿐만 아니라 그 원천도 고려함으로써 친숙한 대상(예 : 유명 기업)에 대해선 위험을 따지길 소홀히 하는 경향이 있다.

---

63) 프레이밍 효과와 불합리할 정도로 손실을 기피하려는 경향이 복합적으로 작용해 변동성이 큰 주식 시장에서 소액 투자자들이 이익이 난 주식은 너무 빨리 팔고 손실이 난 주식은 끝까지 가지고 있다 보니 벌 땐 푼돈 벌고, 잃을 땐 완전 쪽박 차기 쉽다.

④ 불합리한 몰입의 고조(irrational escalation of commitment)

당초 결정(행동, 투자)에 대한 부정적 결과에도 불구하고 이를 수정하지 않고 더 집착하려 한다. 그 결과 프로젝트가 성공하고 있을 때보다 실패하고 있을 때 더 많은 자원을 투자하게 된다.

⑤ 자신의 능력과 성공 가능성에 대한 과대 평가

과거의 성공이 미래에도, 한 과업에서 성공이 다른 과업에서도 성공하리라는 데서 잘못된 결정을 내린다.

☞ 중요한 사안일수록 충분한 시간·정보를 토대로, 외부자의 관점에서, 전문가의 자문을 구하며, 선의의 반대자(devil's advocate)의 의견을 참고해 결정하라!

참고 : 아리조나대 사뮤엘 세르토(S. Trevis Certo) 등, 2008

공통의 목표를 가진 사람들과
연합하여 맞서라

저 밑바닥, 맨 주먹의 그를 위대한 제국의 황제로 만든 요인은 무엇이었을까?

지인들과 몽골을 다녀왔다. 수도인 울란바토르에서 70여km 떨어진 국립공원 내 전통가옥 게르(ger)에 머물며 트레킹도 하고 말도 타면서 몽골 고원의 가을 정취를 만끽했다. 우리나라보다 위도 상으로 훨씬 북쪽이어서 드넓은 초원은 이미 누렇게 변해 있었고, 군데군데 침엽수림도 황금빛이었다. 잎이 뾰족한 침엽수가 단풍이 드니 참 특이했다. 말 잔등에 허벅지를 바짝 붙인 채 얕은 개울을 건너고, 낙엽이 수북이 쌓인 황금 양탄자 같은 숲길을 헤치며 초원 여기저기를 다니다 보니 시간 가는 줄 몰랐다. 색다른 재미였다.

몽골(Mongol). 한자로는 '蒙古'라고 쓴다. '용감한'이란 단어가 이들에게 오랫동안 시달려 온 중국인들에 의해 '어리석고 구식'이라는 뜻으로 바뀐 것. 표의문자의 강력한 영향을 생각하면 한자 문화권 사람들의 몽골에 대한 인식도 그와 크게 다르지 않을 것 같다. 안타깝지만 몽골의 현재 모습 역시 그 이름과 다소 부합한다. 그러나 역사 속, 적어도 12세기 후반부터 14세기 중반까지의 몽골은 그와는 정반대의 정체성을 가진 '열리고, 깨이고, 앞선' 나라였다.

북쪽 시베리아 삼림과 남쪽 고비 사막 사이의 초원 지대. 드넓지만 가뭄과 강추위 때문에 농사는 못 짓고 유목민들이 말, 양을 따라 이리저리 떠돌며 살던 곳 허구한 날 씨족, 부족 간에 약탈과 보복을 일삼던 이 초원에 홀연 '오른손에 주사위뼈만 한 핏덩어리를 쥐고' 한 남자아이가 태어난다. 그는 어려서 아버지를 잃고 노예 생활을 한다. 아내를 빼앗기기도 하는 등 온갖 역경을 다 겪지만 불굴의 의지로 일어나 사분오열된 몽골 부족들을 통일한다. 그리고 이웃나라를 하나하나 정복하고 마침내 인류 역사 이래 가장 광활한 제국을 건설한다. 불세출의 영웅, 칭기즈칸의 얘기다.

생전에 그의 지배하에 있던 땅이 무려 777만 ㎢에 달해 정복한 땅 넓이로 보면 알렉산더 대왕도, 나폴레옹도 그에게 한참 뒤진다. 시사 주간지〈타임〉은 지난 천 년의 세상에서 가장 영향을 끼친 인물로 칭기즈칸을 꼽은 바 있다.

저 밑바닥, 맨 주먹의 그를 위대한 제국의 황제로 만든 요인은 무엇이었을까. 목축, 수렵이나 하는 '우매한 무리들'이 자기들을 그렇게 부른 개명한 나라 중국은 물론이고 유럽까지 지배했던 힘은 어디에서 나왔나?

이른 아침부터 오후 늦게까지 초원 여기저기 다니느라 피곤한 몸을 달래려고 몽골산 보드카를 몇 잔 마시고 잠이 들었는데 한밤중 게르 지붕을 세차게 두들기는 빗줄기와 돌풍 소리에 깼다 그런 생각들로 잠을 더 이루지 못했다.

칭기즈칸의 협상가적 역량이
제국을 세우는 데 비옥한 자양분(滋養分) 역할을 했다

칭기즈칸. 그는 남의 힘과 능력을 빌 줄 알았던 연합과 제휴의 명수였다. 일자무식이었지만 판세를 읽고 그 판을 키우고, 바꿀 줄 알았던 전략가이자 게임 체인저(game changer)였다. 늘 솔선수범했고, 자신의 꿈을 만인과 공유해 그 꿈을 좇아 일사분란하게 움직이도록 했던 '변혁적 리더'였다.

몽골의 신화적 시조인 잿빛 푸른 이리와 흰 암사슴 부부로부터 칭기즈칸의 손자까지 25대의 족보이고, 대구(對句)에 의한 비유적 표현이 많이 사용된 영웅 서사시면서 역사 기록인 『몽골비사』의 한 단락, 한 단락에서 떠오르는 그에 대한 이미지이다.

'그림자 말고는 동무가 없고, 꼬리 말고는 다른 채찍이 없는' 사고무친, 고립무원의 상태에서 두 실력자의 손을 빌어 아내를 납치한 부족을 치고 자신의 입지를 넓혀간다. 그렇게 연합을 통해 여러 씨족, 부족과 전쟁을 치르며 힘을 키워나가다 종국엔 자신의 후견 세력, 연합 세력까지 모두 누르고 초원에 새로운 나라를 세운다.

유목민들을 통일한 후엔 그들의 눈길, 발길을 몽골고원 밖으로 돌리도록 해 특유의 기동력을 앞세워 아시아, 유럽 대륙을 모두 평정한다. 양과 말, 물과 풀을 두고 서로 뺏고 뺏기던 유목민들이 그 빤한 제로섬(zero-sum) 게임의 덫에서 벗어나게 한다. 초원 밖에서 파이를 몇 배로 키워 모두의 몫이 늘어난 포지티브섬(positive-sum) 게임으로 바꾼 것.

제국을 건설하고 나선 능력 위주로 인재를 골라 썼으며, 전리품의 개인적 약탈을 금지하고 세운 공에 따라 형평에 맞게 분배했다. 점령지의 종교와 문화를 존중하고 철저한 법치로 일관했다. 역참제(驛站制)라는 고도의 커뮤니케이션 네트워크와 비단길 대상(隊商)을 통해 수집한 정보를 토대로 그 넓은 영토를 다스렸다. 팔백 년 전에 21세기적 사고와 시스템으로 세계를 경영했다고 할까.

1년 식량으로 소 한 마리 육포 가루를 말 잔등에 깔고 앉아 하루에 몇 백리씩 질주하며 활로 적을 명중시킨다는 몽골 병사 개개인이 용맹하기 그지없었고 몽골군의 전략과 전술이 앞서기도 했지만 칭기즈칸의 리더로서 뛰어난 역량이 당시 100만~200만 인구의 몽골이 1~2억 명의 주변 국가를 상대로 '일당백'의 위업을 이룬 가장 큰 요인이라 보고 있다.

협상력이 약할 땐 공통의 목표를 가진 사람들과 연합해 강한 상대에게 맞서라고 말한다. 윈-윈 하려면 나눌 파이를 키우길 권한다. 협상력과 협상 결과에 영향을 미치는 정보의 중요성은 아무리 강조해도 지나치지 않다. 그렇게 보면 칭기즈칸은 뛰어난 협상가였다! 그의 협상가적 역량과 통찰력이 제국을 세우는 데 비옥한 자양분(滋養分) 역할을 한 것이다.

현지인의 얘기론 온난화 영향인지 몽골의 강수량이 조금씩 는다고 한다. 없던 개울도 생기고 강줄기도 길어졌단다. 건조하고 척박한 고원의 기후에 변화가 생기는가. 그게 정말 현실화되어 칭기즈칸의 후예들이 옛날의 영광을 재현하는 기회가 되길 바란다.

자신보다 협상력이 월등한 상대를 만났을 때 대처하는 방법이 있다.

- 빈약한 자신의 대안, 배트나(BATNA)에 초점을 맞추지 말고 상대의 배트나("내가 아니면 이 사람은 어떻게 할까?") 즉, 자신이 상대에게 안겨주는 가치에 초점을 맞추어 협상한다.
- 강한 상대와 1:1로 협상하지 않고 협상력이 약한 사람들끼리 연합해 협상한다.[64]
- 상대와 협상을 하려는 대신 상대의 공정성에 호소하거나 솔직히 도와 달라고 부탁한다.

위의 방법 중 연합은 공통의 목표를 가진 사람들끼리 강력한 협상력을 확보하는 방법으로서 그 성공의 관건은 구성원의 결속력에 달려 있다. 연합 구성원의 결속력을 강화하기 위해선 다음과 같이 하는 게 좋다.

① 장·단기 목표를 통해서 연합이 모두에게 이익이 됨을 보여준다. 작은 성취라도 목표를 향한 진전이 이루어지고 있음을 정기적으로 기린다.

② 연합이 동일체로서 생각하고 행동할 수 있도록 커뮤니케이션을 강화한다.

③ 연합의 리더가 제대로 된 리더십을 발휘한다.
(의견의 객관성 유지, 구성원의 참여 고취, 정실이나 편파적 행동 자제, 신뢰할 수 있는 정보를 토대로 타당하고 균형적인 해결안 제시, 연합에 유용한 자원 동원)

④ 연합의 태생적 불안정성을 극복하는 노력을 기울이고, 지속되도록 하기 위한 적절한 관리 방법을 강구한다.

참고 : 리사 브라켄(Lisa Bracken), 2006

---

[64] 국가 간 이슈도 협상력이 열세인 국가는 양자 간 보다는 여러 국가가 참여하는 다자 간 채널로 협상하는 것이 유리하다. 그 다자 간 협상에 같은 입장의 국가들이 많이 참여할 경우 연합과 제휴를 통해 협상력의 열세를 만회할 수 있다.

협상도
타이밍이 중요하다

피트니스 등록이 계속 되다 보니 흥정할 일이 생긴다

달랑 한 장 남은 달력을 보고 있으면 조금 감상적으로 된다. 해가 바뀌는 경계이니 아쉽고 허전할 수밖에 없다. 시간을 그냥 흘려보내지 않았나 하는 생각에 우울해지기도 한다. 그런 기분은 나이 들면서 심해지는 듯하다. 그러면서 '뭐라도 해야겠다!'는 강박관념 비슷한 게 생겨난다. 그리고 정말 뭔가 하게 된다. 미뤄뒀던 일, 내키지 않아 제쳐놓았던 일에 손이 간다. 여기저기 연락도 하고, 이런저런 자리에도 기웃거리게 된다. 헌혈의 집도 찾아가고, 자선냄비에 푼돈이라도 넣는다. 가라앉는 기분에 대한 반작용으로, 시한 압박을 느껴, 조금이나마 마음이 가벼워지려고 그럴 것이다.

연말이면 어김없이 찾아오는 이런 뒤숭숭한 기분의 영향으로 3년 전 시작했다 그 후로도 12월만 되면 연례행사처럼 하는 일이 두 가지 있다. 그 중 하나는 집 근처 피트니스(fitness center)에 등록하는 일이다. 피트니스 앞을 지나다 불현듯 '건강을 더 챙겨야겠다!'는 생각이 들어 충동적으로 회원 등록을 하게 됐다. 순간적 결정이었지만 지하철역 바로 옆이라 오다가다 이용하기도 편하고, 요금도 저렴해 다닐 만했다. 무엇보다 한 번 들러 1시간 정도 운동하고 샤워까지 마치고 나오면 몸과 마음이 가뿐해지는 게 좋아 등록을 갱신해가며 지금까지 이용하고 있다. 그런데 피트니스 등록이 계속 되다 보니 생각지 않게 흥정할 일이 생긴다.

왜 늘 꽉 찬다는 7층에 빈 사물함이 두 개나 나왔을까?

등록하면 조그만 사물함을 배정해준다. 그런데 배정받은 사물함이 6층에 있고 안내 데스크와 세면장은 7층에 있어 갈 때마다 몇 번씩 오르락내리락 해야 했다. 운동 삼아 일부러 그렇게 할 수도 있지만 불편한 건 사실이었다. 데스크 직원에게 고충을 얘기하며 7층으로 옮기고 싶다고 했다.

"7층은 모두 찼습니다. 빈 사물함이 나오면 연락드리겠습니다."

예상했던 바다. 주변에서 여기가 이용하기 가장 편할 것 같아 등록했음을 강조하며 기다리겠다고 하고선 돌아왔다. 얼마 후, 빈 사물함이 하나 나왔다는 문자 메시지가 왔다. 가서 보니 열 단 높이의 맨 아래 칸이긴 해도 6층보다는 나을 것 같아 그리 옮겼다.

사물함을 옮기고 동선이 겹치는 문제는 해결됐다. 그러나 물건을 넣고 뺄 때마다 무릎, 허리를 잔뜩 구부려야 하는 또 다른 문제가 기다리고 있었다. 다시 옮겨 달라고 했다간 '진상' 소리 듣기 십상이어서 그냥 감수하고 다녔다. 몇 달 후를 기약하며.

11월 중순. 아직 등록 기한이 한 달 이상 남았지만 낯이 익은 데스크 직원에게 찾아갔다.

"재등록 하려는데…"

"아, 그러세요. 행사 기간이라 지금 등록하시면 할인가로 이용할 수 있으세요."

얘기를 다 꺼내기도 전에 반색한다. 반가운 소리긴 마찬가지였지만 내색하지 않고 찾아간 본론을 꺼냈다.

"재등록하면서 사물함을 옮길 수 있어요?"

그러자 직원이 모니터를 한참 쳐다보고선 빈 사물함을 몇 개 보여준다. 늘 꽉 찬다는 7층에도 두 개나 비어 있었다. 속으로 '운이 좋아 그런가?' 하면서 입구 쪽 딱 눈높이의 사물함으로 골랐다. 지금 이용하고 있는 사물함이다. 몇 달 묵은 체증이 쑥 내려간 기분이었다. 사물함을 여닫을 때마다 웃음이 절로 나왔다. 운동하러 더 자주 들르게 되었다.

나에게 문제였던 게 그 직원에겐 아니었다

한 보름 피트니스에 갈 수 없는 사정이 생겼다. 일주일에 두세 번 이용하니 그래야 너덧 번이어서 그냥 빠질까 했는데 이용 횟수 당 단가를 따져보니 그럴 일이 아니다. 조금 아깝다. 더욱이 학생들이나 주변 사람들에게 "백화점이든 어디든, 정찰제건 아니건 일단 흥정해보라! 흥정할 만한 사정이 있다면 꼭 흥정하라!"고 얘기해 놓고 그냥 넘어가려니 대단히 마음이 불편하다. 자신의 평소 신념이나 태도와 다르게 행동할 때 겪게 되는 '인지 부조화(cognitive dissonance)'에 빠진다.

그 부조화의 압력에 견딜 수 없어 데스크 직원을 찾았다. 미소로 맞지만 별

써 몇 번의 상면에서 경험적으로 '또 무슨 요구사항이 있구나!'라고 짐작했던지 조금 긴장한 모습이다.

"사물함을 옮기고 훨씬 편리해졌어요. 고마웠어요."
"아, 네! 감사합니다!"

예상과 달랐을 첫마디에 직원의 표정이 다소 풀어진다.

"고객님, 도와드릴 일 있나요?"
"사정 상 2주 정도 운동하러 올 수 없게 됐는데 이럴 땐 어떻게 해요?"
"아, 그 기간 동안 이용을 정지시키면 됩니다. 언제부터 못 나오세요?"
의외로 쉽게 문제가 풀린다. 날짜를 알려주니 컴퓨터에 뭔가 입력한다.

"고객님, 2주 이용 정지했고 그만큼 등록 기간이 연장됐습니다."

필자에겐 문제였던 게 그 직원에겐 아니었던 모양이다.

연말이 되면 관대해지고 후해지는 경향이 있다

이듬해 12월 어느 날. 운동을 마치고 데스크 직원에게 들렀다.

"언제 등록을 갱신하면 가장 유리해요?"
"연말까지 행사 중인데 고객님 등록 사항을 보고 말씀드리겠습니다."
"그동안 1년 단위로 등록하셨네요. 이번에는 18개월로 등록해보세요!"

월 이용 요금도 저렴해지고, 하루에 두 번 입장도 가능하다며 넌지시 의향을 묻는다. 따져보니 괜찮은 제안이다. 1년 후에도 계속 다닐 생각이니. 그렇지만 바로 승낙하지 않고 생각해보겠다고만 했다. 며칠 후,

"18개월 등록 혜택이 누구에게나 동일하게 적용돼요?"
"네, 그렇습니다."
"나는 이번이 네 번째 등록인데 장기 이용자에 대한 우대는 없어요?"

넌지시 운을 떼 봤더니 직원이 잠시 생각하다 "잠시만요!" 하고선 자리를 뜬다. 그리고 얼마 지나지 않아 엷은 미소를 지으며 돌아왔다.

"같은 요금으로 3개월 더 이용할 수 있도록 해드리겠습니다."

연말이 되면 관대해지고 후해지는 경향이 있다. 기업들도 이때 할인 판매를 많이 한다. 블랙프라이데이(Black Friday), 박싱데이(Boxing Day), 광군제(光棍節). 버전만 다를 뿐 기실 똑같은 연말 할인 행사가 지구상 여기저기서 벌어진다. 그래서 알뜰하고 현명한 소비자들은 꼭 구입해야 할 고가품은 아무 때나 사지 않는다. 기다렸다 연말에 산다.

쇼핑도 때가 있듯 협상도 타이밍이 중요하다. 언제 협상할지를 잘 정해야 한다. 협상의 적기가 있기 때문이다. 나에게 유리한 천시(天時), 카이로스(kairos)에 협상하게 되면 적은 노력을 들이고도 큰 성과를 거둘 수 있다.

중국인은 협상을 형세와 기세, 그리고 기교의 싸움이라고 본다.

형세 : 객관적으로 형성된 협상 조건
기세 : 주어진 조건을 이용하거나 극복하려는 주체적 의지의 정도
기교 : 협상 테이블에서 펼치는 각종 심리전 기술
기세는 천시, 지리, 인화를 최대한 활용하여 형세를 유리하게 조성하는 것을 의미하며, 협상에서 사전 준비의 중요성을 강조한 것이다.

천시(天時) : 주변상황이 자신에게 유리할 때 협상하는 것
지리(地利) : 중요한 협상은 상대를 중국으로 불러 진행함으로써 의제 설정의 주도권
　　　　　　이나 협상 분위기를 장악하는 것
인화(人和) : 상대의 장·단점을 철저히 분석하여 협상 팀원 간 적절하게 역할을 분담
　　　　　　하는 것

바로 천시(天時), 자신에게 유리한 상황에서 협상하게 되면 노력은 적게 들이고도 배의 성과를 달성할 수 있다. 노조가 호경기일 때 임금 협상을 요구하고, 시장에 노동력이 풍부해지는 졸업 시즌엔 이를 피하는 이유이다.
☞ 가능한 한 자신에게 유리한 상황에서 협상하라!

참고 : 한양대 민귀식, 2010

균형 감각,
협상자가 꼭 갖추어야 할 자질

고대 그리스인들은 뛰어난 균형 감각을 지녔다

제법 쌓일 정도로 눈이 오고 바로 수은주가 곤두박질쳐 길이 꽁꽁 얼었다. 엉금엉금 걸어가는데 앞에서 누가 엉덩방아를 찧는다. 뉴스를 보니 며칠째 동장군이 기승을 부리면서 낙상 환자들이 넘쳐난다고 한다. 몸의 균형 감각이 떨어지는 노인들이 눈길에서 잘 넘어지니 조심하길 당부한다.

언젠가부터 후진 주차가 원활하지 않다. 예전엔 한 번에 솜씨 좋게 주차선 안으로 집어넣었는데 요즘은 그렇게 되는 경우가 드물다. 핸들을 꺾고 풀기를 몇 번 해야 한다. 이것도 균형 감각과 관련 있을 것이다.

몸의 균형 감각이 떨어지는 건 나이 들며 나타나는 자연스러운 현상이니 본인이 조심하고 활동을 삼가면 될 일이다. 문제는 생각이나 판단의 균형 감각을 상실하는 경우다. 스스로 깨닫기 어려워 반복적으로 저지르기 쉬운데다, 자신만이 아니고 여러 사람에게 '상처'를 입힐 수 있다. 사회적 영향력이 큰 인사나 집단의 균형적 사고, 균형적 의사 결정이 중요한 이유이다.

균형 감각은 조직의 리더에게 요구되는 가장 중요한 덕목이다. 다양화, 다원화된 사회에서 정부 정책이 갖추어야 할 맨 첫 번째 요건이기도 하다.

고대 그리스인들은 뛰어난 균형 감각을 지녔다. 한쪽으로 치우치지 않고 균형과 조화를 중시하는 그들의 인생관, 세계관을 신화 곳곳에서 엿볼 수 있다. 신들의 왕 제우스는 신들 간 분쟁이 생기면 자신이 일방적으로 판단해 누구의 손을 들어주거나 중재하지 않았다. 당사자뿐만 아니라 이해관계자들의 의견을 다 들어보고 시시비비를 가렸다.

제우스와 헤라 부부의 아들 헤파이스토스는 다리를 저는 불구지만 누구도 갖지 못한 손재주를 지녔고, 흉측하게 생겼어도 천상과 지상은 물론 지하 세계까지 통 털어 가장 아름다운 여신 아프로디테를 아내로 맞았다. 얼마나 공평한가.

최초의 인간 여성 판도라가 호기심 때문에 열어본 상자에서 질투심, 원한 등 해로운 것들이 세상으로 죄다 빠져나갔지만 유일하게 '희망'은 남아 인간이 어떤 불행을 겪어도 희망을 품고 있는 한 이겨낼 수 있게 하였다. 절묘한 대비(對比)다.

그뿐인가. 사랑의 신 에로스[65]가 자신을 무시한 태양신 아폴론에게 복수하려고 맞으면 사랑에 빠지게 되는 금 화살을 쏴 요정 다프네에게 홀딱 반하게 해놓고, 정작 다프네에겐 사랑을 거부하도록 하는 납 화살을 명중시켜 아폴론으로부터 줄행랑치게 만든다. 둘 다 금 화살을 맞았다면 어땠을까. 서로 사랑에 미쳐 일이 나도 큰일이 났을 것이다. 아폴론의 직무유기로 해가 뜨지 않아 신과 인간의 세계가 엉망진창이 되었을 것이다.

내 이익을 챙기면서도 상대의 이익도 고려하는 호혜적 태도가 필요하다

균형 감각은 협상자가 꼭 갖추어야 할 자질이다. 상대의 최대 양보선을 가늠할 수 있을 경우 이를 토대로 과감히 제안하는 게 자기에게 유리하지만 그

---

65) 아프로디테의 아들로서 사랑에 빠지게도 하고 사랑을 혐오하게도 하는 화살을 신과 인간에게 마구 쏘아대는 장난꾸러기 소년 같은 신이다.

경우에도 자신의 제안에 대한 정당한 이유를 제시할 수 있는 수준이어야 한다. 그렇지 않고 터무니없이 제안할 경우 상대는 나를 더는 거래 못 할 사람으로 여기고 조용히 나가버릴 수 있다.

내 이익을 챙기면서도 상대의 이익도 고려하는 호혜적 태도, 누구라도 인지적·감정적 편견에 빠질 수 있어 협상 팀 내에 늘 반대 의견을 내는 '선의의 비판자(devil's advocate)'를 두는 지혜, 외부인의 참여를 늘려 사안을 중립적으로 보려는 자세 등이 협상 포지션의 균형을 유지하는 비결이다.

두 눈을 가리고 한 손엔 저울, 다른 한 손엔 칼을 들고 있는 모습으로 그려지는 율법과 질서의 수호신, 테미스[66]. 치우치지 않고 공평하게 사안을 판단해 지은 죄에 상응하는 합당한 벌을 주겠다는 그녀의 신호 아니겠는가. 옛 그리스인들의 고도의 균형 감각에 경의를 표한다.

---

[66] 그리스 신화의 2세대 신인 티탄 신족에 속하는 여신이다. 그녀와 제우스 사이에 난 호라이 세 자매 중 정의의 여신 디케도 어머니 테미스와 비슷한 이미지를 가지고 있다.

인내심,
끝까지 포기하지 않는 것

매일 간을 파 먹히는 고통이 삼천 년이나 계속되나 끝까지 굴복하지 않는다

둘째의 어릴 적 일이다. 일요일 새벽이면 온 가족이 학교 운동장이나 천변(川邊)에서 운동을 하고 아침을 사먹곤 했다. 그날도 자전거를 꽤 오래 타고 나서 자주 가던 식당에 들렀다. 계란, 오징어가 들어간 콩나물국밥에 김을 얹어 맛있게 먹고 기분 좋게 식당을 나서는데 그만 따라오던 둘째의 손가락이 유리문 사이에 끼고 말았다. 순전히 필자의 부주의 때문이었다. 순간적이었지만 문에 낀 부분이 움푹 들어가고 금방 퍼렇게 변했다. 깜짝 놀라 다친 손가락을 주물러주며 연신 "괜찮아, 괜찮아?" 하고 묻는데 정작 둘째는 얼굴만 약간 찡그릴 뿐 별로 아픈 내색을 않는다. 펄쩍펄쩍 뛰거나 울고불고 해야 할 아이가 너무 아무렇지 않은 듯하니 '사고'를 친 아빠 입장에서 더더욱 미안했다.

그 이후로 눈여겨보니 둘째가 확실히 힘든 걸 잘 참고 끈기가 있다. 웬만해선 어디 아프다는 소리를 하지 않는다. 한번 책상에 앉으면 좀처럼 일어날 줄 모른다. 더운 여름날, 땀을 뻘뻘 흘리며 공부하는 모습을 종종 봤는데 흐뭇한 마음 한편으로는 무척 안쓰러웠던 기억이 난다. 대학 다닐 땐 무더위 속에서 800km에 이르는 '산티아고 순례길'을 한 달 넘게 걸은 적도 있다. 참을성이 강했던 둘째는 사회인이 되어서도 크게 변하지 않았다.

고사성어에 나타난 중국인들의 인내심은 참 대단하다. 흙을 한 짐 져다 버리고 오는데 1년 걸리는 일을 대대손손 해서라도 기어이 앞산 둘을 옮기고 말겠다는 아흔 노인 우공(愚公). 아버지의 원수를 잊지 않기 위해 매일 장작더미 위에 자리를 펴고 잔 오나라 왕 부차(夫差). 쓸개를 걸어두고 20년 세월을 그 쓴 걸 핥으며 복수를 다짐한 월나라의 구천(句踐). 비유적 표현이지만 초인적인 인내다.

그리스 신화 속엔 이보다 더하면 더했지 결코 못지않은 이가 있다. 프로메테우스다. 제우스의 금기를 어기고 불을 훔쳐 인간에게 준 죄로 매일 독수리에게 간을 파 먹히는 티탄 신족의 아들. 낮에 다 쪼아 먹힌 간은 밤새 다시 생겨나 이튿날 또 독수리의 먹이가 된다. 상상할 수도 없는 그 고통은 삼천 년이나 계속된다. 도중에 풀려날 수도 있었지만 제우스의 어떤 회유에도 끝까지 굴복하지 않았다.[67] 가히 인내의 신이라 하겠다.

유능한 협상자는 강한 인내의 소유자다

인내, 괴롭고 힘든 것을 참고 견디는 것. 사람의 성격적 측면이다. 일반적으로 인내심이 강하다는 것은 그 사람의 커다란 장점으로 통한다. 중도 포기하지 않고 끈기 있게 일을 하는 사람을 보면 진정성이 느껴지고, 믿음이 간다.

협상 대표들이 중요한 협상을 앞두고 곧잘 하는 얘기가 있다.

"인내심을 갖고 협상에 임하겠다."

---

67) 제우스는 자신의 운명의 비밀을 알고자 앞을 내다볼 줄 아는 프로메테우스를 회유하려고 했다. 이에 대하여는 49쪽 〈바람둥이에 변신의 귀재, 제우스의 협상 능력〉을 참고.

인내심, 협상자에게 꼭 필요한 자질이다. 계속되는 마라톤 회의에서 거세게 몰아붙이는 상대의 끈질긴 요구를 막아내고, 귀를 닫아버린 상대에게 자기 제안의 장점을 이해시키려 수없이 시도하고, 상대의 삿대질과 고함에 치밀어 오르는 화를 가라앉히고, 문제 해결의 기미가 도무지 보이지 않지만 끝까지 포기하지 않는 것. 인내심 없이는 할 수 없는 일이다. 유능한 협상자는 강한 인내의 소유자라고 보면 된다.

그 고통을 당하면서도 왜 프로메테우스는 제우스에게 굴복하지 않았을까. 무릎을 꿇었으면 제우스의 총애를 받으며 편히 살 수도 있었는데. 자신이 혼신의 노력을 기울여 만든 인간을 툭하면 겁박하는 제우스를 비롯한 올림포스 신들에게 '이유 있는 반항'의 메시지로 그랬을까. 모를 일이지만 프로메테우스, 정말 고마우면서 경배해야 할 신이다.

협상자가 갖추어야 할 자질이 무엇인지에 대하여는 연구자마다 다르며, 문화에 따라서도 차이가 나지만 일반적으로 성실성, 지식과 전문성, 인내심, 커뮤니케이션 능력, 정확성, 공감 능력, 자기 통제, 체력, 사고력, 판단력, 관리 능력, 유머 감각 등을 협상자에게 요구되는 자질로 본다.

이 중에서도 중동 분쟁 조정으로 유명한 허버트 캘먼(Herbert C. Kelman)이나 노동 분야 전문 협상가였던 시어도어 킬(Theodore W. Kheel) 등 많은 전문가, 학자들이 인내심을 가장 중요한 자질로 꼽는다.68)

☞ 인내는 쓰지만 그 열매는 달다. 협상 테이블에서 곤경에 부딪쳐도 참고, 견디고, 인내하라!

---

68) 미국 연방 중재 및 화해국(Federal Mediation and Conciliation Service) 국장 윌리엄 심킨(William E. Simkin)은 유능한 조정가(협상가)가 되기 위해서는 욥과 같은 인내심, 영국인처럼 진중하고 끈질긴 성격, 아일랜드인의 위트, 마라톤 선수에 버금가는 육체적 지구력, 아메리칸 풋볼 하프백처럼 장애물을 빠져 나가는 날렵함, 마키아벨리와 같은 간교함, 벙어리처럼 속내를 밝히지 않는 신중함, 하마의 뻔뻔스러움에 솔로몬의 지혜를 갖추라고 말한다. 『The Keys to Conflict Resolutions(강주헌 옮김, 2000. 문제는 협상가다)』 p.96에서 인용.

닻을 내려도 좋은
적당한 지점이 있다[69]

배를 멈추려면 닻을 내려뜨려야 한다

바람으로 움직이는 범선에서 돛과 닻은 필수적 도구다. 그러나 그 기능은 정반대다. 돛은 가속을 위한, 닻은 정지를 위한 기구다. 돛을 달아야 쾌속으로 가게 되고, 닻을 내려야 정박할 수 있다. 재미있는 것은 둘이 상반된 기능을 하면서도 상하 움직임이 같다는 점이다. 배가 출발할 때 보통 돛도 올라가고 닻도 올라간다. 배를 멈추려면 닻을 내려뜨리면서 돛도 접어 내린다. 기능적으로 상호 배제적이면서 보완적 관계이다.

돛은 일, 닻은 휴식을 상징한다고 할 수 있겠다. 우리는 일을 하며 자기 인생의 항로를 간다. 순풍에 돛단 듯 일이 잘 풀릴 때도, 역풍을 만나 어긋날 때도 기진맥진해지면 닻을 내리고 쉬면서 재충전을 해야 한다. 일할 때는 몰입해야지 쉬면서 일할 순 없다. 마찬가지로 쉴 때는 일을 완전히 놓아야 한다. 그렇지 않고선 제대로 쉴 수 없다. 일을 해야 휴식의 효용이 커지고, 쉬어야 일의 질이 높아진다.

돛과 닻 중 어느 것이 더 중요할까? 굳이 따진다면 닻 아닐까. 배는 돛 없이도 해류를 따라 또는 노를 저어갈 수 있다. 요즘은 대부분 동력선이다. 그러나

---

69) 이 에세이는 필자가 2013.07.15.자 매일경제신문(매경춘추)에 기고했던 〈돛과 닻〉을 일부 수정한 것임을 밝혀둔다.

예나 지금이나 닻 없이는 배를 세울 수 없다. 중요한 일을 시작할 때 '닻을 올린다.'고 하지 '돛을 올린다.'고는 하지 않지 않는가. 주위에 일 잘하는 사람은 많아도 잘 쉴 줄 아는 사람은 드문 것 같다. 쉬는 것 자체를 등한시한다. 지금과 같이 스트레스가 심한 세상에서는 제대로 쉬는 것이 일하는 것 못지않게 중요한데도.

먼저 제안했다가 '승자의 저주'를 받을 수 있다

'닻 내리기 효과(anchoring effect)'라는 게 있다. 닻을 내리면 물결에 약간 흔들릴뿐 그 지점에 배가 머물 듯, 사람들의 결정이 처음에 접한 특정 숫자의 영향을 받아 거기서 크게 벗어나지 않는 것을 말한다. 그래서 협상 테이블에서는 먼저 가격을 제안하는 것이 유리하다.

그러나 거기에는 전제가 따른다. 협상 대상의 시장 가치, 그리고 상대의 최대 양보선에 대한 정보를 갖고 있어야 한다. 그러지 않고서는 먼저 던진 내 제안이 대번에 수용됐는데도 왠지 찜찜하고, 바가지를 쓰거나 헐값으로 팔기를 자처한 결과를 맞을 수 있다. 이른바 '승자의 저주(winner's curse)'를 받아 상대의 배를 정박시켜야 하는데 자칫 내 배가 침몰할 수 있다. 닻을 내려도 좋은 적당한 지점이 있는 것이다.

아무 곳에나 닻을 내릴 수 없는 것처럼 휴식도 제 때 가져야 한다. 더울 때는 시원한 곳에서 쉬는 게 좋다.

시간이 바로
협상력과 직결된다[70]

시간이 모든 것을 달라지게 한다

인생무상(人生無常). 사는 게 덧없다는 얘기다. 그런데 글자 그대로는 우리 삶이 늘 변한다는 뜻이다. 정말 하늘 아래 '고정 불변'은 없다. 시간이 모든 걸 달라지게 한다. 사물도, 여건도, 사람 간 관계도. 홍안의 미소년이 어김없이 백발 노인이 되는 이유, 바로 시간 때문이다.

시간이 약인 경우를 더러 겪는다. 풀리지 않던 난제들이 시간이 가면서 저절로, 생각지도 않게 해결된다. 참 희한하게도. 그래서 원하지 않는 선택을 강요당할 경우 할 수 있으면 얼마간 시간을 벌어보라. 그 동안에 상황이 변해 벗어날 수도 있다. 마찬가지로 뾰족한 수가 없는 경우 미리 걱정하느니 느긋하게 기다려보자. 시간이 조화를 부릴 수 있다. 마치 마술처럼. 시간이라는 외생변수(外生變數)의 영향을 나이 들수록 실감한다. 자기 의지와 능력으로 할 수 있는 일이 줄어들어 그럴 것이다.

상거래에서도 이러한 시간 변수, 미래의 불확실성을 고려한다. 시간이 흘러야 불확실성의 원인이 해결되는 거래 요소는 미정으로 둔 채 일단 합의하고, 나중에 정해진 대로 따르는 조건부 약정을 많이 이용한다. 그리고 거래의 변

---

70) 이 에세이는 필자가 2013.07.20.자 매일경제신문(매경춘추)에 기고했던 〈시간 변수〉를 일부 수정한 것임을 밝혀둔다.

수로 작용하는 시간엔 가치가 붙는다. 비례적으로. 거기서 생겨난 게 바로 옵션 거래라고 보면 된다.

협상에서 양보의 80%는 협상 마감 20% 내 시간에 이루어진다

그런가 하면 시한이 정해져 있는 경우 느끼는 압박은 당해본 사람은 잘 안다. 완강히 버티던 상대도, 일방적으로 몰아치던 쪽도 시간이 다 되면 손을 들고 만다. 협상에서 양보의 80%는 협상 마감 20% 내 시간에 이루어진다고 말한다. 시간 압박이 양보와 협력을 이끌어내고, 쉽게 합의하도록 한다. 시간 압박 하에서 불리한 의사 결정을 하지 않으려면 미리, 충분한 시간을 두고 일을 하는 게 좋다. 시간이 바로 협상력과 직결되기 때문이다.

이렇게 우리는 시간의 영향을 많이 받는다. 그 시간은 가치이고, 힘이다. 너무 서둘러도 곤란하고, 실기해서도 안 될 일이다. 정말 뭔가를 할 때는 타이밍이 중요하다. 중국 사람들은 이를 '천시'(天時)라고 말한다. 타이밍을 잘 맞춰일을 시작하면 노력은 덜 들이면서 배가 되는 성과를 거둘 수 있다.

5장

협상은 심리전, 상대의 심리를 이용하라

상대에게 속지 않도록 철저히 준비하되 그게 '보이도록' 하라

숨이 넘어가도록 다급하게 소리쳤건만 마을사람들이 코빼기도 안 비쳤다

〈늑대와 양치기 소년〉. 어릴 적 누구나 읽었을 이솝 우화다. 이 우화를 서너 살 무렵의 둘째(아들)와 TV용 애니메이션으로 자주 보았다. 어른이 보기에도 재미있게 만들어서 하루에도 몇 번씩 틀어달라고 하더니 나중엔 스스로 작동법을 익혀 혼자서도 곧잘 보곤 했다. TV 속 만화에 푹 빠져 있던 어린 둘째의 모습이 지금도 선하다. 하도 여러 번 봐 대사를 달달 외웠다.

이만큼 거짓말하지 않도록 경종을 울리는 이야기도 찾기 쉽지 않을 것이다. 그래 그런지 둘째가 크면서 거짓말하는 걸 별로 본 적이 없다. 지금의 직업을 선택할 때도 만화 속 '양치기 소년'의 영향이 컸지 않았나 싶다.

나른한 오후. 하늘엔 뭉게구름. 양떼들이 한가롭게 풀을 뜯고 있다. 동 트고 여태 눈 부릅뜨고 지키고 있지만 늑대의 '늑' 자도 보이지 않는다. 졸리고 심심하다. 그때, 번쩍 재미있는 생각이 스쳐 지나간다. 생각만 해도 몸이 떨릴 정도로 신난다. 벌떡 일어나 마을을 향해 달려가며 외친다.

"늑, 늑, 늑대가 나타났어요!" "양을 다 잡아가고 있어요. 살려주세요!"

그러자 들에서, 집에서 일하던 사람들이 놀라 득달같이 달려온다. 쇠스랑,

몽둥이… 손에 닥치는 대로 집어 들고서.

"늑대가 나타났다고! 늑대, 늑대 어디 있어?"

사방팔방 살피며 야단법석이다. 참 재미있다. 그냥 심심해서 장난쳐봤다고 해도 조금 야단칠 뿐 심하게 혼내지 않는다. 멋지게 속였다. 그래서 다음 날도, 또 그다음 날도….

그러던 어느 날, 정말 늑대가 나타났다.

"늑대가 나타났어요! 이번엔 진짜에요. 거짓말 아니에요. 한 번만 믿어 주세요!"

화들짝 놀라 온 마을을 헤집고 다니며 아무리 외쳐도 누구 한 사람 나타나지 않는다. 그 사이 죄 없는 양들만 한 마리, 두 마리 늑대의 먹이가 된다.

평소와 달리 숨이 넘어가도록 다급하게 소리쳤건만 마을사람들이 코빼기도 안 비친 건 여러 번에 걸친 '학습' 때문이다. 으레 하는 거짓말인줄 알고. 이 우화에서 잘못된 학습의 피해자는 양들이다. 그럼 양들은 누굴 원망해야 할까. 양치기 소년, 아니면 마을 사람들?

'거짓말하고 싶지 않은 동기'를 자극해
거짓말을 억제시키는 게 가장 효과적이다

사람들은 자기도 모르게, 아주 자연스럽게 거짓말한다. 그러니 알아채기 어렵다. 이렇게 본능적·충동적으로 거짓말을 해대면 세상이 엉망이 되었을 텐데 다행히 우리 인간은 거짓말하려는 동기와 함께 '거짓말하지 않으려는 동기'도 가지고 있어 그 지경까지 되진 않는다(조물주의 뛰어난 균형 감각에 경의를 표한다). 어떤 형태로든지 이익이 기대되기 때문에 거짓말을 한다. 반면, 들통 날 경우 큰 손해를 보거나 망신당할까 두려워 자제하게 된다.

거짓이 난무하는 협상 테이블. 상대의 거짓말하고 싶지 않은 동기를 자극해 거짓말하려는 동기를 억제시키는 것이 가장 효과적인 기만행위 대처 방법으로 알려져 있다. 그런 점에서 상대에게 속지 않도록 협상에 필요한 준비를 실제로 철저히 하면서 그게 상대에게 '보이도록' 하는 게 중요하다.

이를테면 약속시간보다 일찍 도착해 상대를 기다린다든가, 테이블 위에 두툼한 자료를 놓아둔다든가, "당신의 말이나 주장의 진위 여부를 모두 확인하겠다!"는 신호로 논의 내용을 상세히 기록하는 등 '쇼우잉(showing)' 할 필요가 있다. 내가 만만히 보이지 않도록 하는 게 아주 중요하다. 더불어 상대의 말이 나중에 거짓으로 밝혀질 경우 엄청난 대가를 치르게 한다면 (그리고 그런 일들이 소문으로 전해진다면) 더욱 효과적일 터.

자, 양치기 소년에게로 돌아가보자. 거듭 거짓말을 한 양치기 소년에게 1차적 잘못이 있다. 그런데 소년이 처음 거짓말을 했을 때 마을사람들이 눈물이 쏙 빠지도록 혼을 내줬더라면, 양떼를 소년에게만 맡겨놓지 않고 가끔 둘러보거나 망루라도 세워 감시했다면 두 번째, 세 번째 거짓말은 막을 수 있었을 것이다. 그렇게 하지 않았던 마을사람들로부터 '잘못된 학습'이 이루어졌기는 양치기 소년도 마찬가지였다. 필자라면 어린 양치기보다 마을 사람들을 더 나무라겠다.

거짓말을 왜 그렇게
자주 하게 될까?

잘 들키지 않기 때문이다

청문회 무용론이 난무하는 등 '위증 청문회'가 항간의 화제다. 청문회장에서만이 아니고 우리는 자주, 그리고 아주 무심코 거짓말한다. 거짓말하지 않고 하루를 보내는 사람은 거의 없다. 처음 만난 사람들의 약 60%가 몇 분 지나지 않아 거짓말하기 시작한다. 데이트 중인 남녀는 거짓말 시합에 출전한 선수들이라고 봐도 크게 틀리지 않다. "위에 기재한 내용은 모두 사실입니다."라고 서명까지 한 이력서의 25% 정도는 심각한 거짓이 포함돼 있다. 거짓말하는 습관은 세 살 적부터 길러진다. 수많은 연구에서 제시된 결과들이다.

남을 속이려는 충동이 인간의 유전자 안에 깊숙이 자리 잡고 있으며, 이는 보통 인간의 중요한 특징이라고까지 얘기한다. 하도 해대니 거짓말도 각양각색(各樣各色)이다. 의도적인 거짓말, 본의 아닌 거짓말, 진실 같은 거짓말, 농담조 거짓말. 그리고 새빨간 거짓말, 흰 거짓말, 검은 거짓말.

일상사에서도 그럴진대 커다란 이해가 걸린 협상 프로세스에선 어떻겠나. 거짓으로 가득 찰 수밖에 없다. 오죽하면 상대는 속도록 하면서 자신은 상대에게 속지 않는 능력을 기준으로 유능한 협상가, 무능한 협상가로 나눌까.[71]

---

71) 미국의 노사분쟁 조정 전문가 시어도어 킬(Theodore W. Kheel)은 의도에 관한 발언은 행동으로 옮기지 않아도 상관없지만 사실에 관한 발언이 거짓일 경우 소송 대상이 되기 때문에 절대 삼

왜 그렇게 거짓말을 자주 하게 될까? 잘 들키지 않기 때문이다. "뭐라고? 미국 드라마 〈Lie to me〉에선 얼굴표정만 보고도 범인을 잘만 잡아내던데!"라고 반문할지 모르겠다. 거짓말할 때 나타난다고 알려진 행동[72]에 의한 거짓 여부 판정을 신뢰할 수 없다는 게 연구자들이 내린 결론이다. 거짓말 선수들은 상대가 거짓말의 신호로 찾고 있는 이러한 행동을 쉽게 조절할 수 있다. 그 대안으로 제시된 거짓말 탐지기, 음성 분석기 등 기계 장치에 의한 거짓말 탐지도 의구심을 자아내기는 마찬가지다.[73]

신뢰할 수 있는 사람인지 시험해보기 위해 답을 알고 있는 사항을 질문해본다

신화에서 해법을 찾아보자. 2장의 마지막 에세이에 나온 헤르메스 이야기의 속편이다. 헤르메스가 아폴론의 소떼를 훔쳐 쥐도 새도 모르게 숨긴다고 했는데 그만 어떤 노인에게 목격당하고 만다. 노인의 입이 걱정된 헤르메스. 곰곰이 생각한 끝에 협상의 달인답게 소 한 마리를 주며 누구한테도 방금 본 것을 얘기하지 말라고 당부한다. 그러자 노인이 "돌이 고자질할지언정 내가 그럴 일은 절대 없다."며 다짐한다. 재주가 넘치면서도 매사 신중한 헤르메

가길 당부한다.

72) 시선 회피, 말더듬, 땀 흘림, 음성 높낮이 변화, 미소의 증가나 감소, 오랜 침묵, 눈 깜박거림, 몸 긁기, 특정한 발 동작, 빈번한 '아'나 '음' 사용, 심호흡 등이 거짓말 할 때 보이는 행동으로 알려져 있다.

73) 거짓말 탐지기의 신뢰성에 대한 회의론의 영향으로 1988년 미국 의회는 국가안보 사건에만 이를 사용하고, 일반 사건에는 사용하지 않도록 법으로 금지시켰다. 2002년 미국 국립과학아카데미는 수십 년 간의 거짓말 탐지기 데이터 분석 결과를 토대로 거짓말 탐지 테스트가 높은 정확성을 갖는다고 기대할만한 근거가 부족하다고 결론내린 바 있다. 이를테면 10명의 스파이가 포함된 만 명의 집단에 거짓말 탐지기를 사용할 경우 1,600여 명의 무고한 사람들이 테스트를 통과하지 못하면서, 스파이 2명은 유유히 테스트를 빠져나갈 것으로 추정했다.

스. 그 말을 믿고 돌아가는 척하다 변장하고 노인 앞에 다시 나타난다.

"혹시 소떼 못 보았소? 소 두 마리 줄 테니 아는 게 있으면 말해주시오!"

두 마리 소가 욕심난 노인이 헤르메스와의 약속을 헌신짝처럼 저버리고 소 있는 곳을 알려주고 만다. 화가 난 헤르메스는 노인의 맹세대로 그를 돌로 만들어버린다.

그렇다. 상대가 신뢰할 수 있는 사람인지, 진실을 말하는지를 시험해보는 좋은 방법의 하나가 내가 답을 알고 있는 사항을 상대에게 질문해보는 것이다.

국회는 위증한 증인에 대한 처벌을 강화하겠다고 한다. 그런 법 개정과 함께 청문회 위원들이 헤르메스처럼 지혜를 발휘해 거짓말을 잡아내 더는 위증할 엄두를 못 내게 하면서, 빠져나가지 못하도록 질의하고[74] 재치 있게 따진다면 허위 진술이 자취를 감추지 않을까.

---

74) 많은 정보를 얻기 위해서는 '예'나 '아니오'로 답하도록 하는 질문보다 의문사, 즉 '5W 1H'를 사용한 질문이 효과적이다. 그러나 상대가 질문의 핵심을 피해나가지 않도록 하려면 묻는 사람이 답변의 방향을 정리해 '예', '아니오'로만 대답하도록 하는 게 좋다. 이때 질문이 너무 구체적·제한적이기 보다는 포괄적인 게 낫다고 알려져 있다.

상대가 거짓말하는지 금방 알아챌 수 있는 일반적인 표식은 없으며, 다양한 거짓말 탐지 기술이 개발됐지만 그 정확성에 대한 논란이 심하다,[75] 협상 전문가들은 상대의 거짓말, 기만행위에 대해 다음과 같이 대처한다.

협상 시작 전 단계에서의 대처 방법 :
상대의 기만행위에 당하지 않도록 준비하고, 또 준비하라!
- 공표된 자료를 통해 상대가 법이나 비즈니스 관행을 위반한 전력이 없는지 철저히 조사한다.
- 상대와 사전 합의를 통해 협상의 기본 원칙(예 : 중요한 정보 모두 공개 등)을 정해 놓는다.

협상 과정에서 저지르는 거짓말에 대한 대처 방법 :
다양한 수단을 동원해 거짓말을 최대한 탐지해내면서, 탐지되지 않는 경우에 대비해 보호막을 쳐놓으라!
① 상대가 기만행위를 하는지 주의 깊게 관찰·탐색한다.
　※ 활달한 사람이 갑자기 수줍어하거나, 침착한 사람이 안절부절못할 경우 경계 필요
② 상대가 질문의 핵심을 피해나가지 않도록 너무 구체적이기 보다는 포괄적으로 질문한다.

---

75)　거짓말 탐지기에 대한 대안으로 제시된 기술 중 많이 알려진 폴 애크먼(Paul Ekman)의 얼굴 표정 분석을 통한 거짓말 탐지도 정확하지 않을 뿐 아니라 음성 분석기, MRI 기계 등을 이용한 방법도 의구심을 일으키기는 마찬가지라는 게 전문가들의 지배적 의견이다.

(예) 철수가 갑돌에게 영희의 전화번호를 물었을 때, 영희의 이메일 주소는 알고 있지만 철수가 영희에게 연락하는 것이 달갑지 않은 갑돌은 영희의 전화번호를 모른다고 대답할 수 있음(사실이기 때문에) ⇒ "영희에게 연락할 방법이 있니?" 하고 물을 경우엔 갑돌이 (거짓말을 하지 않는 한) 영희의 이메일 주소를 알려주어야 할 것임.

③ (상대가 기꺼이 말하지 않는다고 느낄 경우) 모든 정보를 공개할 것을 요구한다.

④ 이미 답을 알고 있는 사항에 대해 질문함으로써 상대의 정직성을 시험해본다.

⑤ 상대의 발언 내용을 상세히 기록한다. 기록 후 상대에게 되읽어주면서 정확한지 확인 요청한다.

⑥ 허위 진술로 밝혀질 경우 처리 방법을 규정한 미래확정조건부 조항(contingent agreements)을 둔다.

(예 : 납품한 장비의 시험 결과 열효율이 제안서에 기재된 대로 나오지 않을 경우 대금의 20% 감액 지불)

⑦ 진술의 신뢰성이나 합의 내용의 이행을 담보하는 보증수단(예 : 이행보증서 등)을 요구한다.

참고 : 미국 소비재안전위원회 위원장 로버트 아들러(Robert S. Adler), 2007

상대가 가진 지식이나 정보를
공유하게 하려면?

지식은 서로 나누고, 활용하고, 끊임없이 다듬어야 빛을 발한다

어떤 분에 관한 전설이다. 그분은 쌀 전문가라고 할 수 있다. 1980년 이상 저온으로 유례없는 흉작이 들자 정부는 외국산 쌀을 긴급 수입하기로 하고 그해 9월부터 이듬해 4월까지 미국, 호주, 태국 등 전 세계를 누비며 많은 쌀을 사들였다. 그때 쌀 도입의 실무자가 그분이다. 그분은 쌀의 품종에서부터 산지, 국제 유통 구조까지 쌀에 관한한 가히 '박사'로 알려진 분이다.

그분에겐 독특한 일면이 있었다. 쌀 견본을 비롯해 많은 자료를 가지고 있었지만 자신의 파일 보관함에 단단히 넣어두고 다른 사람들에겐 일절 보여주지 않았다. 다른 부서로 옮길 땐 그 자료도 몽땅 가지고 갔다고 한다. 그러다 보니 사무실에서 쌀 문제만 생기면 그분을 찾아야 했다. 쌀에 관한 그분의 자료와 지식이 누군가에게 전해졌는지 아는 사람이 없다. 그분의 퇴장과 함께 영영 사라진 것이라면 참으로 아쉬운 일이다.

당시로선 그분의 기행이 사람들 입에 오르내리는 가십거리 정도였겠지만 요즘 조직의 지식 책임자(CKO : Chief Knowledge Officer)들이 구성원들의 그런 행위를 알았더라면 화들짝 놀랄 일이다. 그들이 가장 경계하는 지식·정보의 사유화와 사장(死藏)에 해당되기 때문이다.

'지식이 힘이고 자산'인 세상에서 그 지식은 서로 나누고, 활용하고, 끊임없이 다듬어야 빛을 발한다. 뒤주 속에 넣어둔 돈이 녹슬기 쉽듯 사람의 머릿속에 든 지식도 마찬가지다. 묵은 지식, 죽은 지식이 되지 않으려면 꺼내서 돌려가며 사용해야 한다. 그러면서 갈고 닦여 '산지식'이 된다. 경험이 녹아든 지식을 시스템에 등록해 다른 사람과 공유하고, 늘 최신화해 활용함으로써 조직 운영의 효율과 효과성을 높이는 것이 '지식 경영'의 요체이다.

협상에서 윈-윈의 비결도 필요한 정보를 교환하고 지식, 노하우를 나누는 데 있다. 그래야 서로의 문제와 관심사, 선호와 우선순위를 알게 돼 모두 만족하는 창의적 해결안을 찾아낼 수 있다. 이를테면 기한 내 물품을 운송할 선박 회사 수배의 어려움 때문에 납품 계약을 꺼리는 상대에게 자신과 거래하는 훨씬 좋은 조건의 운송사를 소개해 줄 경우 두 기업 모두 시간, 비용 측면에서 더 나은 거래를 할 수 있다.

지식과 정보의 공유 행위에도 사회적 교환과 상호성의 원리가 적용된다

그렇다면 상대가 가진 지식이나 정보를 나와 공유하게 하려면 어떻게 해야 하나? 사람들은 다른 사람과의 관계에서 이익은 많이, 손해는 적게 보려 한다. 사회적 상호 작용으로 부터 자기에게 바람직한 결과를 얻으려는 동기에서 끊임없이 비용과 이득을 따져 행동한다. 이때 일반적으로 따르는 것이 '상호성'의 원칙이다. 상대가 자기에게 한 대로 되갚는다. 호의적 행동엔 호의로, 악의엔 악의로 대하는 것이 '사회적 교환이론(Social Exchange Theory)'의 관점에서 본 사람들의 일반적인 행동 방식이다.

지식과 정보의 공유 행위에 있어서도 이러한 사회적 교환과 상호성의 원리가 적용된다. 내가 협력과 협조를 아끼지 않고 윈-윈 전략을 취해야 상대가 자신의 정보를 꺼내게 된다. 나만 승자가 되려는 전략, 자기 이익만 챙기려는 공격적·경쟁적 접근 방식으로는 상대로부터 정보를 얻을 수 없다. 나와의 관계나 거래로부터 이익의 결과를 기대할 수 없기 때문이다. 갈수록 얽히고설키는 세상에서 윈-윈 전략, 협력적 행동을 취해야 하는 이유이다.

경제 주체, 사회적 단위 간 지식·정보의 공유는 서로를 필요로 하는 상호 의존이 심화될수록 활발하게 이루어진다. 관계가 손상되어 새로운 거래선을 찾아야 될 경우 많은 '전환 비용(switching cost)'을 치러야하기 때문에 서로 기회주의적 행동을 삼가고 공동의 이익 달성과 문제 해결을 위해 갖고 있는 정보와 지식을 나누게 된다.

쌀 전문가인 그분이 자신의 지식과 자료 보따리를 풀어놓지 않았던 것이 누군가의 이기적, 경쟁적 행동에 당한 경험이 있어 자기 방어, 자기 보호 본능에서 그랬는지 모르겠다. 직장 내에서 자신의 독보적 존재 가치를 내세우기 위해 그랬을 수도 있고. 박학다식했던 그분이 가진 재주와 능력을 제대로 펼치지 못하고 공직을 마무리한 게 애석하다고 다들 입 모아 얘기한다.

거래가 계속적으로 이루어지고 서로 의존하는 관계에서 내가 사용하는 협상 전략이 상대의 협상 관련 지식 공유 의도에 영향을 미친다.

① 내 이익만 챙기려는 경쟁 전략을 사용할 경우 당장은 경제적으로 이득이 될지 몰라도 상대가 다음 협상에서 소통을 꺼리고 정보나 지식을 나와 공유하지 않음으로써 장기적으로는 더 큰 손해가 될 수 있다.

② 내가 먼저 사소한 정보라도 제공하는 등 협력적, 윈-윈 전략을 사용하면 상대도 자기의 지식과 정보를 나와 나누게 됨으로써 공동의 문제를 해결하고, 파이를 키워 모두 더 큰 이익을 거두는 통합적 협상 결과를 도출할 수 있다.

☞ 상대의 지식·정보 공유 행동을 촉진하려면 내가 먼저 협력적 행동, 윈-윈 전략을 취하라!

참고 : 미국 조지아서던대 스테파니 토마스(Stephanie P. Thomas) 등, 2013

신세를 지거나 호의를 받으면
갚고 싶어진다[76]

에티오피아의 놀라운 보은(報恩)의 스토리를 알고 있었기 때문이다

공직에 몸담고 있을 때 에티오피아 정부의 차관 일행이 방문한 적 있다. 우리의 전자 조달 행정을 배우기 위해서다. 이역만리에서 온 손님들에게 유익한 방문이 되도록 전자 입찰 집행 과정을 실연하는 등 반나절 일정을 알차게 준비했다. 이심전심이었던지 40대 여성 차관이 매우 만족해하며 "고맙다!"는 말을 몇 번이나 했다. 떠난 뒤에도 감사를 표해왔다.

언젠가 해외 출장길에 방문기관의 무성의한 응대에 씁쓸했던 기억을 갖고 있어 외국 방문객에게 성의를 다하는 편이었는데 에티오피아분들한테 더 신경을 썼던 데는 이유가 있었다. 6.25전쟁에 참전해 육백 명이 넘는 희생자를 낸 나라이고, 에티오피아의 놀라운 보은(報恩)의 스토리를 알고 있었기 때문이다.

1985년, 멕시코에 지진이 났을 때 에티오피아가 오천 달러의 구호자금을 보냈다. 당시 에티오피아는 오랜 가뭄과 내전으로 경제가 파탄 나고 수천 명이 질병과 기아로 죽어가던 어려운 상황에 있었다. '지진 피해가 났어도 멕시코가 에티오피아를 도왔으면 도왔지 어떻게 그 반대의 일이 일어났지?' 많은 사

---

76) 이 에세이는 필자가 2014.04.04.자 한국경제신문(한경에세이)에 기고했던 〈아라비카 원두 향〉을 일부 수정한 것임을 밝혀둔다.

람이 의아해했다. 알고 보니 50년 전 에티오피아가 이탈리아의 침략을 받았을 때 멕시코가 원조를 보낸 데 대해 그 절망적인 상황에서도 보답을 한 것이다. 그런 나라에서 온 손님을 어떻게 잘 응대하지 않을 수 있었겠나.

의도가 있는 호의에 덫에 걸려 규범과 윤리에 어긋나는 보답을 할 수 있다

신세를 지거나 호의를 받으면 갚아야 한다. 갚지 않으면 빚이 돼 늘 불편하다. 또 염치없는 사람으로 낙인찍힌다. 그래서 가능한 한 빨리 그 상태에서 벗어나기 위해 보답하려 한다. 받은 것보다 훨씬 더 많이 주고서라도. 오랜 세월이 흐르고, 곤경 속에 있어도 신세 진 걸 갚아야 한다는 의무감은 줄지 않아 에티오피아가 멕시코에 구호자금을 보냈던 것이다.

이렇게 '상호성의 원칙'이라는 불문율이 알게 모르게 우리 일상을 지배하고 있다. 신세를 갚는 것은 인간답고 아름다운 일이다. 문제는 의도가 있는 호의에 덫에 걸려 자칫 규범과 윤리에 어긋나는 보답을 할 수 있다는 데 있다. 실제로 그런 '잘못된 보은'의 경우를 자주 본다. 그래서 남이 베푸는 호의를 함부로 받을 게 아니다.

에티오피아가 아라비카 원두의 원산지라며 방문단이 건넨 커피를 오래 아껴가며 마셨는데 정말 맛과 향이 좋았다. 그 커피가 진정한 감사의 표시로 느껴져 그랬을 것이다.

'상호성'의
강력한 힘을 이용하라

'되로 받고, 말로 갚는' 일도 서슴지 않게 된다

세 시간 수업 중간에 갖는 10분 휴식을 위해 강의실을 나오는데 L이라는 여학생이 뒤따라온다. 이번 학기 석사 과정에 새로 입학한 가녀린 모습의 중국 학생이다.

"교수님, 고향에서 가져온 건데요."

수줍게 웃으며 쇼핑백에 담긴 무언가를 건넨다. 갓 입학한 외국 학생이라 아직 사정을 모르고 이런 걸 가져온 모양이다. L에게 이른바 '김영란법'이란 걸 설명해주며 고마운 마음만 받겠다고 간곡하게 사양했다. "견과류 조금인데…" 낭패라는 표정이 역력하다. 꾸러미를 들고 돌아가는 뒷모습이 짠하다.

선물, 가볍게 건네고 가볍게 받아도 되는 게 결코 아니다. 심적 부담과 압박, 빚진 감정, 구속감 등 주는 사람이나 받는 사람의 복잡한 심사가 그 안에 담겨 있다. 선물꾸러미의 심리적 무게가 저울 무게보다 훨씬 무거울 것이다.

누군가에게 고마움, 존경, 사랑의 마음을 갖고 있을 때 가슴에 담아둘 수만 없다. 그랬다간 불편해 견딜 수 없다. 어떻게든 표현해야 마음이 편해진다. 그래서 선물을 건네게 된다.

선물을 받는 사람은 어떨까. 남이 건네는 선물을 거절하기 쉽지 않다. 그 사람에게 모욕이 되고 관계까지 단절될 수 있기 때문이다. 여기서 끝나지 않는다. 선물을 받게 되면 보답해야 한다. 신세를 지면 갚아야 하는 불문율, '상호주의 원칙(principle of reciprocity)' 때문이다. 갚지 않으면 염치없는 사람이 된다. 빚진 상태, 채무감은 시간이 갈수록 기하급수적으로 커진다. 그 마음의 빚을 갚아야 한다는 부담과 압력이 지나치다 보면 급기야 '되로 받고, 말로 갚는' 일도 서슴지 않게 된다.

이를 통찰하고 있었던 어느 학자는 인간 사회엔 선물과 관련한 세 가지 의무가 있다고 설파한 적 있다. 선물을 주어야 하는 의무, 주면 받아야 하는 의무, 그리고 받은 선물에 언젠가는 보답해야 하는 의무.

자, 이렇다보니 '선물 주기-받기-되갚기'의 순환 프로세스에서 선물을 주는 사람이 그 프로세스를 주도하는 유리한 입장에 서게 된다. 그러면서 선물이 순수한 마음의 표시가 아니고 주는 사람의 의도와 책략이 담긴, 받는 사람의 보답을 노리는 '미끼'로 건네지기도 한다.

실제 그런 선물이 얼마나 많이 횡행하는가. 무심코 받다 목에 걸려 개인적 망신뿐만 아니라 사회적 해악을 끼친 사람들을 자주 본다. 선물받기를 주저하게 되고, 금지하는 이유이다.

더 큰 양보를 얻어내기 위해 먼저 상대에게 작은 양보를 한다

주고받는 선물에 담긴 상호성의 원칙이 협상 테이블에서도 그대로 재현된다. 더 큰 양보를 얻어내기 위해 먼저 상대에게 작은 양보를 한다. 협상 의제를 정할 때도 자신에게 덜 중요한 것부터 논의하고, 보다 중요한 의제는 뒤에 다루려고 한다. 상대에게 상호주의의 '덫'을 놓기 위해.

상대에게 뭔가를 요구함에 있어서도 상호성의 강력한 힘을 이용한다. 상대가 도저히 들어줄 수 없는 무리한 요구를 먼저 하고 나서 거절당한 후 바로 당초 하려고 했던 요구를 하면 수용할 가능성이 훨씬 더 높아진다. 처음부터 그 요구를 한 경우보다. 내가 무리한 요구를 철회하고 그보다 가벼운 요구를 한 것을 상대가 양보로 인식하고 상호성의 원칙에 따른 대응 양보 차원에서 수용하게 된다. 또, 인식의 '대조 효과(contrast effect)[77]도 작용해 그 가벼운 요구가 상대에게 훨씬 더 가볍게 여겨져 그렇게 된다. 이른바 '문에 머리부터 들이밀기 식 요구 관철 방법(door-in-the-face technique)'이다.

추석을 앞두고 많은 사람들이 선물을 주고받을 것이다. 고개를 갸웃하게 하는 선물도 있지만 마음의 선물도 많을 터. 아무쪼록 고마운 마음을 전하는 미풍양속이 의도가 담긴 '정치적 선물'로 인해 훼손되지 않았으면 좋겠다.

학기가 끝나고 피자라도 사면서 L의 예쁜 마음에 대한 고마움, 미안함을 표해야겠다.

---

77) 검정색 양복을 보고 있다 회색 양복을 보면 회색 양복이 (회색 양복만 놓고 볼 때보다) 훨씬 밝게 보이듯 대조효과란 처음에 제시된 사물을 기준으로 두 사물의 차이를 인식함으로써 실제보다 그 차이를 더 크게 느끼는 현상을 말한다.

인간의 충동과 욕구에서 비롯된 6가지 원칙에 따라 설득이 이루어짐을 수많은 실험 연구와 현장 관찰을 통해 확인된 바 있다. 그 원칙 중 하나가 '상호주의'에 의한 설득 이다.

협상에서도 이 상호주의 원칙을 광범위하게 – 협상 의제를 정할 때도, 상대방에게 뭔가를 요구할 때도, 양보할 때도 – 응용한다. 먼저 베푼 작은 호의가 훨씬 큰 보답으 로 돌아오고, 요구를 보다 쉽게 관철할 수 있다.

호의를 받는 입장에서는 상대가 베푸는 호의가 '순수한 호의'인지, 상호주의에 의한 보답을 바라고 하는 '불순한 술책'인지 잘 구분해야 한다. 만일 상대의 호의가 계산된 호의였다고 여겨지면 받았더라도 상호주의에 의한 대응 양보를 하지 않아도 된다.

☞ 상대로부터 호의를 얻어내려면 먼저 작은 호의를 베풀어라!

☞ 상대가 베푸는 호의가 진정한 호의인지, 상호주의에 의한 보답을 바라고 하는 계 산된 호의인지 잘 구분하라! 계산된 호의에 대해선 상호주의에 의한 보답을 하지 말라!

참고 : 심리학자 로버트 치알디니(Robert B. Cialdini), 2001

'일관성'의 욕구를
자극하라

아내는 여행의 문에 한 발, 두 발 들여놓게 되었다

〈셰익스피어에게 여행을 묻다〉. 얼마 전 다녀온 여행 일정의 이름이다. 버스로 런던 히스로 공항을 출발해 잉글랜드, 스코틀랜드, 북아일랜드, 아일랜드, 그리고 웨일스 지역을 순차적으로 돌아보는 여정이다.

주마간산이지만 영국 전역을 둘러볼 수 있었다. 섹스피어와 워즈워스의 숨결을 느껴보고, 비틀스의 거리를 걷고, (현지에선 '파브'로 들리던) 펍(pub)에서 식사하고, 옛날 귀족들처럼 고풍스러운 성에서 '애프터 눈 티(afternoon tea)'도 즐기면서.

여러 면에서 만족스러웠던 여행이었다. '하루에 사계절이 모두 있는 나라'에서 여행 내내 쾌청하고 서늘한 날씨가 계속되어 구경하기 참 좋았다. 역사와 전통의 나라답게 격조가 있었다. 목가적 전원 풍경이 눈을 끌었다. 오래 전 어느 언론인이 썼던 책 제목처럼 영국을 '다시 생각하게' 되었다. 여행지로서 선택을 잘했다.

이번 여행이 만족스러웠던 데는 또 다른 이유가 있다. 몇 년 전만 해도 해외여행이라면 손사래를 치던 아내를 8박 10일의 대장정에 오르게 하는 데 멋지게 성공했기 때문이다.

공직을 마무리하고 나왔던 4년 전의 일. 보통 퇴직하면 며칠이라도 부부 동반으로 외국에 다녀오는 걸 많이 본다. 지난날의 정리와 2막 인생의 출발을 위해 시간적·공간적 거리와 공백을 갖는다는 의미, 상징성 때문에 그럴 것이다. 그러나 필자에겐 언감생심의 일이었다. 아내의 유난스러운 해외여행 기피증 때문이다.

책이나 보며 소일하는데 하루아침에 '누옥(陋屋)에 유폐된' 남편이 딱해 보였는지 어느 날부터 공연장, 소극장, 영화관으로 마구 끌고 다닌다. 정신적으로 풍요로워지는 기분도 들었지만 '문화생활'을 모아뒀다 한꺼번에 누리려니 어떻게 되겠나. 피곤해지면서 금방 시들해졌다.

주위에서 이번에 어딜 다녀왔다는 소리를 들으면 또 마음이 들썩인다.

'남들 다 다녀오는 해외여행 한 번 못 가나?'

생각하니 제법 심각하다. 책임, 의무 이런 데서 벗어나 부부가 손 꼭 잡고 유람 다니는 게 은퇴 후 삶의 큰 즐거움이라는데… 무슨 수를 내보자!

여간해선 자신의 생각과 태도를 바꾸지 않는 아내의 성격으로 봐 우물가에서 숭늉 찾는 식으론 어림없는 일. 장고에 장고를 거듭했다. 나름 그럴듯한 '전략'이 떠오른다. 쇠뿔도 단김에 빼랬다고 바로 실행에 옮겼다.

"몇 년 지나 회갑인데 어디에 쓰건 적금 하나 들면 어떨까?"

넌지시 제안했더니 거부하지 않는다. 남편 회갑은 쇠줄 모양이다. 그래서 3년 적금을 붓기 시작했다. 1단계 성공!

다음은 아내의 해외여행 거부감을 완화시킬 차례. 집을 떠나는 걸 싫어하는 편이지만 그것만으론 설명되지 않는 그녀의 해외여행에 대한 알레르기 반응은 어디에서 오는 걸까. 유발인자가 무엇일까.

아내의 그동안의 언행을 곰곰이 따져보니 두 가지다. 무엇보다 '사서 고생한다'고 생각한다. 시간, 돈이 적잖게 드는데 시차 적응도 못 하고 여기저기 옮겨 다니며 가방 싸고 풀길 반복하다 돌아오는 여행이 무슨 재미냐는 것. 다른하나는, "외국에서 살아봐서 특별히 더 가보고 싶은 곳이 없다."는 생각이 강하다. 다분히 '장님 코끼리 다리 만지기' 식의 생각이다. 원인이 떠오르니 답이보인다.

'그 두 가지 생각(일종의 편견)이 바뀔 수 있는 곳으로 일단 다녀와보자!'

이리저리 찾아보니 가까운 일본이 제격이다. 그러던 차에 아내가 잘 따르는누이가 설 무렵 일본 온천 여행을 간다고 동행을 권유한다. 속으로 쾌재를 불렀다. 아니나 다를까 아내는 거절하지 못하고 여행길에 올랐다.

'첫 걸음을 의외로 쉽게 떼네!'

여행지에서 아내의 반응이 나쁘지 않았다. 옛날식 여관에 머물며 이런저런눈요기도 하고 미식(美食)에 온천욕을 즐기며 제대로 쉬었으니 그럴 수밖에.

아내의 여행 거부감이 더욱 희석된 건 그녀의 친구들과 중국으로 '번개 여행'을 다녀와서다. 어디서도 본 적 없는 심산유곡에 기암절경을 대하니 꽤 색달랐던 모양이다. 그리고 이어지는 베트남 여행.

그렇게 아내는 여행의 문에 한 발, 두 발 들여놓게 되었다. 조금씩 더 멀리.발을 뗄 때마다 점입가경이었지 볼수록 가관은 아니었던 게 분명하다.

이젠 화룡점정만 남았다. 적금이 만기가 될 무렵, "회갑 때 이 돈을 어디에쓰면 좋을까?" 넌지시 물었다.

"……"

아무 대답이 없다.

"유럽 쪽으로 여행이나 가면 어때?"
"그래요. 대신 여기 기웃 저기 기웃 하지 말고 한 나라만 둘러봅시다."

흔쾌히 수락하며 자신의 희망사항까지 보탠다. 그녀의 마음에 점이 확실히 찍힌 것이다.

사람들은 일관적으로 행동하려고, 그렇게 행동하는 것처럼 '보이려고' 무던히 애쓴다

누구나 자신이 이전에 한 선택, 결정과 일치되게 행동하려고 한다. 일관적인 행동에 매우 높은 도덕적 가치를 부여하기 때문이다. 이성적이고, 논리적이며, 정직하다는 인상을 준다. 언행에 일관성이 없으면 변덕쟁이, 이중인격의 형편없는 사람으로 낙인찍힌다. 그래서 사람들은 일관적으로 행동하려고, 적어도 일관적으로 행동하는 것처럼 '보이려고' 무던히 애쓴다.

일관성을 유지하려는 맹목적 욕구를 이용한 설득기술이 '문에 발부터 집어넣기(foot-in-the-door technique)'이다. 남의 방에 불쑥 들어갔다간 봉변당하기 십상. 어떻게 되나 발 한 쪽만 슬며시 넣어본다. 이걸 본 방주인이 '발 하나쯤이야…' 하게 되면 얼마 후 다른 쪽 발이 문지방을 넘어가게 되고, 이어서 몸통, 머리까지 다 들어가는데 별 어려움이 없게 된다. 왜? 방주인이 처음엔

'발 하나쯤'이었지만 나중 가선 '이미 한쪽 발을 허락했는데…'가 되면서 자신이 취한 입장과 일치되게 행동해야 한다는 심리적 압박과 구속 때문에 제지하지 못한다.

좋은 취지의 청원에 서명한 사람에게 얼마 후 다시 찾아가 그와 관련한 기부를 요구하면 십중팔구 꼼짝 못하고 지갑을 연다. 가벼운 요구부터 '예스'를 얻어내면 원래 하려던 부담스러운 요구의 관철이 쉬워진다.

이때 유의할 부분이 있다. 부담스러운 요구를 하는 타이밍이 중요하다. 가벼운 요구에 대한 승낙을 얻어낸 뒤 바로 부담스러운 요구를 하면 상대는 당신을 아주 무례하고 경우 없는 사람으로 여겨 거절하기 쉽다. 상대가 '일관성의 덫'에서 빠져나오지 못하게 하려면 얼마간 시간이 흘러야 한다. 일관성을 지키려는 욕구가 '숙성되는 데' 시간이 필요하다.

아내는 이번에 다녀온 여행 일정 지도를 자신의 프로필 배경 사진으로 쓰고 있다. 꽤나 좋았던 모양이다. 몇 년 뒤 다가오는 자신의 회갑 때 쓸 거라며 적금을 새로 든 걸 봐도 그렇다.

셰익스피어는 여행에 대해 어떻게 대답했을까. 아내에게 묻는다면 "가까운 곳부터 한 걸음, 두 걸음 유유자적 다니는 것!"이라 답하지 않을까.

'일관성의 원칙(principle of consistency)'에 따라 사람들은 남에게 한 다짐이나 약속을 지키려 한다. 사소한 다짐도 그것을 지켜야 된다는 구속감은 적지 않다.

특히, 다짐이나 약속을

– 적극적으로 할 때(적어내거나, 큰소리로 말하거나)

– 여러 사람 앞에서 공개적, 가시적으로 할 때

– 자발적으로 할 때

그걸 지킬 가능성이 그렇지 않은 경우보다 훨씬 높다. 그리고 부담스러운 일일수록 요구에 앞서 상대가 그 일에 관련되도록 할 필요가 있다.

☞ 요구에 앞서 상대로부터 그와 관련한 적극적·공개적·자발적 다짐을 받아놓아라!

☞ 상대가 그 일에 충분히 관련(개입)되도록 한 후 요구하라!

참고 : 심리학자 로버트 치알디니(Robert B. Cialdini), 2001

죄책감을 느끼면
요구를 수용하게 된다

이젠 이혼도, 재혼도 자연스럽게 바라볼 때가 됐다

배우나 운동선수, 재벌가의 이혼이 화제가 되곤 한다. 평범한 사람들이 아닌데다 상상하기 어려울 정도의 위자료가 건네지기도 해 가십거리로 딱 좋아 그럴 거다. 모델 출신 아내에게 지불한 위자료가 우리 돈으로 구천억 원이 넘는다는 골프 황제 타이거 우즈의 경우가 대표적이다. 모 재벌의 딸 이혼 소식도 신문 지면을 도배했었는데 남편에게 분할하는 재산 규모가 어마어마해 한동안 사람들 입에 오르내렸다.

세 쌍이 결혼하는 사이 한 쌍은 갈라서는 현실이다. 이혼 전문 변호사들이 성업하는 이유다. 결혼 상담소도 재혼 주선으로 바쁘다. 이젠 이혼도, 재혼도 자연스럽게 바라볼 때가 됐다. 유명 인사들의 이혼 문제를 훔쳐보고 엿듣고 까발리는 식으로 다룰 건 아니다. 호사가들의 입, 귀야 즐겁겠지만 당사자에게 큰 상처를 준다. 자신도 그 처지가 될 수 있어 삼가야 한다.

'기대수명 100세'가 코앞이다. 배우자와 70년 가까이 해로하는 것이 이상적이나 현실적으로 결코 쉽지 않은 일이다. '졸혼'이라는 새로운 현상에서도 익히 알 수 있는 부분이다. 법적으론 부부지만 실질적으론 이혼 상태의 커플들이 많다고 한다.

기실 결혼이란 남편, 아내가 되겠다는 신분 계약을 맺는 것이다. 계약 당사자 간에 의무, 책임을 다하지 않거나 사정이 바뀌면 계약을 해지할 수 있듯 사랑이 식든지 성격이 맞지 않아 부부관계를 유지하는 것이 서로에게 바람직하지 않다면 결혼이라는 계약도 끝낼 수 있다.

강산이 일곱 번 변할 시간 동안 어찌 처음 생각대로 되겠는가. 이혼을 수치로 여기거나 죄악시하여 그 긴 세월 '부실 계약'을 방치하느니 깨끗이 정리하고 새로운 상대와 신규 계약을 맺는 게 계약 관리 측면에서 더 낫지 않을까. 부부 간 헤어지는 문제를 너무 냉정하게 본다고 할 수 있겠으나 이제는 중립적 감정으로 생각할 때가 된 것 같다.

이혼만이 해답인 부부, 잘 헤어져야 한다

이혼만이 해답인 어떤 부부. 이제 남은 문제는 어떻게 헤어지냐다. 서로 만족스럽게, 잘 헤어져야 한다. 윈-윈 게임이 되어야 한다. 갈라서는 부부를 위해서도 그렇고, 자식들을 위해서도 한 사람만 이겨선 곤란하다. 이혼 협상이 중요하면서 슬기롭게 대처해야 하는 이유이다.

이혼을 경험한 벨기에 사람들을 대상으로 이혼 소송에서 배우자에 대한 감정이 자신의 협상 행동에 어떤 영향을 미치는지 밝힌 연구가 참 흥미롭다.

배우자에게 죄책감을 느낄 경우 이혼 협상에서 배우자의 요구를 가급적 수용하려 했고, 자신에게 이익이 되는 결과를 관철하려고 치열하게 다투지 않았으며, 서로에게 최선인 해결안을 찾으려고 양측의 생각을 진지하게 검토했다. 자신의 행동에서 죄의식을 느끼면 상대에게 보상하려 하고, 상대의 입장을 보다 배려하는 행동 경향을 보여 이혼 협상에서 배우자에게 더 양보하거나 협력했지 강요나 위협과 같은 경쟁적 자세는 삼갔던 것이다.

배우자에 대한 자신의 행동을 수치스럽게 여길 땐 사뭇 다른 행태를 보였다. 자신의 이익을 챙기기 위해 배우자에게 위협 행위를 서슴지 않는 사람도 있었고, 갈등을 무작정 피하려는 사람도 있었다. 수치심은 '자신이 보잘 것 없고, 무능하고, 아무 쓸모없다고 느끼는 감정'인데 수치심을 느낄 경우 그 상황에서 벗어나려 하거나 상대를 공격하려 한다. 수치심의 다른 얼굴이 분노와 적대감이란 걸 알 수 있다. 수치심을 느낄 때 보이는 전형적인 반응이 이혼 협상에선 협상에 회피적이거나 비협력적으로 행동하는 걸로 나타난 것.

한편, 배우자에 대한 행동을 후회할 경우 배우자를 달래기 위해 양보는 많이 하면서 요구는 덜 할 것으로 예상했으나 유의한 영향은 나타나지 않았다. 대신, 자신과 배우자의 입장을 절충하려는 타협적 행동을 많이 보였다.

이제 유명인의 이혼에 대해 호들갑을 떨지 않았으면 좋겠다. 문제를 안고 있는 부부가 그것을 해결하는 한 방법이려니 해야지 흥미 위주로 바라볼 일은 아니다. 결혼 대비 이혼 비율이 40%에 가까운 시대에 올바른 이혼관과 성숙한 이혼 문화의 정착을 위해 남의 이혼에 대한 신상 털기식 접근은 버려야 할 때다.

이혼하는 부부도 주위의 이목이나 입소문에 신경 쓰기보다 만족스럽게, 잘 헤어지는 방법을 찾는 데 고민할 필요가 있다. 한 지붕 아래서 한 이불 덮으며 살았던 추억을 공유하고 있고, 같이 낳은 자식들이 남아 있기에.

이혼 당사자의 감정이 협상 행동에 미치는 영향

① 배우자에게 죄책감을 느끼면 더 양보하고, 적극적으로 문제를 해결하려 하면서 위협과 같은 강압적 행동을 덜 하는 등 협력적 행동을 보이기 쉽다. 협력적으로 행동함으로써 다소 불리한 결과를 맞을 수 있으나 마음이 편해지기 때문이다.

② 자신에게 수치심을 느끼면 갈등을 피하려 하거나 공격적으로 바뀌면서 문제 해결 행동은 덜 하는 비협력적 협상 태도를 보일 가능성이 높다.

③ 후회의 감정은 타협적으로 행동하게 만든다.

☞ 이혼 협상을 하게 될 경우, 나에 대한 배우자의 감정을 잘 활용하라!

 – 배우자가 나에게 한 행동에 대해 죄책감을 느끼도록 만들어라

 – 배우자의 수치심은 조장하지 마라

 – 나에 대한 배우자의 행동을 후회하도록 만들어라

참고 : 벨기에 겐트대 앤 비츠커(Anne Wietzker) 등, 2011

감성적이면
늘 손해일까?

감성지능이 뛰어난 사람은
그가 속한 집단과 조직에 많은 긍정적 영향을 미친다

만나고 나면 기분이 좋아지는 사람들이 있다. 그래서 또 만나고 싶고, 더 얘기하고 싶은 이들을 주위에서 더러 본다. 그런 사람들의 공통된 특징이 있다. 명랑하다. 우울한 표정을 보기 어렵다. 그리고 내 기분을 잘 헤아린다. 역지사지(易地思之) 할 줄 안다. 나아가 자연스럽게 자신의 언행을 내 기분에 맞춘다. 감성지능이 뛰어난 사람들이다.

감성지능이 그 사람 자신뿐만 아니라 그가 속한 집단과 조직에 많은 긍정적 영향을 미치는 걸로 알려져 있다. 감성지능이 높은 사람은 일상에서 충동적 감정을 잘 다스려 다른 사람과 원만한 관계를 유지한다. 커뮤니케이션 능력이나 창의성, 리더십도 뛰어나다. 그러다 보니 팀워크에 능하고 고객 관리와 마케팅에서도 탁월한 성과를 낸다. 게다가 몸담고 있는 조직에 보다 몰입하고 헌신함으로써 조직의 성과, 성공에 크게 기여한다.

혹자는 유연한 사고와 대인(對人) 기술이 보다 요구되는 21세기 비즈니스에는 지능지수(IQ)보다 감성지수(EQ)가 더 중요하다고 말하기도 한다.

자신에 대한 상대의 신뢰, 만족 등의 사회적 성과가
경제적 성과로 이어지게 된다

협상에서도 감성지능은 순기능을 한다. 상대의 감정을 잘 헤아려 상대가 내 제안에 만족하는지, 관심 사항이 충족되었는지 짚어낸다. 그래서 보다 나은 의사 결정을 한다. 특히, 화와 같은 부정적 감정을 조절하여 좋은 기분이 유지되도록 해 협상하는 내내 화기애애한 분위기를 조성한다. 그것이 창의적 해결안을 찾는 데, 협상에 걸린 가치를 키우는 데 큰 도움이 된다.

그래서 감성지능이 높은 상대를 만나면 협상운이 좋다고 생각해도 된다. 상대에게 신뢰가 가는 것은 물론이고, 상대 덕분에 나눌 파이가 커지고 내 몫도 더 커져 다음에도 거래하고 싶은 협상이 될 공산이 크다.

문제는 감성지능이 높은 협상자가 협상 분위기를 잘 이끌어 상대도 만족하고 자신도 긍정적인 경험을 갖게 되지만 탐스럽게 맺힌 협상의 경제적 과실을 나눔에 있어선 손해 보기 일쑤라는 점! 여러 연구에서 확인된 결과다. 왜 그럴까? 감성적인 사람은 상대와 갈등을 피하고 좋은 감정을 유지하기 위해 더 양보하게 됨으로써 정작 본인의 몫은 제대로 챙기지 못한다.

그럼 감성적인 사람은 늘 손해만 볼까? 그렇진 않다. 이번 협상만 놓고 보거나 단기적으론 손해 볼 수 있으나 관계, 거래가 반복되다 보면 자신에 대한 상대의 신뢰, 만족 등의 사회적 성과가 경제적 성과로 이어지게 된다. 시간이 조금 걸릴 뿐 장기적으론 이익이 될 수 있다.

여기서 명심할 게 있다. 감성적인 사람을 만나 기분도 좋고 경제적 이득도 챙길 수 있어 정말 '꿩 먹고 알 먹고'지만 그것이 한두 번에 그쳐야지 계속될 경우 당신은 둔한 곰탱이에 염치도 모르는 영 글러먹은 인간이 될 수 있다. 그 '미스터(또는 미스) 감성'은 영영 당신 곁에 오지 않을 것이다. 그것이 세상사다. 감성적인 상대에겐 당신도 감성적으로 대해야 한다!

상대가
이익의 관점에서 바라보게 하라[78]

왜 은메달 딴 선수는 표정이 어둡고, 동메달 선수는 행복해할까?

베이징 올림픽 남자 수영 400m 자유형 시상식. 금메달 박태환 선수, 환하게 웃고 있다. 은메달 중국의 장린, 화난 것 같다. 동메달의 미국 선수, 밝고도 밝다. 표정만 보면 은메달과 동메달이 바뀐 것 같다.

밴쿠버 동계올림픽 여자 피겨 싱글 시상대. 김연아 선수 얼굴이 금메달만큼 빛난다. 아사다 마오 선수, 절제된 표정이나 굳어 있다. 동메달의 캐나다 선수, 몹시 즐거워한다. 왜 그럴까? 왜 보통 은메달 딴 선수는 표정이 어둡고, 그보다 못한 동메달 선수는 행복해할까(어떤 땐 금메달 딴 선수보다 더)?

심리학자들은 이를 생각, 판단의 기준점이라고 할 수 있는 '준거점'으로 설명한다. 은메달 선수의 준거점은 금메달이다. 그러다 보니 은메달 딴 게 아쉽고 분하다. 반면, 동메달 선수의 준거점은 '노 메달(No medal)인 경우'이다. 메달을 못 따는 것에 비하면 동메달이 얼마나 대단한가. 자신이 전 세계에 알려지고, 많은 상금도 받게 될 것이며, 몸값도 오를 것을 생각하니 그런 쾌재가 없다. 준거점의 차이가 은메달과 동메달을 딴 선수에게서 비논리적으로 상반

---

78) 이 에세이는 필자가 2013.08.13.자 매일경제신문(매경춘추)에 기고했던 〈은메달·동메달〉을 일부 수정한 것임을 밝혀둔다. 준거점에 대하여는 24쪽 〈프레임 : 상대가 이번 협상을 어떻게 인식하는가?〉를 더 참고.

된 반응이 일어나도록 하는 것이다.

그 이익을 지키고자
위험을 피하고 확실한 것을 선호하며, 긍정적으로 행동한다

이렇게 사람들의 의사 결정, 행동, 감정은 준거점의 영향을 많이 받는 걸로 알려져 있다. 준거점을 어디에 두고 판단하느냐에 따라 판이한 반응을 보인다. 매사 준거점을 잘 정하는 것이 매우 중요하다는 얘기다. 잘못된 준거점에 구속되어 오류를 범하지 않으려면 성급한 판단을 삼가고, 신중하게 숙고할 것을 권하고 있다. 그리고 제3자의 의견을 들어보는 것도 좋은 방법이다.

거래 상대가 사안을 이익의 관점에서 바라보는 것이 보통 자기에게 유리하다. 그래서 상대가 그렇게 보도록 하는 준거점을 강조할 필요가 있다. 요령껏. 이익의 관점에서 판단하게 되면 그 이익을 지키고자 위험을 피하고 확실한 것을 선호하며, 긍정적으로 행동한다. 타협과 양보도 잘한다. 반면, 손실의 관점에서 보게 되면 '이판사판' 하게 되고, 부정적으로 행동한다. 완고해지고 파국을 두려워하지 않게 된다.

시상대

장린 선수와 아사다 마오 선수, 목표는 금메달에 두었더라도 2위가 될 수도 있다고 생각했더라면 은메달을 따고도 그렇게 표정이 굳지 않았을 텐데. 그런 점에서 런던 올림픽에서 금메달을 기대했다가 이를 놓쳤어도 관중에게 환한 웃음을 선사한 박태환 선수는 정말 장하다. 준거점의 함정에 빠지지 않고 진정한 스포츠맨십을 보여줘서.

'다른 사람도 저렇게 하지 않는가!' 따라 하는 심리 [79]

왜 시트콤에서 '가짜 웃음소리'를 자주 듣게 될까?

세 살 터울의 아들 둘이 어렸을 때 재미있는 광경을 보곤 했다. 둘째가 뭘 할 때 제 형을 그대로 따라 하는 것이다. 형이 좋아하는 장난감만 갖고 놀고, 형이 자주 보는 만화영화를 주로 본다. 노래도, 만화 속 주인공 흉내도 제 형이 하는 대로 한다. 아주 천연스럽게. 그러다 언제가부터 그런 모습을 보지 못했다. 그리고 최근에 알게 된 사실이 있다. 여간 고치지 못하고 있는 필자의 어떤 버릇을 첫째도 그대로 갖고 있다는 걸!

대학 입시가 끝나면 유명 대학에 들어간 자기 학원 출신 학생들 전단지가 여기저기 나돈다. 기부를 요구받을 때 이미 기부했던 사람들의 아주 긴 명단을 보게 된다. 칵테일 바 계산대 앞 유리병에는 영업 전부터 지폐 몇 장이 들어가 있다. 새로 나온 제품 광고에 잘 알려진 탤런트, 가수가 주로 나온다. 옛날부터 유럽의 극장에서는 전문 '박수꾼'들이 늘 객석에 있었다. 시트콤에서 '가짜 웃음소리'를 자주 듣게 된다. 이것들이 다 왜 그럴까?

---

[79] 이 에세이는 필자가 2013.08.01.자 매일경제신문(매경춘추)에 기고했던 〈들판 눈길 갈 때도〉를 일부 수정한 것임을 밝혀둔다.

따라 하면서 상대의 설득, 요구에 속절없이 넘어가게 된다

사람들은 자기가 처음 접하는 일, 불확실한 상황에서 다른 사람은 어떻게 하는지 보게 된다. 그리고 따라 한다. '다른 사람도 저렇게 하지 않는가!' 하면서. 잘하는 일인지, 잘못하는 일인지 제대로 따지지 않는다. 특히 자기와 가까운 사람, 비슷한 사람, 좋아하는 사람을 잘 따라 한다. 심리학자들이 '사회적 증거의 원리(principle of social Proof)'라고 말하는 사람들의 의사 결정, 행동 결정 방식이다. 남이 하는 대로 따라 하는 것이 제일 안전하기 때문이다. 결코 '첫 번째 희생자'는 되고 싶어 하지 않는다.

그러다 보니 노상에서 위급한 상황에 있는 사람을 보고도 도우려 하지 않고 둘러서서 구경만 한다. 아니면 그냥 지나치든지. 그러다 누가 나서면 그때서야 우르르 달려든다. 그러한 '다수의 방관'도 자주 일어난다.

그렇게 사람들은 남을 따라 하는(때론 '하지 않는') 경향이 있다. 거의 기계적·자동적으로. '절친' 철수도 기부를 했으니 영호도 하게 된다. 팀 고참이 두둔해 새 과업 프로세스를 지지할 수밖에 없다. 그분도 입어서 겨울 '신상'을 두말 않고 샀다. 따라하면서 상대의 설득, 요구에 속절없이 넘어가게 된다.

가정, 직장, 사회에서 연장자, 리더의 올바른 행동과 수범(垂範)이 중요한 이유다. 그래서 해야 될 일은 꼭, 제대로 해야겠다. 그리고 해선 안 될 일은 결코 하지 않아야겠다.

조선시대 어느 선비는 눈발이 몰아치는 들판을 갈 때도 함부로 가지 말라 했다. 한 발, 한 발 제대로 방향을 잡아 가라고 했다. 뒤에 오는 사람이 앞서간 발자국을 그대로 따라오기에.

세게 나오는 상대,
나도 세게 나가야 되나?

약자에게만 강한 사람들이 주위에 너무 많다

세상엔 대비되는 두 인간상이 있다. 강자엔 강하고 약자에겐 약한 사람과 정확히 그와 반대되는 사람. 보통 전자에 해당하는 사람을 진정한 용기의 소유자라고 입 모아 말한다. "모름지기 그런 사람을 닮아야 해!" 후자는 기회주의자, 아주 형편없는 인간으로 치부한다.

상대가 세게 나오면 당당히 맞서면서도 약자에겐 몸을 낮춘다. 전형적인 '상호주의' 행동 방식이다. 상대가 하는 대로 눈에는 눈, 이에는 이로 맞대응한다. 반면, 힘센 상대에겐 꼬리를 내리면서 약해 보이면 갖은 위세를 떠는 건 '기대수준(Level-of-Aspiration) 이론'으로 설명될 수 있는 행동 유형이다. 상대가 힘이 세다고 느낄 경우 자신의 기대치와 원하는 결과의 달성 가능성을 낮추고, 상대가 약해 보이면 기대치를 높이고 목표 달성 가능성을 상향 조정한다. 상대의 힘에 대한 지각과 행동에 따라 나의 기대와 행동을 약삭빠르게 바꾸는 것이다.

사회 정의로 보아 상호주의형(型) 인간이 많아야 되는데 실제로는 약자에게만 강한 사람들이 주위에 너무 많다. 어제, 오늘의 일이 아니다. 그리스 신화 속에서도 그렇다. 우리에게 비너스로 많이 알려진 사랑과 미의 여신 아프로디테는 한눈에 반한 미소년 아도니스에게 "겁 많은 것들한테 용감하세요.

용감한 것들한테 용감하게 굴다간 위험천만이에요."라고 애틋하게 조언한다.

부하 직원들, 하청 기업에겐 그렇게 '갑질'을 하면서 자신을 손볼 수 있거나 이익이라도 될 성 싶은 상대에겐 납작 엎드리는 사람들이 부지기수다. "유전무죄, 무전유죄!"라 말하는 것도 사법 시스템마저 경제적 강자에겐 약하고, 약자에게만 엄격하지 않나 하는 우려에서 나온 목소리일 것이다.

세게 나오면 상대의 요구가 누그러지나
양보적으로 나오면 대응 양보를 하지 않았다

협상 테이블에서는 어떨까. 세게 나오는 상대에게 같이 세게 나와야 되나, 아니면 몸을 사려야 되나? 어떤 연구자들이 이 문제를 놓고 실험을 해보았다. 기업이 작성한 재무제표의 수정과 관련하여 감사를 맡은 회계법인과 의뢰한 기업과의 협상[80]에서 일반적으로 협상력이 더 약하다고 평가되는 의뢰인이 [81] 수정을 요구하는 감사인에게 순응하지 않고 정면으로 맞서면 감사인의 요구가 누그러지는 걸로 나타났다.

한편, 의뢰인이 감사인으로부터 상호주의에 의한 더 큰 양보를 기대하고 먼저 양보적으로 나오면 어찌될까 봤더니 감사인의 행동에 아무런 유의미한 변화가 없었다. 다시 말하면 상대가 세게 나오면 움찔하지만, 양보적으로 나올 경우엔 양보만 받고 말지 인간 사회의 불문율이고 인간을 인간답게 하는 원

---

[80] 회계법인이 기업으로부터 의뢰를 받아 재무보고서를 감사한 결과 회계 원칙이나 기준 등에 비추어 이견이 있을 경우 양자 간에 이견 해소를 위한 협상이 이루어지게 된다.

[81] 회계법인과 감사 대상 기업 간 협상에서 합의 결렬 시 기업의 손해가 훨씬 더 클 것으로 보기 때문에 감사인의 협상력을 더 높게 평가한다. 합의가 이루어지지 않아 회계법인이 적정 의견이 아닌 의견(한정 의견이나 부적정 의견)을 달거나 의견 표명을 거절할 경우 기업의 자본조달 비용 상승 등 경영에 커다란 영향이 초래되는데 비해 회계법인은 한 명의 의뢰인을 잃게 되는 정도이기 때문이다.

천이라는 '상호성의 규범'에 의한 대응 양보를 하지 않았다. 한정된 상황에서의 연구지만 강자에겐 약하고, 약자에게 강한 세태와 다르지 않아 씁쓸하다.

　자기보다 약한 사람한테만 센 사람은 진정한 강자가 아니다. 사이비 강자다. 정말 힘이 센 사람은 약자를 배려할 줄 안다. 드물게 보지만 그런 사람들이 분명히 있다. 법과 사회 제도도 가진 자, 힘센 자에겐 엄격하나 경제적·사회적 약자에겐 관대하면서 그들을 보호하는 방향으로 운용되는 게 맞다. 그 반대여선 곤란하다. 우리 주변에 강자에겐 강하지만 약자 앞에선 한 없이 약해지는 '상호주의형 인간'이 넘쳐나길 기대한다.

기업이 제출한 재무제표의 수정과 관련하여 회계 감사인과 감사 대상 기업 간 협상에 대한 연구에서,

① 감사 대상 기업이 감사인이 제안한 재무제표 수정을 거부하는 논쟁 전술을 사용할 경우 감사인이 자신의 수정 요구를 포기할 가능성이 높아졌다.

② 반면, 감사인이 제안한 수정 요구 중 하나를 먼저 수용하면서 나머지 요구에 대해서는 만나 논의하자는 양보 전술을 사용했을 땐 감사인의 수정 요구 입장에 변화가 없었다. 감사 대상 기업의 양보에 대해 감사인이 상호주의에 의한 대응 양보를 하지 않은 것이다.

한편, 감사인이 소속된 회계법인 내에 감사 결과에 대한 엄격한 심사 절차가 있을 경우 감사인의 책임성이 높아져 감사 대상 기업의 협상 전술에 따라 대응이 달라지는 행동 경향은 완화되었다. 이 연구 결과로부터 상대의 대응 양보에 대한 확신이 서지 않을 땐 먼저 양보하는데 신중을 기할 필요가 있다.[82]

☞ 상대보다 협상력이 약하다고 여겨지는 협상에서,

– 상대로부터 대응 양보를 얻어낼 수 있으리라는 기대 하에 섣불리 먼저 양보하지 마라! 그런 협상일수록 논리와 객관적 사실, 데이터를 토대로 내 주장을 정당화 하고 상대의 요구의 부당성을 지적하라!

– 대리인으로서 협상하는 상대가 부당한 요구를 계속할 경우 협상이 결렬되어 손해를 입을 수 있는 그의 의뢰인과 직접 협상할 수 있음을 언급하라!

참고 : 미국 네바다대 제이슨 버그너(Jason M. Bergner) 등, 2016

---

[82] 양보의 기술에 대하여는 269쪽(협상 테이블에서 '밀당' 어떻게 해야 하나)의 〈협상 Note〉를 더 참고.

5장. 협상은 심리전, 상대의 심리를 이용하라 | 265

6장

협상의
판을 흔드는
실전 전략

협상 테이블에서
'밀당' 어떻게 해야 하나

김 PD와 박 대표, 협상 테이블에서 다시 만나다

오전 내내 죽상인 김 PD. 야심만만하게 준비했던 설 특집 3부작 〈눈꽃〉의 저조한 시청률 때문이다. 기대에 못 미친 정도가 아니라 완전 바닥이었다. 윗사람들은 물론이고 후배들 보기도 민망해 얼굴을 들 수가 없다. 승진도 해야 되는데 중요한 드라마를 죽을 쒔놨으니….

〈눈꽃〉이 왜 실패했을까? 곰곰이 따져 봤다. 아무래도 A사가 요구한 제작비를 너무 깎은 것 같다. 설경을 배경으로 야외 씬 위주로 찍어야 했는데 비용 문제로 실내 촬영이 많아지면서 영상미를 살리지 못했다. 심금을 울리는 스토리지만 답답한 화면에 시청자들이 눈을 다른 채널로 돌렸다는 후문이다.

'추석 특집은 꼭 대박내야 돼!'

절치부심하며 마련한 기획안을 들고 국장실로 갔다. 올 추석 연휴는 5일이어서 4부작으로 만들 계획이다. A사 독점 제작 방식도 바꿔 세 군데서 제안서를 받아 평가한 후 협상을 거쳐 가장 유리한 곳에 맡길 참이다. 〈눈꽃〉의 실패를 교훈 삼아 값을 제대로 주고 작품성이 뛰어나면서 재미있게 만들겠다고 하니 국장도 승낙한다. 그러면서 당부를 빠트리지 않는다.

"또 실패하면 나, 김 PD 모두 온전치 못해!"

한 달 후. A, B, C 3사가 제안서를 보내와 안팎의 인사로 구성된 평가위원회를 열었다. 제작사들의 제안 내용 설명과 질의응답 시간을 가진 후 점수를 매기니 A사가 1점 차 선두고, B사가 2위였다. A사를 우선 협상자로 선정하고 A사와 협상이 결렬되면 B사를 부르기로 했다.

자, 이제 김 PD와 A사 박 대표에게로 공이 넘어왔다. 시나리오, 촬영 계획 등은 정해졌으니 협상 테이블에 오를 사항은 제작비다. 제작비가 두 사람 간 이리저리 오고 갈 '공'이다.

협상에 임하는 김 PD의 표정이 진지하다. 추석 특집의 성공이 더 없이 중요해 마구 깎아서도, 방송국 재정 사정상 필요 이상 지급해서도 안 된다. 그동안 A사를 조금 쉽게 대했는데 이젠 상황도 달라졌다. 경쟁을 통해 우선 협상자가 된 A사를 '대등한 거래 당사자'로 인정하지 않을 수 없다. B사라는 배트나를 갖고 박 대표와 마주앉게 돼 그나마 다행이다.

심사가 복잡하긴 박 대표도 마찬가지. 당당하게 김 PD를 만날 수 있게 된 건 좋은데 뒤에 떡 버티고 있는 B사가 영 신경 쓰인다.

만남에 앞서 제작비 흥정 범위를 정하다

김 PD와 박 대표가 제작비를 얼마나 주고, 받아야 할지 따져보았다. 김 PD 는 A사의 제작 계획 등을 참고해 추산해보니 8억 원이면 적정할 것 같다. 그 정도면 제작사의 이윤을 보장하면서 양질의 드라마를 만들기에 충분하리라 여겨 그 선에서 결정되길 희망하고 있다. 이를 목표로 하면서 여의치 않으면 조금 올려주되 11억 원 이상은 안 된다.[83] 박 대표가 견적을 뽑아보니 13억 원은 돼야 작품다운 작품을 만들 수 있겠다. 김 PD가 '칼질'을 한다 해도 10억 원 이하로는 적자를 면치 못해 포기하는 게 낫다.

김 PD와 박 대표의 입장을 도식화하면 (그림 1)과 같다. 김 PD(8~11억 원)와 박 대표의 흥정 범위(13~10억 원)는 겹치는 구간(10~11억 원)이 존재한다. 두 사람의 최대 양보선으로 이루어진 이 구간을 합의 가능 영역, 조파(ZOPA : zone of possible agreement) 라고 한다. 조파가 형성되면 합의가 이루어질 수 있다.

만일 방송국에서 9억 원 이상 지출할 수 없다면 두 사람이 앉아봐야 헛수고다. 자신들의 양보선을 조정하지 않는 한 흥정은 깨지게 돼 있다. 다행히 이번 협상은 타결될 수 있는 조건을 갖췄다. 두 사람의 복이려니!

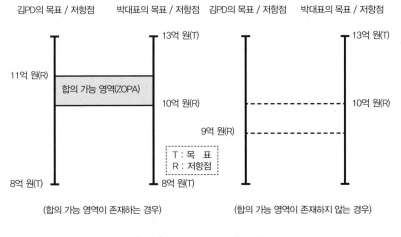

(그림 1) 김 PD와 박 대표의 협상 영역

---

83) 김 PD는 8억 원을 목표(target)로, 11억 원을 최대 양보선, 저항점(resistance point)으로 정하고 그 범위 내에서 흥정을 하게 된다.

누구의 협상력이 더 셀까?

두 사람의 테이블 위에 1억 원짜리 파이가 놓이게 됐다. 누가 파이를 더 많이 차지할까? 그건 두 사람의 '협상력'과 '밀고 당기기 기술'에 달렸다.

우선, 협상이 결렬될 경우 좋은 대안, 배트나를 갖고 있으면 협상을 주도할 수 있다. 상대를 밀어 붙일 수 있고, 상대가 내 최대 양보선 이상 요구할 경우 박차고 나올 수도 있다. 그런 면에서 김 PD가 조금 더 우월해 보인다. 정보를 많이 갖고 있어도 협상을 유리하게 끌고 갈 수 있다. 특히, 상대의 최대 양보선을 정확히 추정할 수 있다면 먼저 과감히 제안해 기선을 잡을 수 있다. 내 제안에 상대의 심리적 '닻(anchor)'이 내려가 그 곳에 상대를 묶어둘 수 있기 때문이다. 누가 시간적 여유가 많은지, 시간 압박을 덜 받는지 역시 협상력에 영향을 미친다.

협상력의 우열이야 분명히 존재하지만 '힘'이란 다분히 지각(知覺)의 문제여서 실제 겨뤄보기 전에는 가늠하기 쉽지 않다. 지금으로선 '어떻게 박 대표(김 PD)를 밀어 붙이고 끌어당기느냐'라는 문제가 기다리고 있다. 이는 순전히 자신의 협상 역량에 달렸다.

협상 테이블에서 '밀당', 어떻게 해야 하나?

무엇보다 상대의 배트나와 최대 양보선을 파악하는 게 중요하다. 그래야 상대를 어디까지 밀어붙일지 정할 수 있다. 최대 양보선은 '1급 비밀'이어서 상대가 알려줄리 만무하다. 정보를 토대로 추정할 수밖에 없다.

좋은 배트나를 가지고 있다면 상대에게 알려야 한다. "Z 방송으로부터도 드라마 제작 요청을 받아 이번 협상이 결렬되면 그 요청을 받아들일 계획입니다."와 같이. 상대는 한 풀 꺾여 양보를 더 하게 되고, 나는 덜 해도 된다.

가엾게도 그런 배트나를 갖지 못한 박 대표. 김 PD의 위세에 끌려가야만 하나? 그렇지 않다. 박 대표는 자신의 빈약한 배트나가 아니라 김 PD의 배트나(B사)에 초점을 맞추어 협상할 필요가 있다. 김 PD가 좋은 배트나라고 철석같이 믿고 있는 B사의 약점을 들춰내며 자신의 상대적 강점과 방송국에 안겨주는 가치를 지렛대로 삼아 협상해야 한다. 여러 편의 김 PD 네 드라마 제작 경험, 노하우를 강조해야 한다. 박 대표가 자신의 배트나에 초점을 맞출 경우 최대 양보선(10억 원)을 지키는 데 급급하고 말지 파이를 더 많이 차지하지 못한다.

1라운드 흥정 : 누가 파이를 더 많이 차지하나?

자신의 목표와 최대 양보선을 정하고 상대의 그것들도 능력껏 파악하고 마주 앉은 두 사람. 누가 먼저 가격을 제안해 기준선을 선점하는 '닻 내리기 효과'를 누릴 것인가? 제작비와 상대의 최대 양보선에 대한 정확한 정보를 가진 사람이 먼저 제안하는 게 좋다. 그렇지 않은 상태에서 김 PD가 먼저 제안했다가 박 대표가 생각하고 있는 금액보다 턱 없이 많은 돈을 지불할 수 있다. 마찬가지로 박 대표가 섣불리 나섰다가 김 PD가 정해둔 금액보다 훨씬 낮게 부르는 결과를 자초할 수 있다. 이른바 '승자의 저주(winner's curse)'를 당할 수 있다.

누가 먼저 제안하든 김 PD는 8억 원, 박 대표는 13억 원에서 흥정을 시작할 것이다. 두 사람이 제안과 반대 제안, 양보와 대응 양보를 주고받다 보면 결국 조파(10~11억 원) 내 어느 지점에서 합의하게 되는데 보통 서로 공정하게 느끼고 합의하기 쉬워 1억 원의 파이를 50:50으로 나누어 10억 5천만 원에 타결되기 쉽다.

제안이 오고가면서 상대의 최대 양보선이 모습을 드러내고 그에 따라 조파도 선명하게 나타나기 시작하자 김 PD와 박 대표 모두 위에서 언급한 예상 합의 결과를 감지했다. '이거, 정해둔 예산 다 줘야 할 판이네!' 김 PD의 얼굴이 다소 상기된다. 거의 마지노선까지 내몰리고 있는데 김 PD를 더욱 당황하게 만든 건 박 대표의 반응이다.

"10~11억 원 선에선 좋은 작품이 안 나옵니다!"
'경쟁을 거쳐 이 자리에 왔다 해도 너무 심하네. 어제 오늘 본 사이도 아닌데.'

김 PD는 서운하면서 화도 난다. 그러니 박 대표가 근거를 대며 김 PD의 최대 양보선이 너무 낮아 더 높여야 한다고 아무리 설득해도 요지부동일 수밖에. 벽에 막힌 박 대표가 휴식을 제안하자 김 PD가 벌레 씹은 표정으로 응한다.

2라운드 흥정 : 파이를 키울 수 있나?

박 대표가 휴게실에서 커피를 마시며 생각에 빠진다.

'이렇게 흥정이 마무리 되선 대박은 어림없고 〈눈꽃〉이 또 하나 나올 게 뻔해. 어떻게 하나…'

괜찮은 원두였는지 커피가 맛있다. 진한 커피 향에 머리가 맑아진다. 그때 어떤 생각이 번쩍 스치고 지나간다. '아하!' 쾌재를 부르며 남은 커피를 천천히 음미하며 마셨다.

테이블에 앉자마자 박 대표가 자못 진지하게 자신의 우려와 함께 수작을 만들고 싶다는 바람을 얘기하고선 회심의 제안을 내놓는다.

"김 PD님, 제작비를 일단 10억 5천만 원으로 정해두고 나중에 시청률이 드라마 평균 시청률(9~10%) 보다 높게 나오면 인센티브를 지급하는 조건을 달면 어떨까요?"

의외였으나 김 PD로서도 반가운 제안이었다. 휴식 중 국장에게 상황을 보고하면서 이전과 똑같이 이루어지는 흥정에 드라마의 품질을 걱정하던 터였다. 흔쾌히 "생각해볼게요." 하고선 내일 다시 만나기로 했다.

예산 부서, 광고국 사람들과 논의 끝에 박 대표의 제안을 받아들이기로 했다. 드라마 광고 계약도 시청률과 연동시키면 대박을 터트려 인센티브를 포함한 제작비가 예산을 초과해도 늘어나는 광고 수입으로 충당할 수 있기 때문이다. 그러면서 시청률이 평균을 밑돌 땐 페널티도 적용하는 걸로 수정 제안하기로 했다. 드라마 품질을 담보하기 위해 당근, 채찍 모두 사용하자는 얘기다.

다음 날, 김 PD가 페널티 얘기를 꺼내자 박 대표가 다소 놀랐으나 기꺼이 받아들였다. 페널티 적용이 부담스럽긴 하지만 김 PD의 제안이 공정하고, 그것 때문에 회사 제작진들이 배수진을 치고 더 심혈을 기울일 수 있을 거라는 생각이 들었다.

결국 시청률에 따른 인센티브와 페널티에 대해 (그림 2)와 같이 타협을 이뤄냈다. 드라마가 방영된 후에나 알 수 있는 시청률이라는 불확실한 거래

요소를 일단 미정으로 두고 합의하는 '미래 확정 조건부 계약(contingency contract)'을 맺은 것이다.

시청률	인센티브 또는 페널티	제작비 지불액
7% 미만	− 3억 원	7억 5천만 원
7 ~ 8%	− 2억 원	8억 5천만 원
8 ~ 9%	− 1억 원	9억 5천만 원
9 ~ 10*	0	10억 5천만 원
10 ~ 11	+ 1억 원	11억 5천만 원
11 ~ 12	+ 2억 원	12억 5천만 원
12 초과	+ 3억 원	13억 5천만 원

(그림 2) 추석 특집 드라마 시청률에 따른 제작비

* 인센티브와 페널티를 적용하는 기준으로서 드라마 평균 시청률대

계약서에 서명하고 나오는 박 대표와 김 PD 모두 결의에 찬 모습이다. 인센티브와 페널티 때문에 안방 관객의 시선을 붙잡아 둘 수 있는 드라마를 만들기 위해 최선을 다해야 한다. 박 대표는 "그게 제작사가 할 일인가?" 고개를 갸웃할 일도 마다 않을 것이다. 김 PD도 드라마의 대박을 위해 박 대표에게 최대한 협조해야 한다. 선금도 듬뿍 주고, 촬영 시설도 제공하고 홍보에도 앞장 설 것이다. 그래야 크고 먹음직스러운 파이가 접시 위에 놓일 수 있으니.

① 다음과 같이 5 단계에 걸쳐 이번 협상의 합의 가능 영역, 조파(ZOPA)를 잘 추정한다.

- 1단계 : 자신의 배트나 평가 ⇒ 상대의 최종 제안을 받아들일지, 협상 결렬을 선언할지 결정 가능

- 2단계 : (자신의 배트나를 토대로) 상대에 대한 자신의 최대 양보선(저항점) 책정

- 3단계 : 상대의 배트나 평가 ⇒ 상대를 어디까지 밀어 붙일지 자신의 최대 요구선 결정 가능

- 4단계 : (상대의 배트나를 토대로) 나에 대한 상대의 최대 양보선 추정

- 5단계 : (자신과 상대의 최대 양보선에 의해 형성되는) 조파 도출

② 조파가 도출되면 상대의 최대 양보선 가까이에서 합의가 이루어지도록 전략과 전술을 구사하는 것이 밀고 당기기의 핵심이다.

- 협상 대상의 가치와 상대의 최대 양보선에 대해 충분한 정보를 가지고 있다면 먼저 제안하여 협상 기준선을 선점한다.

   ※ 정보가 충분하지 않은 경우엔 상대가 먼저 제안하도록 해 '승자의 저주' 상황을 회피

- 협상 과정에서 얻은 정보를 토대로 당초 설정한 조파를 조정한다.

   ※ 상대 배트나의 약점을 지적하여 상대의 최대 양보선은 넓히고, 자신의 최대 양보선은 좁히고!

- 일방적으로 양보하지 말고 상대에게 상호주의에 의한 대응 양보를 요구한다.

③ 미래에 가서야 알 수 있는 거래 요소는 '미래 확정 조건부 합의(contingency agreement)'를 통해 불확실성에 대처하고, 상대가 나에게 유리하게 행동하도록 유인하는 수단으로 활용한다.

☞ 협상에 걸린 가치를 많이 챙기려면 상대의 최대 양보선 가까이에서 합의가 이루어

지도록 하라! 불확실한 거래요소는 '미래 확정 조건부 합의'를 적절히 활용하라!

참고 : 하버드대 디팩 말호트라(Deepak Malhotra) 등, 2007

협상 NOTE   양보의 기술

처음부터 끝까지 양보하지 않는 전략84)도 있지만 '주고받기'의 프로세스인 협상에서
상대의 양보를 받아내기 위해서는 나도 양보를 해야 하는데 이때 양보를 잘해야 한
다. 내 양보를 상대가 양보로 생각하지 않거나, 자신의 요구가 합리적이어서 당연히
보이는 반응이라 여기면 상호주의에 의한 대응 양보를 하지 않기 때문이다.
내 양보가 상대에게 확실하게 각인되어 상대가 그에 상응하는 보답을 할 가능성을
높이는 4가지 전략을 소개한다.

① 상대에게 자신의 양보 가치를 분명하게 설명하라! :
- 양보로 인해 내가 입을 손해 설명 ⇒ 상대가 내 양보를 제대로 된 양보로 인식한
  다.
- 내 양보로 상대가 얻을 이익 강조 ⇒ 상대가 그 이익을 토대로 상호주의에 의한 보
  답을 고려한다.

---

84)   자신의 첫 제안을 끝까지 양보하지 않는 전술을 '블워리즘(Boulwarism)'이라 한다. GE 부회장
     을 지낸 레뮤엘 블워(Lemuel Boulware)가 즐겨 사용한 데서 유래한 용어다. 여러 사항을 참고해
     '합리적인 제안'을 만들었으니 받아들이거나, 아니면 협상장을 떠나라는(take-it-or-leave-it)
     식의 최종적·불가역적 제안 방식이다. 1971년 미중 수교협상의 주역 중국의 주은래 수상도 협상
     의 첫 마디에 최후의 입장을 발표하고는 끝까지 바꾸지 않는 걸로 유명했다. 미국 측 상대였던 헨
     리 키신저가 이를 두고 '주은래 협상술'이라 불렀는데 '중국판 블워리즘'에 경악하면서도 경외심이
     담긴 표현이라 여겨진다.

- 양보 전 당초 내 요구의 정당성 주장 ⇒ 내 당초 요구를 합리적이라 여기면 내 양보의 위력이 보다 커진다.

② (상호주의에 의거) 내 양보에 대한 상대의 대응 양보를 구체적으로 요구하라!
   (예) 고객의 가격 인하 요구를 수용하면서 고객에게 납기의 연장을 요구

③ 조건부로 양보하라!
   ※ 상대에 대한 신뢰가 낮거나 1회성 협상에선 상대가 특정한 양보에 동의할 때만 양보

④ 양보는 나누어서, 그 폭은 줄이면서 마지막 양보는 (마지막이라는 메시지로) 크게 하라!
   ※ 나쁜 소식은 한꺼번에, 좋은 소식은 나누어 듣길 선호하는 사람들의 일반적 심리 이용 ⇒ 나에게 더 양보할 여지가 있다는 생각이 들지 않게 하고, 작정했던 것보다 적게 양보 가능

빠른 합의를 위해
여러 개의 '0'으로 끝맺는 어림수를 활용하라
- 덜 깎길 원하면 정밀한 숫자로 제안하라

왜 트레드밀 계기판이 39분이 아니고 40분이 돼야 멈추게 될까?

1986년, 시카고에서의 일이다. 그해는 미식축구팀 시카고 베어스의 슈퍼볼 우승의 열광과 환희가 한 해 내내 도시 전체에 넘쳐나던 때였다. 미국 중서부의 가장 큰 도시에서 겨울, 봄 두 계절을 보냈는데 당시만 해도 우리와 사는 모습이 많이 달라 여기저기 눈이 가고 흥미를 끄는 게 많았다. 도심의 즐비한 빌딩숲, 끝도 없이 이어지는 자동차 물결, 아낌없이 사용하는 다양한 일회용품들, 몇 푼 안 되지만 맛있고 푸짐한 햄버거 등등.

그중에서도 주말마다 마트 구경을 다녔던 게 퍽 재미있었다. 점원에게 신경 쓰지 않고 마음껏 구경할 수 있는데다 '가성비' 높은 물건을 찾을 수 있어서다.

그런데 마트에 갈 때마다 드는 의문이 있었다. 물건이 괜찮아 보여 가격표를 보면 $7.99, $9.99와 같이 보통 '.99'로 끝난다. $8.00, $10.00 같은 가격표는 보지 못했다. 오래 산 교포 분에게 물어봐도 "세금 때문에 그러지 않을까." 할 뿐 정확히는 설명하지 못했다.

몇 년 전부터 동네 피트니스에 다니고 있다. '헬스클럽'으로 불리던 시절만 해도 서민들이 이용하기 쉽지 않은 시설이었지만 명칭이 세련되게 바뀌고 프랜차이즈 방식으로 운영되면서 많이 저렴해지고 대중화되었다. 외출했다 들러 보통 한두 시간 운동하곤 한다. 스트레칭에서 시작하여 기구를 이용한 근력 운동, 트레드밀(treadmill)위 걷기, 그리고 마지막 근육 풀기로 마친다.

가장 많은 시간을 할애하는 것이 걷기다. 트레드밀 위에서 걷기! 그 이름처럼 다람쥐 쳇바퀴 돌리듯 지루하고 지루하다. 앞에 설치된 TV를 켜놓아도, '자주 하면 나아지겠지!' 애써 인내심을 발휘해 봐도 마찬가지다. 몇 번이나 그만두고 싶은 단조롭고 지루한 운동이지만 계기판이 40.00분, 200칼로리, 4.000Km 중 어느 하나를 찍어야 멈추게 된다. 누가 시킨 것도, 그런 규정이 있는 것도 아닌데 39분이나 195칼로리에서는 그만두고 싶지 않다. 지루해서 어떻게 될 것 같으면서도.

개별 숫자의 특성에서 나오는 신호가
사람들의 지각과 행동에 큰 영향을 미친다

숫자엔 '수(數)'라는 계량적 정보만이 아니고 추가적 의미도 담겨 있다. '4'는 기분 나쁜 숫자지만 '7'은 행운을 나타내듯. 이렇게 개별 숫자의 특성에서 나오는 신호가 사람들의 지각과 행동에 큰 영향을 미치는 걸로 알려져 있다.

협상의 경우를 보자. 끝자리 단위까지 정확하게 표기한 가격(이를테면 $17,799와 같이) 제안은 상대에게 확신, 신뢰, 합리성의 신호를 보낸다. 가격을 매긴 사람이 제품에 대해 잘 알고 있고, 그 가격이 합리적이며 타당하다는 것을 자신 있게 말하고 있는 것이다. 사람들은 정밀하게 표시한 가격을 실제 크기보다 더 적게 지각하기도 한다. 이를테면 '$364,578 < $364,000' 인 것처럼. 또한 정밀한 숫자를 남성적이고 공격적이라 여긴다. 그래서 정밀한 가격으로 제안하면 상대가 덜 깎는 걸로 확인되고 있다.

한편, 하나 이상의 '0'으로 끝맺는 어림수는 완결, 완성의 느낌을 준다. 평화,

조화와 같은 여성적 속성을 풍긴다. 사람들이 '토익 성적 목표 900점'과 같이 어림수로 목표를 정하는 이유이다. 그래서 어림가격(이를테면 $18,000)으로 제안하면 목표의 달성과 심리적 마무리의 느낌을 자아내 상대가 거부하거나 깎지 않고 잘 수용하는 경향이 있다. 고통스러운 흥정이 빨리 끝난다.

그렇다면 오래 전 '바람의 도시'의 어느 마트 매대 위 신발에 붙은 $9.99 짜리 가격표, 정확하게 매겼으니 안심하고 사라는 얘기다. 트레드밀 계기판의 40.00분? "이제 그만 됐으니 내려와도 좋다."는 메시지다.

오늘도 동네 피트니스에 들러 늘 그러듯 계기판에 '0'이 줄줄이 보일 때까지 걷고 달리다 집에 돌아왔다. 하루를 잘 마무리한 것 같아 기분이 좋다.

① 작은 단위(예를 들어, 천 단위 이하)의 숫자들을 '0'으로 표기한 어림가격으로 제 안을 받은 협상자가 끝 단위 숫자까지 정확히 표기한 가격으로 제안 받은 협상자 보다 그 제안을 수용할 가능성이 높았다.

　어림수에는 '완성'의 의미가 내포돼 있고, 사람들이 목표를 보통 어림수로 정하는 데서 비롯되는 현상이다.

② 상대의 제안 가격을 수용하지 않고 깎을 경우엔, 작은 단위 숫자도 정확하게 표기 한 가격으로 제안 받은 협상자가 어림가격으로 제안 받은 협상자보다 덜 깎았다.

　숫자를 정확히 표기한 제안이 신뢰가 가고 합리적으로 여겨져 제안의 기준선 선 점효과 즉, '닻 내리기 효과'[85]가 더 강력해지기 때문이다.

☞ 상대가 내 제안 가격을 그대로 수용해 흥정을 빨리 끝내고 싶으면 작은 단위는 가 급적 '0'으로 처리한 어림가격으로 제안하라!

☞ 상대가 내 제안 가격을 가급적 덜 깎도록 하려면 작은 단위까지 정확히 나타낸 가 격으로 제안하라!

참고 : 텍사스대 덩펭 얀(Dengfeng Yan) 등, 2017

---

85) 닻 내리기 효과에 대해서는 69쪽 〈선수를 치는 게 좋을까, 먼저 제안하길 기다릴까?〉, 345쪽 〈선 불리 선두에 서느니 묵묵히 뒤따라 가라〉를 더 참고.

상대에게 먼저
협력적 신호를 보내라

학수고대하던 예비 며느리가 한줄기 시원한 소나기처럼 나타났다!

택일을 잘한다는 스님을 절로 찾아갔다. 첫째의 결혼 날짜를 잡기 위해서다. 맑은 얼굴의 스님은 이것저것 따져 본 뒤 길일이라면서 날짜 몇 개를 알려준다. 돌아오는 차 속에서 생각해보니 첫째가 작년 여름 여자 친구를 가족들에게 소개하고 혼사 날짜를 잡는 관계로 발전하기까지 일사천리로 이루어졌다. '어떻게 그렇게 됐지?' 참 신기했다.

둘째는 일찍부터 '여친'을 사귀어왔다. 그런데 세 살 위의 첫째에게는 도통 기색이 안 보였다. 병역을 마치고, 대학을 졸업하고, 무난히 취직해 직장생활을 한 지도 제법 됐는데 소식이 없다.

'원만한 성격인데 연애엔 소질이 없나?'

아들만 두다 보니 '딸 같은 며느리'에 대한 동경도 갖고 있던 터라 궁금하고 기다려졌다. 그런 얘기를 할 때마다 괜한 조바심이라며 아내의 핀잔이 따랐지만 환갑을 코앞에 두니 꽤 신경이 쓰였다. 나중엔 아내도 걱정이 됐던지 "사귀는 여자가 없으면 주위 분들에게 부탁해볼까?" 하고 넌지시 운을 떼보니 펄쩍 뛰더란다. 자기한테 맡겨 달라면서. 부모로서 남은 숙제인 자식 모두

짝 지워 보내고 홀가분하게 살아야 되는데 첫째의 비협조로 꽉 막힌다. 당사자가 급하지 않으니 뾰족한 수 있는가.

첫째의 눈치만 보며 가뭄에 손 놓고 하늘만 쳐다보듯 지내던 어느 날. 첫째가 원피스 차림에 꽃을 한 아름 안은 아가씨를 데려왔다. 학수고대하던 예비 며느리가 한줄기 시원한 소나기처럼 나타난 것이다!

결과적으로 내 생각은 적중하고 예언이 현실이 되고 만다

고대 그리스의 키프로스 섬. 여자 혐오증이 있었던 독신의 피그말리온은 조각에만 몰두하며 살았다. 어느 날, 그는 눈부시게 하얀 상아로 여인상을 조각하기 시작한다. 문란한 세속의 여자들과는 다른, 이상의 여인을 실물 크기로 만드는 일에 온갖 정과 성을 다 쏟았다.

그렇게 완성된 조각상, 마치 살아 있는 듯하다. 자신이 만들었지만 정말 마음에 든다. 늘 치장하고, 어루만지고, 심지어 입까지 맞추며 애지중지했다. 종국에는 조각으로 된 여인과 사랑에 빠지고 만다. 피그말리온은 미의 여신이자 사랑의 여신 아프로디테의 제단에 엎드려 간절히 빌었다. 그 조각상을 자신의 아내로 만들어달라고.

이게 웬일인가. 집에 돌아와 여느 때처럼 조각상에 입을 맞추며 포옹하니 온기가 느껴지는 게 아닌가. 조각상의 여인이 홍조를 띠며 그윽한 눈망울로 피그말리온을 껴안는다.

그 순간을 화폭에 담은 19세기 프랑스 신고전주의 화가 장 레옹 제롬의 〈조각을 사랑하는 피그말리온〉을 보면, 오른손은 피그말리온의 목에 두르고 왼손은 자신의 몸을 만지는 그의 손목을 힘차게 붙잡고선 눈부신 나신을 활처럼 굽혀 뜨겁게 포옹하고 있다. 피그말리온의 간절한 사랑에 화답하듯.

조각을 사랑한 피그말리온

상대에 대한 나의 기대나 관심이 그 사람의 능률이나 성과, 행동에 영향을 미친다는 '피그말리온 효과' 또는 '자기 실현적 예언(self-fulfilling prophecy)'이 협상 테이블에서도 예외 없이 나타난다.

앞에 앉아 있는 철수가 자기 이익만 챙기려는 경쟁 전략을 사용할 걸로 생각하면 나도 '눈에는 눈, 이에는 이'라며 경쟁적으로 임하게 된다. 내 언행에서 그걸 감지한 철수, 어떻게 나오겠는가. 처음엔 협력해서 서로 원-윈 하려 했다가도 자칫 자기만 봉이 될 수 있어 마음을 바꿔 경쟁적으로 나오게 된다. 결과적으로 내 생각은 적중하고 예언이 현실이 되고 만다.

그래서 협상에 걸린 파이를 더 키워서 서로 이기는 협상을 하려면 상대가 협력적으로 나올 거라고 생각하고 자신이 먼저 말과 행동을 통해 협력적 신호, 호혜적 메시지를 보낼 필요가 있다.

며느리를 빨리 보고 싶어 하는 아버지의 소망을 알아채고 첫째가 부단히 노력했던 모양이다. '총각 시절이 길면 길수록 좋다.'는 요즘 또래들의 생각을 떨쳐내기가 쉽지 않았을 텐데… 첫째의 신속하고 적절한 피드백이 고맙다.

악역이 필요할 때가
분명히 있다

필자의 태만에도 불구하고 형제 모두 무난하게 자란 데는 이유가 있다

형제를 키우면서 딱 한 번 혼낸 적 있다. 캐나다 수도 오타와에 파견 근무하던 시절이니 걔들로선 아주 어릴 적 일이다. 어느 날, 마트에 데려갔는데 둘이 술래잡기라도 했던지 천방지축 뛰어다니다 둘째가 남의 카트에 치일 뻔했다. 연신 "Are you okay?" 하면서 아이를 걱정스럽게 살피던 캐나다 노인이 필자를 흘깃 쳐다보는데 지금도 그 눈빛을 잊지 못한다.

집 안이든, 집 밖이든 아이들을 방치하는 부모를 가만두지 않는 사람들인지라 '제 자식하나 제대로 건사하지 못하다니!'라고 매섭게 나무라고 있었다. 애가 다치지 않아 안도하면서도 민망하기 짝이 없었다.

또 그래선 안 되겠다 싶어 집으로 돌아와 따끔하게 몇 마디하고선 벽을 보고 한 시간 정도 서있게 했다. 친구 같던 아빠한테 처음 벌서고 혼나는 게 서러웠던 모양이다. 눈물을 줄줄 흘리며 흐느낀다. 두 녀석의 뒤통수를 바라보고 있자니 마음이 영 좋지 않았다. 사랑의 매라도 마음에 상처를 줄 수 있어 극구 삼가 왔는데… 그게 애들을 혼낸 처음이자 마지막이었다.

필자의 '태만'에도 불구하고 형제 모두 무난하게 자란 데는 이유가 있다. 아내의 악역 덕분이다. 착한 편이지만 마트에서 망아지처럼 뛸 정도의 개구쟁이 기질은 지녔던 애들이 완전히 순치(馴致)된 건 순전히 아내의 공이었다.

자신의 기준에서 벗어나는 어떤 것도 용납하지 않는 성격의 아내는 아이들의 공부에 있어서도, 뭘 하고 싶다거나 사달라는 요구에 대해서도 마찬가지였다. 기준을 결코 굽히지 않았다.

큰애가 사춘기가 되어 학교와 학원만 오가는 생활이 지겨웠던지 어느 날 "이렇게 살아서 뭐 해!" 하고 짜증을 내니 대번에 회초리를 들고 육두문자까지 써가며 혼내는 걸 보고 혀를 내두른 적도 있었다. 모자 간 크고 작은 해프닝은 첫째가 고등학교를 졸업할 때까지 계속되었다. 언젠가 애를 두둔하다 아내에게 호되게 당하고 난 뒤부턴 현장에 있어도 바라만 볼뿐 어쩌지 못했다. 소란이 다 끝나고 애나 달래줬지.

재미있었던 건, 첫째가 혼날 때마다 둘째는 조용히 제 방으로 들어가 책상에 앉거나, 서둘러 학원에 가거나, 손발을 깨끗이 씻고 잠옷으로 갈아입는 걸 봤다. 제 형을 보면서 자연스럽게 학습한 것이다. 눈치 빠르게 행동해서인지 둘째는 첫째만큼 혼나지 않았다. 아내가 매를 들고 고함지른 덕분에 둘 다 빗나가지 않고 컸다.

악역이 나설 타이밍을 잘 정해야 한다

갑돌 씨가 지인의 이력서를 챙겨 중학교 친구를 찾아 나선다. 꽤 큰 회사의 경영진 자리에 있고 더러 만나는 사이다. 찾아가겠다고 미리 연락을 해뒀다.

"무슨 바람이 불어 여기까지 왔나?"

반색하면서도 다소 의아해하는 표정이다.

"자네 얼굴도 볼 겸 차 한 잔 마시러 왔네."

"그래, 이렇게 보니 반갑네 그려."

"……."

작심하고 사무실까지 찾아 왔지만 내온 차만 마실 뿐 좀처럼 입을 열지 못하다 친구의 부드러운 눈빛에 용기를 낸다.

"실은 자네 회사에 추천할 분이 있어서 왔네. 절대 인사 청탁은 아니고 자네 회사에 꼭 필요한 분 같아서."

"아, 그런가. 얘기해보게."

그제야 들고 간 봉투에서 이력서를 꺼내놓으며 지인의 이모저모를 조심스럽게 소개한다. 친구가 연신 고개를 끄덕이며 듣는다. 이력서도 꼼꼼히 들여다본다. 갑돌 씨의 얼굴이 차츰 펴진다.

"우리 회사를 위해 일부러 찾아서 모셔야 할 분 같네. 대표에게 바로 얘기하겠네!"

허튼 소리 하지 않을 친구로부터 기대 이상의 반응에 고무된 갑돌 씨. 지인에게 반가운 소식을 전한다. 전화기를 통해 들려오는 지인의 목소리에 기쁨과 함께 놀라움이 역력하다. 다음 날 그 친구로부터 대표도 좋다고 했고, 곧 인사 부서에서 연락을 할 거니 연봉 같은 걸 미리 생각해 두라는 전화를 받았다.

'이젠 따 놓은 당상!'

자신이 해낸 일이 자랑스럽다. 지인의 찬사까지 들으니 뿌듯하기 이를 데 없다.

며칠이 지났는데도 인사 부서에서 연락이 없다. 확인해보니 지인에게 직접 연락하지도 않았다. 몇 번이나 '그럴 리 없는데…' 하면서도 왠지 이상하다. 그렇게 불안감이 스멀스멀 스며들기 시작할 즈음 인사 부서장의 전화를 받았다.

"네에! 뭐라고요!"

지극히 사무적인 투의 인사 부서장의 얘기가 도저히 믿어지지 않는다. 지인에게 전할 수 없는, 아니 지인의 성격으로 봐서 결코 받아들이지 않을 조건을 제시한다. 머리를 세게 맞은 것처럼 한동안 넋을 잃고 마는 갑돌 씨.

'이 소식을 어떻게 전해야 하나?'

걱정이 태산이다. 본의는 아니었겠지만 결과적으로 자신을 천당에서 지옥으로 떨어뜨린 친구가 원망스럽기만 하다. 처음부터 인사 부서장을 내세워 거절한 것만 못하게 됐으니 말이다.

선역/악역 전술. TV나 영화에서 익히 봐 온 경찰의 용의자 취조 방식이다. 한 경관이 거칠게 몰아붙인 후 잠시 나간 사이 다른 경관이 친절하게 대해주며 자백을 유도할 경우 용의자가 순순히 불게 된다. 일종의 '대조효과(contrast effect)'를 이용한 설득 기법이다.

협상에서도 상대방을 효과적으로 공략하기 위해 팀원 간 역할을 나누어 맡는 경우가 왕왕 있다. 양보하거나 협력할 경우엔 선역이 나서 상대와 좋은 관계가 유지되도록 하고, 궂은일은 악역에게 맡김으로써 곤란한 상황을 피한다. 잘해보자며 악수하고 등 두드리고 폼을 잴 땐 트럼프 대통령이나 폼페이오 국무장관이 나오지만 껄끄럽고 얼굴을 붉혀야 일엔 볼턴 국가안보보좌관을 앉히는 식이다.

악역이 필요할 때가 분명히 있다. 균형적 의사 결정을 위해 팀(집단) 내 선의의 반대자, 비판자 노릇을 하는 '악마의 변호인(devil's advocate)'도 두지 않는가. 그럴 경우 악역은 말 그대로 '필요악'이다. 일을 처리하는 데 융통성을 부여하기도 하고 상대와의 관계를 보호하기도 한다. 아내가 필자 대신 애들을 위한 악역을 맡아준 것처럼.

하지만 협상 전술로 악역을 사용할 경우 주의할 게 있다. '그 빤한 악역 전술!'이 되지 않도록 세련되게 구사해야 한다. "당신들, 나하고 한물간 선역/악역 게임을 하자는 거요!"라며 반격당할 수 있다. 협상자들이 역할 연기에 너무 몰두하고 에너지를 쏟다 정작 중요한 협상 목표를 놓칠 수도 있다. 그리고 악역이 나설 타이밍을 잘 정해야 한다. 상대의 요구를 들어줄 수 없을 경우엔 더욱 그렇다. 뒤늦게 내세웠다간 선의도 오해 받거나, 일회용 밴드면 될 걸 봉합 수술을 받아야 할 정도의 큰 상처를 줄 수 있다. 친구가 갑돌 씨에게 그랬던 것처럼.

아내의 악역 덕분에 부자 관계가 좋은 편이다. 새삼 아내가 고맙다. 성인이 된 두 아들들도 엄마의 본심을 이해해 요즘엔 모자간에도 아주 잘 지낸다.

협상에서 경쟁 전략은 다음 3가지 요소가 핵심이다.

① 잘 설정한 (자신의 목표선과 최대 양보선으로 이루어진) 협상 영역86)

– 내 목표를 너무 높게 설정할 경우 : 상대가 협상을 포기하기 쉽다.

– 내 최대 양보선을 너무 후하게 설정할 경우 : 내가 기대하는 이익을 다 놓치고 만다.

② 협상 결렬 시 최선의 대안(BATNA)

③ 자신은 유리하게, 상대는 불리하게 만드는 수많은 협상 전술(tactics)

– 선역/악역 전술

– 극단적 첫 제안(high ball/low ball) 전술 : 첫 제안을 터무니없이 시작해 상대가 자신의 목표나 최대 양보선을 재평가하도록 동요시키는 전술

– 보기(bogey) 전술 : 중요하지 않은 쟁점(예 : 납품 시기)을 중요한 것처럼 주장하다 마무리 시점에 자신에게 진짜 중요한 쟁점(예 : 가격)에 대한 양보와 맞교환하려는 전술

– 니블(nibble) 전술 : 그동안 전혀 논의된 바 없는 사소한 대상에 대해 협상 마무리 단계에서 작은 양보를 요구하는 전술(예 : 양복 가격 합의 후 넥타이를 덤으로 요구)

– 담력 겨루기(chicken) 전술 : 상대를 위협해 자신이 원하는 것을 얻어내려는 전술 (예 : 미중 무역협상에서 상호 보복관세 부과)

– 위협(intimidation) 전술 : 감정적 술책, 두려움 등을 통해 상대가 동의하게 하는 전술

---

86) 협상자의 협상 영역(bargaining range)의 크기와 협상력은 반비례한다고 말한다. 그래서 자신의 협상 영역은 줄여가면서 상대의 협상 영역은 늘어나도록 영향을 미치는 것이 협상자 간 상호 작용의 본질이다.

- 호전적 행동(aggressive behavior) 전술 : 공격적인 행동을 통해 자신의 입장을 강요하거나 상대의 입장을 반박하는 전술(예 : 계속적인 양보 종용, 처음부터 최상의 제안 요구)
- 은폐(snowjob) 전술 : 질문에 대해 수천 페이지에 달하는 문서를 제공하거나 고도의 전문 용어를 사용하는 방법으로 핵심을 피해나가는 전술

절묘한 타협,
똑같이 나누기(split-the-difference)

똑같이 나누기, 인간의 원초적·본능적 배분 방식이 아닐런지

얼마 전 대학교수로 정년을 맞게 된 분에게서 전화가 왔다. 부부만 홀가분하게 사는 분이다. 이런저런 얘기 끝에 매달 나올 연금을 부부 간에 어떻게 나누면 좋겠냐고 넌지시 묻는다. 먼저 연금 생활자가 된 필자에게 조언을 구해온 것이다.

연금 통장이 아내의 수중에 있고 매달 얼마간 받아쓰는지라 남에게 이래라저래라 할 처지가 못 되나 이를 밝힐 수는 없는 노릇. 짐짓 경험에서 한 수 훈수하듯 "배우자 눈치 안 보고 건강하게 오래 살려면 60퍼센트 이상 드리세요!"라고 일러줬다. 왜 그런지에 대한 나름의 논리[87]까지 설명해주며.

어떻게 나누어도 이익이나 비용의 배분엔 다툼, 불만이 있게 마련이다. 기여도, 원인 등을 따져 응분의 몫을 정할 때 '자기중심적'으로 생각하기 때문이다. 그래서 모두 수긍하는 몫 나누기는 무척 어려운 일이다. 오죽하면 내가 파이를 자르더라도 상대에게 먼저 고르도록 하는 방법까지 생각해냈을까.

그러다 보니 이것저것 고려하지 않고 이해 당사자 간 똑같이 나누는 방법

---

[87] 연금 수급자인 남편이 죽으면 미망인에게 연금의 60%가 지급된다. 그러니 남편이 살아 있을 때 부인에게 돌아가는 연금의 몫이 그보다 크다면 부인 입장에선 남편과 오래 해로하는 것이 더 이득이다. 이것이 남편이 밉든 곱든 오래 살도록 세끼 식사는 물론이고 보약까지 챙기게 만드는 인센티브로 작용할 수 있다.

이 의외로 자주 사용된다. 어설프게 재는 것보다 투명·공정하게 여겨 몫을 나눌 때 선호된다. 그 옛날 지주와 소작인 간 수확물 나누기부터 고용주와 근로자의 4대 보험료 부담에 이르기까지 균등 배분의 예를 어렵지 않게 찾을 수 있다. 요즘엔 집안일은 물론이고 생활비도 반반씩 나누어 맡는 젊은 부부가 많다고 한다. 똑같이 나누기, 인간의 원초적·본능적 배분 방식이 아닐런지.

문제를 방치하거나 시간을 끄느니 적절히 타협하는 것이 차선은 될 수 있다

저승의 신 하데스[88]는 사랑의 신 에로스의 화살을 맞고 호숫가에서 꽃을 따며 놀던 페르세포네[89]에게 반해 그만 지하 세계로 납치해버린다. 금이야 옥이야 키운 딸을 졸지에 잃어버린 어머니 데메테르. 세상을 다 뒤져봐도 딸을 찾을 수 없자 분노에 떨며 가뭄을 일으켜 대지를 불모지로 만들어버린다. 천신만고 끝에 하데스에게 납치당한 걸 알고 제우스에게 딸을 되찾게 해달라고 애원한다.

틈만 나면 예쁜 여신, 님프, 인간 여성과 염문을 뿌리는 바람둥이지만 신들 간 분쟁을 잘 중재하는 제우스. 더욱이 페르세포네는 자신의 딸 아닌가. 페르세포네가 저승의 음식을 먹지 않았다면 다시 데려올 수 있다면서 자신의 충실한 심부름꾼 헤르메스를 지하 세계로 보낸다.

헤르메스가 도착해보니 페르세포네의 입술에 붉은 즙이 묻어 있다. 하데스의 속임에 넘어가 벌써 지하 세계의 음식인 석류를 먹은 것이다. 영국화가 단테 가브리엘 로제티는 이때의 페르세포네의 심정이 어땠을지 〈석류를 손에

---

88) 티탄 신족 크로노스와 레아의 아들로서 제우스, 포세이돈과 형제간이며 지하 세계를 다스린다.
89) 땅의 여신이자 곡물의 여신 데메테르와 제우스 사이에 난 딸이다.

든 페르세포네〉에 그려놓았다. 석류를 한 잎 베어 머금고 후회와 원망이 가득 찬 시선으로 응시하는 표정이 처연해 보인다.

하데스는 하계의 법칙을 이유로 페르세포네를 절대 돌려보낼 수 없다고 하고 데메테르는 초목과 작물을 다 시들게 하며 돌려달라고 아우성이다. 난감한 제우스. 고민 끝에 묘수를 낸다. 1년의 시간을 3등분해 데메테르, 하데스, 페르세포네에게 똑같이 나누어준다. 그러자 페르세포네가 자신의 몫을 어머니에게 줘 한해의 3분의 2는 지상에서 데메테르와, 나머지 3분의 1은 지하에서 하데스와 지내게 되는 절묘한 타협이 이루어진다.[90]

페르세포네와 함께 살 수 있는 시간을 똑같이 배분하고, 거기에 납치당한 페르세포네의 의사까지 반영했으니 누가 이를 거부할 수 있겠나. '제우스 판 1/N 방식'이 주효한 것!

그래서 페르세포네가 지하 세계로 내려가면 대지가 황폐해지고, 어머니와 살게 될 땐 땅에 다시 생기가 돌아 초목이 자라고 곡식이 맺히게 된다. 아프로디테와 페르세포네가 천하에 둘도 없는 미소년 아도니스를 두고 다툴 때도 제우스는 같은 방식으로 문제를 해결한다.[91]

모두 윈-윈 하기 위해서는 서로 믿고 속내를 드러내야 한다. 그래야 나눌 파이를 키울 수 있다. 모두에게 이익이 되는 창의적 해결안을 찾을 수 있다. 그런데 상대와 관계가 서먹하거나 시간이 없어, 또는 상대에게 이용만 당할까봐 협력이 쉽지 않아 대부분의 협상이 걸린 이익을 적당히 나누는 타협의 결과로 끝난다. 이때 타협안으로 많이 제시되는 게 '똑같이 나누기(split-the-difference)'다. 공평하게 여겨 합의하기 쉽기 때문이다.

---

90) 어떤 판본에서는 제우스가 1년의 시간을 2등분해 나누어 줌으로써 페르세포네가 6개월은 지상에서 데메테르와, 남은 6개월은 지하에서 하데스와 지내는 걸로 되어 있다.

91) 이때 아도니스는 자신에게 주어진 3분의 1의 시간을 아프로디테와 지내길 원해 한해의 3분의 2는 지상에서 아프로디테와, 나머지 3분의 1은 지하에서 페르세포네와 지내게 된다.

석류를 손에 든 페르세포네

세상이 복잡해지면서 단순한 게 더 효과적일 때가 있다. 문제를 어렵게 생각해 아예 방치하거나 어려운 합의를 이룰 해법을 찾느라 마냥 시간을 끄느니 적절히 타협해 문제의 악화를 막는 것이 최선은 아닐지언정 차선은 될 수 있다.

그 선배로부터 "연금의 65%를 집사람에게 주기로 했다."고 듣고선 현명한 결정이라고 치켜세웠다.

A, B 두 협상자가 협상한 결과를 그림으로 나타내면 다음의 7가지다.

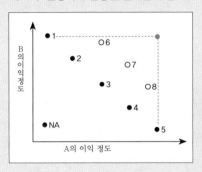

- 일방적 승리 : 점1(B의 일방적 승리), 점5(A의 일방적 승리)
- 타협 : 점2(B가 양보), 점3(똑같이 나누기), 점4(A가 양보)
- 윈-윈(win-win) 합의 : 점6, 점7, 점8(점2, 점3, 점4에 비해 A, B 모두 이익이 늘
  어난 결과)
- 협상 결렬 : 점 NA(no agreement)

A, B 모두 자신의 의중과 관심사를 드러내고 협력적으로 협상할 경우 윈-윈 합의는
물론이고 어느 한쪽이 손해 보지 않고서는 다른 한쪽의 이익을 더 이상 늘릴 수 없는
합의, 이른바 '파레토 효율 합의(Pareto efficient agreement)'에까지 도달할 수 있
다.

이와 같이 협상의 파이(가치)를 키워 윈-윈 합의를 이루는 것이 바람직하나 현실적
제약으로 어려울 경우 적절한 타협이 협상이 결렬되는 것보다 나을 수 있다. 이때 많
이 사용하는 방법이 '똑같이 나누기(split-the-difference)'다.

☞ 신속한 합의가 필요할 경우 이익을 똑같이 나누는 방법을 고려해보라!

참고 : 조지메이슨대 딘 프루잇(Dean G. Pruitt) 등, 1993

'예스(Yes)'가 아니고
'노(No)'를 이끌어내는 것도 방법

신화 속에서 힘으로 갈등을 해결하려는 데 있어 성별의 차이는 없어 보인다

신과 요정, 영웅과 인간이 공존했던 신화의 세계에서도 다툼과 분쟁이 끊이지 않았다. 갈등이 생기면 당사자 간 협상을 통해 해결하기도 하고, 제우스와 같이 힘이 세면서 제3자적 입장에 있는 존재들이 나서서 조정하거나 판정을 내리기도 하지만 힘의 논리가 단연 우세했다. 힘센 자가 약한 자를 응징하거나 우열이 분명치 않을 경우 바로 싸움, 전쟁을 벌였다.

신화 속에서 힘으로 갈등을 해결하려는 데 있어 성별의 차이는 없어 보인다. 자신보다 약한 존재들과의 관계에서 여신들이 남신들보다 더 가혹하게 힘으로 다스린 측면도 있다. 고의든 아니든 요정, 인간 여자가 여신들의 노여움을 사거나 심기를 건드렸다간 가차 없이 단죄되었다.

여신들 간 미의 경연에서 당당히 '미스 올림포스'에 뽑혔던 아프로디테는 자신의 미모를 바래게 할 정도로 예쁜 프시케에게 배알이 꼴려 어떤 남자도 거들떠보지 않도록 괴롭힌다. 일이 꼬여 자신의 며느리로 맞고 나서는[92] 온갖 구박을 다 한다. 지혜의 여신이면서 실 잣는 일, 방직, 재봉 등의 기술도 관장

---

92) 아프로디테는 자신의 아들이자 사랑의 신 에로스를 시켜 프시케를 가장 비천한 남자와 사랑에 빠지게 하려고 했으나 에로스가 실수하는 바람에(사랑에 빠지게 되는 화살에 자신이 찔림으로써) 그만 프시케에게 홀딱 빠져 그녀를 아내로 삼고 말았다.

하는 아테나는 자신과의 자수 시합에서 빼어난 솜씨를 뽐내는 아라크네를 평생 몸에서 실을 뽑아야 하는 거미로 만들어버린다. 제우스와 사이에 어디 내놓아도 자랑스러운 아들(태양신 아폴론)과 딸(사냥의 여신 아르테미스)을 둔 레토는 자신에 견줘 제 자식 자랑을 하는 테베의 왕비 니오베의 일곱 아들과 일곱 딸들을 아폴론과 아르테미스를 시켜 모조리 활로 쏴 죽인다.

　힘으로 만사를 처리하는 대표적 여신은 제우스의 정실부인, 헤라다. 결혼 생활의 수호신이기도 하지만 바람둥이 남편 탓에 정작 자신은 올림포스 궁전의 안주인으로서 좋은 모습은 별로 보여주지 못하고 허구한 날 남편을 감시하고, 질투에 불타 그와 사랑을 나눈 애인과 자식들을 괴롭히는 일만 한다.

　남편의 정부들이 대부분 자의가 아니고 제우스의 변신에 속아 그만 그와 사랑을 나누게 되었지만[93] 그런 그녀들을 다룸에 있어 헤라의 사전에 관용이나 타협이란 단어는 없었다. 결혼 후 남편의 첫 바람 상대인 레토에겐 해가 비치는 곳에선 출산하지 못하도록 저주를 내려 만삭의 몸으로 사방팔방을 헤매게 한다. 디오니소스를 임신한 세멜레는 속임수를 써 타죽게 만든다. 칼리스토는 흉측한 곰으로 변해 자기가 낳은 아들의 화살에 죽음을 당하게 하고, 암소로 변해버린 이오는 평생을 쇠파리에 등을 뜯기며 이곳저곳 떠돌게 만든다. 심지어 알크메네가 낳은 겨우 열 달 된 헤라클레스를 죽이려고 요람에 독사를 들여 넣기도 한다.

타협의 대상이 아닌 것도 있고, 협상이 능사가 아닌 경우도 있다

　자신의 결혼생활을 방해하긴 했지만 어찌 보면 그녀들도 피해자로서 제우스 때문에 신세를 망친 점을 고려해 관용을 베풀 수도 있었을 텐데 헤라는

---

93)　제우스의 변신 이야기에 대하여는 49쪽 〈바람둥이에 변신의 귀재, 제우스의 협상 능력〉을 참고.

남편의 외도 상대들을 철저하게 응징했다. 그 문제로 결코 타협하거나 협상하려고 하지 않았다. 그래서인지 그녀는 제우스와 정식 결혼한 천상의 왕비이면서도 세상 사람들의 머리에 질투, 원한, 복수의 대명사로 떠오르고, (다른 남신, 여신들은 다 갖고 있는) 자신의 이름을 딴 행성 하나도 갖고 있지 않다.

무엇이든 협상할 수는 있지만 상대와 풀어야 할 문제, 해결해야 할 이해관계가 있다고 해서 언제나 협상해야 하는 건 아니다. 협상하지 않고서도 자신의 원하는 바를 실현할 수 있을 때, 협상에 들어가는 돈, 시간 등에 비해 얻는 이익이 크지 않을 때, 상대의 최상의 제안보다 협상이 결렬될 경우 내가 가진 대안(배트나)이 더 나을 때는 협상이 문제 해결을 위한 최선의 선택이 아닐 수 있다. 그런 경우엔 협상하게 되더라도 '예스(Yes)'가 아니고 '노(No)'를 이끌어내는 것도 방법이다.

늘 관을 쓰고 공작새를 거느린, 우아하면서 당당한 모습의 헤라. 왜 타협적인 자세로, 협상 마인드를 갖고 남편의 정부들 문제를 다루지 않았을까. 직접 협상하기가 곤란하면 신들의 전령인 이리스나 헤르메스를 활용할 수도 있었을 텐데. 아마도 결혼생활의 수호신이라 가정을 가진 모든 아내들을 위해 남편의 정부들과의 협상을 단연코 거부하지 않았을까. 결혼의 수호신으로서 원칙을 지키기 위하여. 그렇게 타협의 대상이 아닌 것도 있고, 협상이 능사가 아닌 경우도 있다.

다음의 경우엔 협상이 최선의 선택이 아닐 수 있다.

– 협상을 통해 얻으려는 것보다 비용이 더 많이 발생할 때

– 협상 결렬 시 나의 대안(**BATNA**)이 형편없고 그걸 상대도 알고 있을 때

– 나의 협상 제안이 상대를 신뢰하지 않는다는 오해의 신호로 비칠 수 있을 때

– 협상을 통해 얻을 수 있는 가치보다 상대와의 관계에 미치는 손해가 더 클 때

– 협상하는 것이 문화적으로 부적절할 때

– 상대의 최상의 제안보다 내 배트나가 더 나을 때

그리고 사회의 모든 구성원에게 적용되는 문제(예 : 인종 차별)로 갈등이 발생할 때 매번 당사자 간 협상으로 해결하는 것보다 법원의 결정에 의한 제도적 해결이 더 바람직하다. 아울러, 상대의 배트나에 비해 자신의 배트나가 형편없을 땐 협상이라는 게임보다는 상대의 공정성에 '호소'하거나 '부탁'하는 편이 더 나을 수 있다.

☞ 협상이 최선의 방법이 아닌 상황에서는 주저 없이 협상 테이블에서 일어나 자신의 배트나를 추구하거나 다른 방법을 검토해보라!

참고 : 하버드대 디팩 말호트라(Deepak Malhotra, 2007) 등, 윌리암 유리(William L. Ury, 1988) 등

아예 침묵하는 것이
좋을 때가 있다[94)]

침묵의 힘을 활용할 줄도,
상대의 침묵을 편안하게 받아들일 줄도 알아야 한다

말은 잘해야 한다. 그런데 말을 잘하는 것과, 말이 많은 것은 분명히 다르다. 몇 마디 하지 않더라도 꼭 필요한 말만 해서 자기 의사를 명확히 전달하고, 상대를 납득시키는 것이 정말 말을 잘하는 것이다. 말이 많다 보면 아무래도 실언도 하고, 시비가 생길 수 있다. 그리고 가벼워 보인다.

아예 침묵하는 것이 좋을 때가 있다. 말을 해야 할 때 입을 다물면 상대는 거북하고 불편해진다. 답답하고 당황한 상대가 오히려 말이 많아진다. 해선 안 될 말도 하게 되고, 결과적으로 양보도 많이 하게 된다. 어느 정전 협상에서 상대가 유리한 전세를 믿고 몰아 부치자 두 시간 넘게 입을 닫고 버틴 인물이 있었다. 밀어 붙이던 상대는 요지부동의 침묵에 견디지 못하고 결국 협상장을 박차고 나가버린다. 협상 테이블에서는 침묵의 힘을 활용할 줄도, 상대의 침묵을 편안하게 받아들일 줄도 알아야 한다.

반대 의사를 단정적·직선적으로 표현하는 것보다 때론 침묵이 더 효과적이다. 관계의 손상도 줄일 수 있다. 대화 도중 잠시의 침묵은 듣는 사람의 이

---

94) 이 에세이는 필자가 2013.07.25.자 매일경제신문(매경춘추)에 기고했던 〈침묵과 경청〉을 일부 수정한 것임을 밝혀둔다.

해를 돕는다. 주의를 환기시키고, 집중하게 한다. 상대를 배려한 침묵이다. 이렇게 침묵은 의지와 여운이 실린, 그리고 신비감조차 드는, 유용한 비언어적 메시지이다. 말이 홍수처럼 넘쳐나는 디지털 미디어 시대. 웅변은 은, 침묵은 금이라는 금언(金言)이 더욱 와 닿는 이유다.

입은 하나 귀는 둘, 말은 적게 하면서 잘 들으라는 조물주의 메시지 아닐까

남의 말을 제대로 듣는 것도 중요하다. 그저 듣는 것보다 반응을 보이며 듣는 게 좋다. 상대의 얘기에 "얼씨구나!" 하고 추임새를 넣듯. 그것이 바로 '경청'이다. 상대의 얘기를 경청하면 기본적으로 소중한 정보를 파악할 수 있다. 그보다 더 중요한 것은 상대의 마음과 호감을 얻을 수 있다. 그래서 우호적인 분위기가 조성되고 설득하기가 더 쉬워진다.

시선을 마주치며 강의에 집중하는(때로는 고개를 끄덕이며 질문도 하는) 학생이 얼마나 예쁜가. 학점을 잘 줄 수밖에. 사람끼리의 관계는 그렇게 '주고받는' 것이다. 경청! 상대를 기쁘게 해 주는 최고의 대인 기술이다. 은근한 아부기도 하다. 입은 하나, 귀는 둘. 말은 적게 하면서 잘 들으라는 조물주의 메시지 아닐까.

대리인이
'내 일 하듯' 일하도록 하라

처삼촌 묘 벌초하듯 해왔네!

20여 년 전, 몸담았던 조직에서 과장으로 근무하던 시절의 일. 조직 내부와 외부의 가교 역할을 담당하는 부서라 늘 바빴다. 주말에도 사무실에 나와 부지런히 뭔가를 해야 했다.

잔뜩 쌓여 있는데 계속 생기는 일의 시한 내 처리에 급급하다 보면 질이 떨어질 수밖에. 직접 챙기고, 경중에 따라 시간 배분을 달리하며 중요한 기획안, 보고서가 소홀해지지 않도록 노력해보지만 구멍이 생긴다. 현안이 한꺼번에 밀려들 땐 더욱 그랬다. 이 일도 그런 상황에서 벌어졌다.

긴급한 지시를 받고 관련 부서와 협의하며 씨름하고 있는데 직원 한 사람이 내일까지 제출해야 한다며 서류 하나를 내민다. 국회에 보내는 보고서다. 열 쪽쯤 되는 문서를 훑어보니 많이 부족하다. 한숨이 절로 났지만 어쩌겠나. 하던 일 제쳐두고 몇 자 고치고 체제만 조금 바꿔 청장실로 들고 갔다.

한 쪽, 한 쪽 넘겨가며 설명을 드렸는데 다 듣고 나서도 아무 말씀이 없다. 그러다 손수 서류를 이리저리, 앞으로 뒤로 넘기길 몇 차례. 기 수련 때 많이 듣는 명상 음악이 잔잔히 흘러나올 뿐 집무실에 무거운 침묵이 흐른다. 한참 후, 필자를 빤히 쳐다보며 웃으면서 한마디 하신다.

"처삼촌 묘 벌초하듯 해왔네!"

처음 듣는 말이지만 무슨 뜻인지 금방 알 수 있었다. 얼굴이 확 뜨거워졌다. 화를 내고 나무랐으면 차라리 나았을 텐데 '일이 너무 많아 그리 됐구먼. 이해해!' 하는 투로 그러니 더욱 몸 둘 바를 모르겠다.

자기 조상 묘 돌보기도 힘든데 처가네, 그것도 처삼촌 묘를 얼마나 성의껏 벌초하겠는가. 어찌어찌해 억지로 나서긴 했지만 낫 들고 시늉만 낼 뿐 건성건성할 게 뻔하다. 중요하고 신경 써야 하는 국회 관련 업무를 나름 믿고 앉혔던 과장이 혼례 때 한 번이나 보고 말았을 처삼촌 묘 벌초하듯 해온 걸 보고 한심해서 그렇게 표현했을 터.

주인의 이익, 관심사는 뒷전으로 내치고 대리인 자신의 이익을 앞세운다

학자들이 '주인-대리인(principal-agent) 관계'로 설명했듯 '내 일' 할 때와 '남의 일' 할 때의 마음가짐과 자세가 다르다. 협상에서도 이런 대리인 문제가 자주 발생한다. 갈등, 분쟁의 당사자가 직접 협상 테이블에 앉기도 하지만 여러 가지 이유로 대리인을 통해 협상하는 경우가 많기 때문이다.

주인은 자기 대신 협상 테이블에 앉은 대리인이 주인 입장에서, 주인의 이익을 위해 상대와 협상하길 바라고, 그것이 대리인의 당연한 도리라고 생각한다. 하지만 현실에선 대리인이 주인의 이런 바람을 저버리고 최선을 다하지 않을 때가 많다. 어떤 경우엔 주인의 이익, 관심사는 뒷전으로 내치고 대리인 자신의 이익을 앞세운다.[95] 주인으로선 이런 대리인의 일탈 행위를 막기 위

---

95) 이를 '대리인 문제(agency problem)'라고 하는데 이에 대하여는 87쪽 〈대리인이나 중개인은 신중히 써라〉를 더 참고.

해 감시를 강화하고 '내 일 하듯' 일하도록 다양한 유인책을 쓰게 된다.

처삼촌 묘 벌초하듯 작성해갔다가 한 쪽 한 쪽 손질해준 문서를 들고 나오는데 쥐구멍에라도 들어가고 싶은 심정이었다. 오랜 시간이 흘렀지만 어제 일처럼 생생하고 지금도 부끄럽기 짝이 없다. 승진을 바라볼 수 있는 자리여서 매사 자신의 입장에서 최선을 다할 것으로 생각했던 과장이 그 중요한 보고서를 부실하기 짝이 없게 해왔어도 나무라지 않고 조용히 일깨워 준 그분, 장관까지 지내고 아름답게 물러나 '퇴계처럼', '선비처럼' 살고 계신다.

맞대응(tit-for-tat) 전략의 허와 실

이에는 이, 눈에는 눈으로 맞서겠다!

트럼프 행정부의 중국에 대한 지적재산권 침해 여부 조사와 일부 수출품목의 통상법 301조 적용 검토 방침에 대해 중국에서는 무역전쟁으로 받아들이며 "이에는 이, 눈에는 눈으로 맞서겠다!"고 선언했다. 이러한 움직임엔 신장위구르 지역의 인권 문제 등 양국 간 복잡한 정치·외교적 요인들이 얽혀 있어 실제 무역전쟁으로 비화될지, 그냥 설전으로 그칠지는 두고 볼 일이다.

눈에는 눈, 이에는 이. 인류 최초의 성문법 함무라비법전에 나오는 형벌 방식이다. 남에게 해를 끼친 꼭 그만큼 벌한다는 얘기다. 그것이 지금에 와선 개인·집단 간 상호 작용의 원칙으로 사람들이 자주 입에 올리는 말이 되었다. "네가 그랬으니 나도 그렇게 앙갚음한(할) 거야!"라며 자신의 대응 행동을 합리화할 때 쓰인다.

'눈에는 눈, 이에는 이'의 행동 방식은 신화 속에서도 마찬가지였다. 힘의 논리가 지배했던 영웅들의 세계에서는 더욱 그랬다. 누구보다 그 원칙에 철저했던 영웅이 있었다. 테세우스다.

고대 그리스엔 지역마다 영웅들이 있었다. 영웅들은 신과 인간 사이에 난 자손들 또는 그 후손들이다. 보통 영웅들은 인간을 괴롭히는 괴물(또는 악당을) 물리치거나 인간들이 할 수 없는 위업을 달성하는 등 자신의 능력을 입증함으로써 그 지역의 통치자로 부상한다.

세상에 널리 알려진 헤라클레스는 도리스 지역의 영웅인데 테세우스는 앗티케 지역의 영웅이다. 아들을 얻지 못해 전전긍긍하던 아테네의 왕 아이게우스가 아들을 빌러 신탁소가 있는 델포이에 다녀오던 길에 친구 딸과 하룻밤 인연으로 태어난 아들이 테세우스다.

테세우스는 청년이 되자 아버지가 바위 밑에 남긴 신표(信標)를 갖고 아버지를 찾아 떠난다. 안전한 바닷길도 있지만 자신이 닮고 싶은 헤라클레스가 그랬던 것처럼 악한들이 우글거리는 육로를 택해 그들을 퇴치하고자 했다. 산이 많은 나라 그리스. 나그네들이 으슥한 산길을 가노라면 산적과 강도들이 출몰하기 일쑤다. 노상강도들 중엔 별 희한한 자가 다 있다.

테세우스가 맨 처음 만난 페리페테스. 지나가는 사람을 몽둥이로 쳐 죽이고 물건을 빼앗는 자다. 테세우스는 달려드는 그에게서 몽둥이를 빼앗아 단숨에 쳐 죽인다. 페리페테스가 행인들에게 그랬던 것처럼.

두 번째 상대 시니스. 잔뜩 구부려 놓은 두 소나무 사이에 나그네의 팔과 다리를 묶었다가 그대로 놓음으로써 (소나무의 탄성으로) 사지를 찢어 죽이거나, 소나무 하나를 휘어 거기 묶었다 멀리 날려 죽이는 자다. 테세우스가 겁 없이 덤비는 그를 잡아 같은 방식으로 죽여버린다. 시니스가 나그네들에게 늘 했던 대로.

세 번째 상대 스케이론. 아찔하게 높은 벼랑 끝에 자리 잡고 길 가는 사람을 붙잡아 자기 발을 씻게 하고는 그만 낭떠러지 아래로 걷어차 죽이는 자다. 테세우스도 그 수법 그대로 상대를 추락사시킨다.

네 번째 상대 케르퀴온. 바쁜 나그네를 붙들고 씨름 한 판 겨루자고 하고선 죽이는 자다. 그도 테세우스에게 패해 자기가 했던 방식으로 죽고 만다.

마지막으로 크고 작은 두 침대를 갖고 있는 프로크루스테스. 행인을 잡아

키 작은 사람은 큰 침대에 뉘어 팔다리를 잡아 늘려 죽이고, 키 큰 사람은 작은 침대에 뉘어 팔다리를 잘라 죽이는 자다[96]. 덩치가 큰 프로크루스테스도 별 수 없다. 테세우스에게 잡혀 작은 침대에서 머리를 잘려 죽고 만다. 그가 죄 없는 나그네들에게 그리했듯이.

상대가 경쟁적으로 나와도 협력적으로 대할 때
포지티브섬 게임으로 만들 수 있다

협상에서 경쟁적으로 나오는 상대에겐 경쟁적으로, 협력적으로 나오는 상대에겐 협력적으로 대하는 것을 '맞대응(tit-for-tat) 전략'이라고 한다.

그런데 경쟁적으로 나오는 상대에게 같이 경쟁적으로 나갈 경우 결국 협상 테이블이 싸움판이 되어 파국에 이르거나, 서로 지고 이기는 제로섬 게임으로 끝나기 쉽다. 상대가 경쟁적으로 나와도 인내하고 설득할 때 협상 분위기가 바뀌어 양보와 타협이 가능해지고, 파이를 키워 모두 제 몫을 더 가져가는 포지티브섬 게임으로 만들 수 있다.

상대가 나에게 한 대로 앙갚음할 경우 당장엔 속이 시원할지 몰라도 보복의 악순환이 일어나 모두 큰 상처를 입게 된다. 미국과 중국 모두 한 발짝씩 뒤로 물러나 대화와 타협을 통해 문제를 풀길 기대한다. 우리로선 고래 싸움에 새우등 터져서도 안 되고, 이웃집에 불이 나서도 안 될 일이어서 그렇다.

맞대응 전략의 명수 테세우스. 악당들을 응징하여 영웅으로 추앙받고 왕이 되어 오랫동안 아테네를 지배하지만 자식을 저주해 죽게 하는 등 말년은 불운하기 짝이 없다. 마지막엔 자신이 그랬던 것처럼 절벽에서 떠밀려 죽는

---

96) 이 일화로부터 융통성이 없는 생각이나 태도에 대해 '프로크루스테스의 침대'라는 표현이 생겨났다.

다. 맞대응 전략의 인과응보인 셈.

맞대응 전략을 써야 할 때가 분명히 있지만 더러는 이에는 이가 아닌 '미소'로, 눈에는 눈이 아닌 '웃음'으로 대했더라면 어땠을까. 뭔가 달라졌을 것이다. 고대 그리스인들이 테세우스의 무용담을 통해 후대 사람들에게 전하고 싶었던 메시지는 바로 그런 것 아니었을까.

협력 전략이 협상의 파이(가치)를 키우고 상대와 친밀한 관계를 형성하는 데 도움이 되지만 매번 협력적으로 나가선 곤란하다. 상대가 내 양보의 의미나 가치를 이해하지 못하거나 평가절하 할 경우 상호주의에 의한 대응 양보도 하지 않고 거듭 요구만 할 수 있다.

그래서 상대에 따라 맞대응 전략이 필요할 때가 있다. 동일한 상대와 반복적으로 이루어지는 협상에서 상대가 경쟁적으로 나오거나 약속을 위반할 경우, 다음 협상에선 상대가 했던 대로 대응하는 게 좋다. 상대가 경쟁적으로 나온 게 오히려 더 손해라는 걸 깨닫게 해주기 위해서다.

경쟁 전략을 사용해 당장은 이익이 될지 모르나 평판, 신뢰의 손상으로 장기적으론 더 큰 손해를 보게 된다는 메시지로 작용해 다음 협상에서 배신하지 않도록 하는 효과가 있다.

☞ 동일한 상대와 반복적으로 이루어지는 협상에서 상대가 경쟁적으로 나오거나, 약속을 위반할 경우 상대가 한 대로 맞대응을 검토해보라!

입장이 서로 바뀐 상황에서
다시 협상하게 된다면?

'완전히 꺼진 불'이라고 생각했지만 다시 살아나 저렇게 돌아오지 않나

"꺼진 불도 다시 보자!"

지난해 새 정부가 들어서고 이어지는 공공기관, 공기업 인사 때마다 심심치 않게 들리는 얘기다. 요직에 있다 꽤 오래 전 공직을 떠났던 인사들이 다시 정부 안팎의 이런저런 자리에 등용되면서 주변 사람들이 보이는 반응이다. 그 인사가 자리에 있을 땐 뭔가 기대하며 관계를 유지했지만 물러나자마자 '저 양반 이제 끝났어. 더 볼 일 없어!' 라며 멀리하고 홀대했던 사람들에게 딱 들어맞는 경구(驚句)다.

현직에서 잘나갈 땐 주변이 늘 붐비지만 퇴임 순간 썰렁해진다. 그것이 세상인심이고 사람들의 행태다. 오죽했으면 재상집 개가 죽으면 문상객이 성시를 이루는데 정작 재상 빈소엔 강아지 한 마리 얼씬거리지 않는다 했을까.

자의든, 타의든 자리에서 내려오게 되면 아쉽고 서운하기 마련이다. 거기에 주변 사람들까지 등을 돌리면 어떻겠나. 떠나는 이에게 말 한마디라도 따뜻하게 건네는 게 도리다. 신세를 졌거나 도움을 바랐던 사람들은 그 인사가 물러난 뒤에 더 잘해야 한다. 그것이 경우다.

더욱이 세상일은 모를 일이어서 '완전히 꺼진 불'이라고 생각했지만 다시 살아나 저렇게 돌아오지 않나. 그동안을 봐서도 그렇고, 앞으로 어떻게 될지 모르니 떠나는 이에겐 잘해야겠다.

이번 협상에서 상대에게 더 양보하고, 더 빨리 합의할 가능성이 높다

과거의 경험, 기억뿐만 아니라 미래에 대한 예측도 현재의 행동에 영향을 미친다. 앞에 있는 상대와의 거래가 이번이 끝이 아니고 계속 이루어진다면, 그리고 다음에 만날 땐 상대와 나의 역할이 뒤바뀐다면(판매자가 구매자가 되고, 구매자가 판매자가 된다면) 상대에 대한 내 행동은 달라질 수밖에 없다. 중고차 판매상으로부터 차를 샀다 얼마 후에 되팔아야 하는 렌트카(rental car) 회사는 방금 판매상이 제시한 가격을 마냥 후려칠 수만은 없을 것이다.

입장이 서로 바뀐 상황에서 다시 협상하게 될 경우 이번 협상에서 상대에게 더 양보하고, 더 빨리 합의할 가능성이 높다. 두 가지 이유 때문이다. 역지사지하게 되면서 상대에 대한 친근감과 긍정적 감정이 생겨 더 양보하게 된다. 다른 하나는, '상호주의'에 따라 다음 협상에서 상대가 보답하리라는 믿음에서 기꺼이 내가 먼저 양보하게 된다. 이번 협상에서 양보로 인한 손해를 다음 협상에서 충분히 메울 수 있다고 예상하기 때문이다. 이렇게 다시 만날 사람과의 관계, 거래는 이번이 끝인 경우완 많이 달라진다.

기대수명 90세, 100세를 바라보는 세상이다. 사람들의 사회적 수명도, '을'로 떨어진 '갑'이 '다시 갑'이 될 수 있는 재역전의 시간도 덩달아 늘어났다. 아무도 모를 세상일이 더욱 모르게 된 것이다.

타고 있는 불, 꺼진 불을 구분해선 안 되겠다. 나와 인연을 맺은 누구에게나 잘해야겠다. 도리 상으로도 그렇고, 얄팍한 처세로 화상이나 화재를 입지 않기 위해서도 그래야겠다.

영화에서처럼 '장고(Django)'가 멀쩡하게, 그것도 나와 관계, 위치가 뒤바뀌어 돌아올 수 있으니 사람을 대할 때 늘 역지사지하자. 그러면 꺼진 불에 손 델 일은 결코 없을 것이다.

"적들의 신발을 신고 그들의 관점을 이해한다면 세상의 고통과 오해의 3/4은 끝날 것이다." – 마하트마 간디 상대가 다음 거래에서 자신의 역할이 역전된다는 것을 알게 될 경우 이번 거래에서 나에게 양보를 더 잘하고, 더 빨리 합의할 가능성이 높다. 자신의 양보 행동이 다음 거래에서 나의 양보로 보답 받을 수 있으리라는 상호주의 신념의 영향 때문이다.

그래서 고정된 파이를 나누어야 하는 분배적 협상이 불가피한 상황에서는 상대에게 이번 거래와 관련된 후속 거래가 이루어질 수 있다는 것을, 다음 거래에선 서로의 역할이 뒤바뀔 수 있음을 넌지시 언급할 필요가 있다. 뒤집어서 스스로에겐 이번 거래와 다음 거래를 떼어내 생각함으로써 다음 거래로 인해 이번 거래가 영향을 받지 않도록 하는 것이 좋다.

☞ 같은 상대와 협상이 반복될 경우, 그리고 다음번엔 서로 역할이 바뀔 수 있는 경우
  – 상대로 하여금 다음 협상이 이번 협상과 밀접하게 연결되어 있다고 느끼게 하라!
  – 스스로는 다음 협상을 별개의 협상으로 여겨라!

참고 : 버지니아공대 라지쉬 배그치(Rajesh Bagchi) 등, 2016

7장

실패 없는 협상을 원한다면 이것을 기억하라

자신의 이익만 극대화하려 할 경우
결국 모두가 손해 보게 된다

1/N 방식은 기계적 평균 속에 '차이'가 몽땅 묻혀버린다

이른바 '김영란법'이 시행되면서 많은 변화가 느껴진다. 시중의 선물 풍속도도 달라져 실속 위주로 상품을 찾는다고 한다. 올 설 선물로는 그동안 별로 찾지 않던 돼지고기 세트가 인기인 모양이다. 선물은 상대방에 대한 '내 마음의 표시'로 여겨 늘 분에 넘치게 하는 경향이 있었는데 그런 과도한 선물 관행이 바뀌고 있다니 참 다행스러운 일이다.

식사 자리, 골프 모임 등의 경비 계산도 한국식 더치페이(Dutch pay)라고 할 수 있는 '1/N 방식'이 자리를 잡아가는 것 같다. 각자 지불하다 보면 아무래도 번거로워져 처음엔 계산대 직원의 입이 삐죽 나왔을지 모르겠으나 이제는 '뉴 노멀(New Normal)'이 되어가는 모습이다. 비용을 똑같이 나누어내면 아무래도 마음이 편하다. 어떤 경우이든 대접을 받는 데서 오는 심적 부담이 만만찮기 때문이다.

이 1/N 방식은 서양식 더치페이보다 훨씬 효율적이다. 영국과 네덜란드의 갈등 관계에서 생겨난 용어로 알려진[97] 더치페이는 자기가 먹은 만큼, 누린

---

97) 17세기 후반 해상 주권을 두고 세 차례나 전쟁을 치르며 네덜란드인들에 대한 좋지 않은 감정을 갖고 있었던 영국인들은 부정적, 냉소적 의미를 나타내려고 할 때 단어 앞에 '더치(Dutch)'라는 수식어를 붙여 사용하곤 했다. 그래서 같이 식사하고 자기 비용만 달랑 지불하는 행위를 일컬을 때도 '페이(pay)' 앞에 더치를 붙인 데서 더치페이가 유래된 걸로 알려져 있다.

만큼 각자 지불하는 방식이다. 비싼 걸 먹으면 많이, 싼 걸로 조금만 먹으면 적게 낸다. 그러니 종업원이 개인별로 주문과 계산을 정확히 잘 처리해야 한다. 그에 반하여 우리의 1/N은 누가, 뭘, 얼마나 먹었는지 신경 쓰지 않는다. 총액을 사람 수로 그대로 나눈다. 기계적 평균 속에 '차이'가 몽땅 묻혀버린다. 쉽고 편하다. 일손도 덜 들고 따지는 사람도 없다.

그런데 여기까지다. 돈을 지불하는 입장에서 1/N 방식엔 자칫 빠지기 쉬운 함정이 도사리고 있다. 눈치 빠른 식당 지배인은 금방 알아챌 것이다. 매상 올리는데 1/N 방식이 오히려 더 나을 수 있다는 걸. 왜 그럴까?

가족이나 친지로부터 또는 사업상 관계로 대접을 받게 될 때 가급적 싼 메뉴로, 적게 주문하려는 것이 인지상정이다. 그것이 초대한 사람에 대한 예의이고 염치 있는 행동이라고 생각한다. 초대한 측도 겉으로는 어떻게 반응할지언정 속으론 그 의사를 꺾을 이유가 없다.

1/N 방식이 지속 가능하려면 구성원 모두 협력적으로 행동해야 한다

그러나 1/N 상황에서는 달라진다. 비용을 똑같이 나누어 내니 그랬다간 자기만 손해 볼 수 있다. 옆 사람 보며 비싼 것도 시키고, 뒤질세라 많이 먹게도 된다. 저번 그늘 집에서 먹었는데 다음 그늘 집에서 또 먹는다. 모임 구성원 모두 경쟁적으로 그렇게 할 수 있다. 그 광경에 주문받는 종업원은 내심 쾌재를 부를지 모른다.

'이번 달엔 성과급을 많이 받겠는 걸!'

영화 〈뷰티풀 마인드(Beautiful Mind)〉의 실제 모델 존 내시(John F. Nash)는 이런 1/N 방식에서 초래될 수 있는 행동의 결과를 일찍부터 꿰뚫어 봤다. 아담 스미드가 "개개인이 집단 안에서 자신을 위해 최선을 다할 때 최고의 이

익이 발생한다."고 했지만 자신의 이익만 극대화하려 할 경우 결국 모두 손해 보게 된다는 걸. 상대를 믿고 협력적 선택을 할 때 모두가 만족하는 '균형'에 이르게 됨을 이 천재 학자는 20대의 젊은 나이에 알고 있었다.

나누어 가질 전체 파이를 키워 모두가 윈-윈(win-win)하는 협상은 서로 협력할 때만 가능하다. 상호 신뢰할 수 있어야 이룰 수 있다. 어느 한쪽이 다른 사람의 관심사나 욕구는 아랑곳 없이 자기 이익만 챙기려 하면 너도 나도 따라 한다. 그럴 경우 문제의 해결을 위한, 협상에 걸린 가치를 창출하기 위한 정보 교환도 창의적 아이디어도 기대할 수 없다. 거래나 협상판이 정글에서 적을 찾아내 초토화시키려는 '수색 섬멸 작전'으로 바뀐다.

효율적이고 편리한 우리의 1/N 방식이 지속 가능하려면, 그 모임이 오래 유지되려면 서로에 대한 예의와 신뢰, 그리고 자기절제가 필요하다. 구성원 모두 협력적으로 사고하고 행동해야 한다. 갈등과 대립, 불신의 사회적 비용을 줄여 모두 잘 사는 방법이기도 하다.

상대와 관계의 중요성의 정도와 성과의 중요성의 정도 두 요소에 의할 때 협상 전략은 다음 5가지로 분류된다.

① 회피 전략 : 관계, 성과 모두 중요하지 않아 협상에 적극적으로 임하지 않는 전략
② 수용 전략 : 상대와 관계 보전을 위해 성과는 양보하는 전략
③ 경쟁 전략 : 성과가 관계보다 중요한 경우의 단기적 협상 전략
④ 협력 전략 : 관계도 강화하고 성과도 최대화 하려는 협상 전략
⑤ 타협 전략 : 협력하긴 어렵지만 적당히 성과도 달성하고 관계도 보전하고자 하는
전략

협상하면서 한 가지 전략만 사용하진 않으며 협상 중 얻은 정보나 여건의 변화에 따라 전략을 바꿔가며 대응하는 것이 일반적이다. 예를 들어 상대와 협력해 협상에 걸린 가치를 창출하고(파이를 키우고) 나서는 협상력을 발휘해 자신의 몫을 더 많이 챙기는 식이다.

☞ 협상은 기술적 게임도, 운에 맡기는 게임도 아닌 전략 게임이다. 잘 수립한 전략을 갖고 협상에 임하며, 상대의 언행 등에서 추가적으로 획득한 정보를 토대로 전략을 수정해 가며 탄력적으로 대응하라!

참고 : 오하이오 주립대 로이 레위키(Roy J. Lewicki) 등, 1996

한두 사람이 의사 결정을 좌지우지하면
좋은 결과를 얻기 어렵다

뭉치기만 하면 다 좋은가?

'뭉치면 살고, 흩어지면 죽는다!'

집단 구성원 간 단결을 강조하는 구호다. 초등학교 때부터 들었는데 최근에도 자주 듣는다. 그렇다. 적의 코앞에서 분열하면 자멸한다. 뭉쳐야 힘이 생긴다. 그런데 뭉치기만 하면 다 좋은가?

무리 속에 들어가면 내 생각과 전혀 다른 결정에도 쉽게 따른다. 결코 해선 안 된다고 믿는 잔혹한 일도 별 죄책감 없이 저지른다. 나 혼자라면 위험에 빠진 이를 당연히 구해줬을 텐데 주위에 사람들이 있으면 눈치를 보게 된다.

혼자일 때 생각, 행동과 크든 작든 집단에 속했을 때의 그것과는 사뭇 다르다. 여러 실례와 실험에서 확인된 바다. 나름 이성적, 합리적으로 행동하다가도 무리 속으로 들어가면 그게 잘 안 된다. 노력도, 책임감도, 죄의식도 줄어든다. 다른 사람의 영향, 집단의 압력 때문이다. 나만 튀기 싫어, 애매한 상황에서 틀리는 게 두려워, 다른 사람의 인정을 받고자, 명령에 의해 불가피하게 자신의 평소 생각과 행동을 쉽게 바꾼다. 다른 사람에게 동조하고, 순응하고, 맹종한다. 그러다 보니 뭉치지 않느니만 못한 결과가 종종 발생한다.

뭉치려면 제대로 뭉쳐야 한다. '전체가 부분의 단순 합 그 이상'이 되려면,

여러 사람에게서 지혜가 나오려면 서로 영향을 끼쳐야 한다. 커뮤니케이션이 원활하게 이뤄져야 한다. 집단 내 역할이 나뉘고 그 역할이 상호 보완적이어야 한다. 구성원들이 초록동색(草綠同色)이어선 곤란하며 '미운 오리 새끼'가 군데군데 끼어 있어야 한다. 그게 시스템이다. 그래야 집단의 어리석고 치우친 의사 결정과, 남에게 미루고 자기는 뒤로 빠지는 '사회적 태만'과 '다수의 방관', 그리고 '파괴적 복종'을 막을 수 있다.

이제는 '다양성', '차이'에서 경쟁력이 나온다

협상에서도 마찬가지다. 협상 팀원 한두 사람이 의사 결정을 좌지우지하면 좋은 결과를 얻기 어렵다. 다양한 구성원으로 팀을 꾸리고 활발한 논의를 거쳐 협상 목표와 우선순위, 구체적 전략, 제안 내용 등을 정해야 한다. 반대 의견만 내는 팀원(devil's advocate)을 따로 두거나 외부 전문가를 참여시키는 등 사안을 여러 관점에서 균형 있게 보도록 해야 한다.

세상이 갈수록 복잡해지고 시장, 경영 환경의 불확실성이 커지고 있다. 이제 '다양성', '차이'에서 경쟁력이 나온다. 구성원의 출신 지역, 전공, 성별, 인종 등에 있어서 다양한 배경이 요구되는 이유이다. 일단 이루어진 결정은 똘똘 뭉쳐 그야말로 일사분란하게 집행하되, 그 결정은 여러 사람들의 참여와 상호 작용에 의한 '집단지성(collective intelligence)'이 발휘된 결과여야 한다. 다른 의견이 용납되지 않는 '집단사고(groupthink)'를 보였다간 정말 집단사고(集團事故) 당하기 십상이다. 주변에서 늘 보아왔고 지금도 생생히 보고 있지 않나!

충성심만으로
협상 대표를 뽑아서는 안 된다

어릴 때부터 늘 '선공후사, 멸사봉공'의 도리를 배우며 자라왔다

청문회 위증 논란이 뜨겁다. 언론에서 '아니다'와 '모르쇠'로 일관한 청문회였다고 꼬집고 있다. 확인된 사실도 단호히 부인하고, 동문서답하고, 심지어 질문을 피해나가려고 일부러 우둔한 척한다고 질타하고 있다. 국회는 여러 사람을 위증죄로 고발하였다.

수많은 사람들 앞에서 거짓말한다는 것이 결코 쉬운 일이 아니다. 늘 죄책감에 시달리고, 평생 거짓말쟁이로 낙인찍혀 온전히 사회생활을 못할 수도 있다. 그러느니 진실을 말하고 잘못이 있다면 질책, 벌을 달게 받는 것이 남은 삶으로 봐서 더 나을 수 있는데 왜 위증할까.

자기 방어와 자기 보호 차원에서? 그것만으론 온 국민이 눈 부릅뜨고 지켜보는 앞에서 위증하는 이유를 설명하기에 부족한 것 같다. 자기가 속한 조직을 보호하려고 그러지 않았을까.

조직 속의 개인. 어찌 보면 한없이 약한 존재이다. 조직의 논리 앞에서 때론 희생양도 자처하게 된다. 그리고 우리는 어릴 때부터 늘 '선공후사, 멸사봉공'의 도리를 배우며 자라왔다. 집단주의적 성격이 강한 문화에서 조직 헌신은 구성원에게 요구되는 중요한 사회적 덕목이다. 그 때문에 여러 사람 앞에서 빤한 거짓말도 충분히 할 수 있다.

협상 대표가 집단 충성심이 높을 경우 허위 진술을 할 가능성이 높다

어떤 연구에서 협상 대표가 집단 충성심이 높을 경우 허위 진술을 더 잘하는 걸로 나타났다. 그런 사람은 집단의 목표와 가치를 자신의 것으로 받아들이고 어떻게든 집단에 기여하고자 애쓴다. 그것이 자신의 기만행위에 따라 치러야 하는 신뢰 상실과 같은 비용은 과소평가하면서, 이익은 과대평가하게 함으로써 기만전술의 사용을 주저하지 않게 된다.

그 결과 단기적으론 금전적 이익 같은 객관적 협상 성과를 낼 수 있다. 그러나 만족도로 측정한 주관적 성과는 거두지 못한다. 허위 진술로 마음이 불편하기 때문이다. 장기적으로 보면 상대의 보복과 관계 손상 같은 파괴적 결과도 뒤따른다.

시사하는 바가 크다. 충성심만으로 협상 대표를 뽑아서는 안 되겠다. 그리고 협상 대표가 집단 충성심이 강한 성향의 사람일 경우 다른 팀원에 의한 적절한 견제와 균형이 필요하다.

위증 여부는 나중에 밝혀지겠지만 집단 충성심, 조직 헌신에서 하게 된 위증이라도 그것이 사회 정의에 반한다면 해선 안 될 일이다. 더욱이 일시적으론 위증이 자신과 조직에 도움이 될지 모르나 결국 사람들의 신뢰라는 사회 자본을 다 잃어 크게 밑지기 십상이다.

조직 충성심이 강한 사람은 늘 조직에 기여해야 한다는 압력을 느낀 나머지 협상하면서 허위 진술과 같은 비윤리적 행동을 더 자주 하게 된다. 그 결과 금전적 이익 형태의 성과는 거두지만 죄책감으로 인해 협상 결과에 대한 만족도는 높지 못하다.

결국 협상자의 조직 충성심이 비윤리적 행동으로 이어져 단기적 이익보다 훨씬 더 큰 장기적 비용(상대와의 관계 단절, 신뢰 상실 등)을 치를 수 있음을 유의할 필요가 있다.

☞ 조직 충성심이 강한 사람을 협상 대표로 선정할 경우 협상의 성격을 토대로 발생할 수 있는 비용과 편익을 따져보라!

☞ 협상 대표가 충성심이 강할 경우 협상 팀원 간 적절한 역할 분담이나 '선의의 비판자(devil's advocate)'의 지정 등을 통해 견제와 균형이 이루어지도록 하라!

참고 : 고려대 조예슬 등, 2015

준거점이 적정한가?
상대의 준거점은 나에게 유리한가?

왜 프로 골퍼의 버디 퍼팅은 짧고, 파 퍼팅은 긴 편일까?

골프 전문 TV 채널이 생기면서 최고의 기량을 뽐내는 선수들의 경기를 생방송이나 녹화로 언제든지 즐길 수 있다. 소파에 기대고 맥주라도 마시며 해설까지 딸린 경기를 보노라면 여간 재밌지 않다. 영상 기술의 발달로 여기저기서 다양하게 잡은 경기 장면이 대단한 눈요기를 선사한다. 특히, 태극낭자들이 휩쓸고 있는 LPGA 게임은 그런 청량제가 따로 없다.

프로 골퍼들의 그린에서의 경기를 보다 보면 특이한 점 하나가 눈에 띤다. 멋지게 파 온(par on) 후 버디(birdie)를 잡으려고(한 번에 넣으려고) 이리 재고 저리 쟀는데 실패한 퍼팅은 보통 홀컵에 미치지 못한 경우가 많다. 이는 최종 라운드 마지막 홀이 가까워질수록, 스코어보드 상위권 선수들에게서 더 두드러지게 나타난다.

재미있는 건 파 퍼팅의 경우엔 그 정반대 현상이 일어난다. "땡그랑!" 소리가 나지 않는 (실패한) 파 퍼팅은 공이 홀컵을 지나칠 때가 그렇지 않을 때보다 더 많다. 그러다 보니 통계적으로도 버디 퍼팅보다 파 퍼팅 성공률이 훨씬 높게 나타난다.[98]

---

98) 시카고대 데빈 포프(Devin G. Pope) 등의 연구에선 파 퍼팅 성공률이 버디 퍼팅의 경우보다 3.6% 포인트나 더 높게 나타났다.

퍼팅의 순간

어쨌든 공이 홀컵을 지나가야 무슨 일을 내도 낸다. 홀컵에 미치지 못하면 아쉬운 탄식을 지를 기회조차 갖지 못한다.

왜 프로 골퍼의 버디 퍼팅은 짧고, 파 퍼팅은 긴 편일까? 사람들의 판단, 행동의 기준점인 '준거점(referent point)'과 이익을 얻는 것보다 손실을 피하는 걸 훨씬 선호하는 '손실 회피(loss aversion)'의 심리로 설명할 수 있지 않을까.

프로 골퍼는 홀의 기준 타수인 파를 준거점으로 삼고 경기한다. 파를 놓치면 바로 '손실'로 여긴다. 반면, 버디를 놓치는 것은 '이익'을 놓치는 것이어서 서운하긴 해도 손실을 입은 것만큼 심각하게 생각하지 않는다. 같은 한 타인데 손실 쪽 한 타를 이익 쪽 한 타보다 불합리할 정도로 크게 생각하는 인지적 편견이 작용한 결과다.

이렇듯 파는 꼭 지켜야 할 보루, 마지노선(Maginot line)이다 보니 버디 퍼팅

때 안전하게 파를 잡으려 하지 무리하려고 하지 않는다. 그러다 보면 홀컵에 미치지 못하는 경우가 많이 나올 수밖에 없다. 버디를 잡겠다고 세게 친 게 홀을 한참 지나 파도 놓치는 우를 범하려 하지 않는다. 2014년도 어느 LPGA 대회 최종 라운드 마지막 홀, 한 타 차 선두상황에서 5m 버디 퍼팅을 과감히 했다 다 거머쥔 우승컵을 놓쳐버린 어떤 선수의 전철은 결코 밟고 싶지 않은 것이다.

그러나 파 퍼팅의 경우엔 얘기가 달라진다. 이건 여하간 성공해야 한다. 지름 108mm 구멍에 들어가지 않으면 프로로서 '기준 미달'이다. 그러자면 홀을 지나가기에 충분한 힘을 공에 실어줘야 한다. 힘이 지나쳐 보기(bogey)를 하게 되는 위험 정도는 기꺼이 감수하게 된다. 과유불급(過猶不及), 지나치면 미치지 못한 것과 같다? 적어도 여기선 맞지 않는 말이다.

협상 테이블에서 준거점을 정할 때 인지적 편견들의 존재를 감안해야 한다

그렇게 사람의 행동은 준거점의 영향을 많이 받기 때문에 협상 테이블에서도 의사 결정을 할 때마다 준거점을 잘 정해야 한다. 준거점을 정할 때 '손실 회피'와 같은 편견들의 존재를 감안해야 한다. 잘못된 준거점에 구속되어 처음부터 홀에 들어갈 수 없는 '모자라는' 퍼팅을 하는 불합리한 행동을 하지 않으려면.

그리고 협상 과정에서 새롭게 얻은 정보를 토대로 자신의 준거점이 적정한지 수시로 따져봐야 한다. 준거점은 고정불변이 아니라 상황에 따라 바꿀 필요가 있기 때문이다. 나아가 상대도 그런 편견 하에 놓여 있음을 인식하고, 상대의 준거점이 나에게 유리하게 형성되도록 영향을 미치는 것도 유의해야 할 부분이다.

　그린 위의 선수들이 버디를 준거점으로 삼는다면 버디 퍼팅의 실패는 정말 피하고 싶은 '손실'이 돼 어찌하든 홀컵은 지나게 퍼팅하지 않을까.

① 고정파이 편견(fixed-pie bias) :

나눌 가치를 키울 수 있는데도 그 크기가 고정됐다는 생각

– 편견의 영향 : 협상이 승패(win-lose) 게임이 되고, 상대의 제안을 무조건 폄하
하는 경향

– 대처 방법 : 가치 창출이 가능한 정보를 상대에게 제공하여 고정 파이 편견 해소

(예 : 상대의 가격 인하 요구에 대신 인도 시기 등 다른 이슈에서 양보 용의가 있는
지 협의)

② 닻 내리기 편향(anchoring bias)[99] :

상대가 먼저 제시한 정보(특히, 숫자로 된)에 영향을 받는 것

– 편견의 영향 : 협상자가 비현실적이고 불합리한 목표와 기대를 형성

– 대처 방법 :

사전에 준비를 철저히 하고, 구체적인 협상 목표를 설정

상대의 제안에 성급한 결정을 피하고 시간을 두고 따져본 후 대응

③ 불합리한 몰입의 강화(irrational escalation of commitment) :

과거의 결정, 행동을 정당화하려는 강한 심리적 욕구

– 편견의 영향 : 재앙과 같은 결과로 치닫는데도 실패한 행동을 지속

– 대처 방법 : 과거에 연연하지 말라! '매몰비용(sunk cost)'은 잊어버려라!

(비용, 손실 등으로) 거래나 협상을 중단할 시점을 미리 결정

협상 팀 내 반대 의견만 제시하는 '선의의 비판자(devil's advocate)' 지정

---

[99] 닻 내리기 편향(효과)에 대해서는 69쪽 〈선수를 치는 게 좋을까, 먼저 제안하길 기다릴까?〉 등을
더 참고.

④ 과신 :

자신의 능력을 실제보다 과대평가하는 경향

- 편견의 영향 : 상대의 좋은 제안도 거부하거나 상대가 받아들일 수 없는 요구 고수

- 대처 방법 : 전문가들과 자신의 기대치, 예상이 틀릴 가능성 점검과 그 결과의 겸허한 수용

⑤ 협소한 협상 시각 :

단기적 관심사, 자신만의 욕구, 명백한 이슈에만 초점을 맞춰 협상

- 편견의 영향 : 장기적 문제, 상대의 욕구, 장래 발생 가능 이슈는 간과함으로써 협상 난항

- 대처 방법 :

상대에게 많이 질문하여 현재와 미래의 내 이득 가능성을 보다 현실적으로 파악

동등한 가치의 제안을 복수로 제시하여 상대의 반응에 따라 절충안을 도출

참고 : 하버드대 맥스 베이저먼(Max H. Bazerman) 등, 2008

협상 테이블에 있지 않으면서
협상을 지켜보는 외부인들

아니, 그가 어려운 협상을 극적으로 성사시킨 협상가였다니!

불기 2563년 부처님 오신 날. 일찍 서둘러 서울 근교 작은 절에서 봉행하는 법요식에 참석했다. 주지스님이 첫째의 혼사 날을 정해준 인연으로 이 절에 기도도 드리고 등(燈)도 달고 있다. 규모가 작긴 해도 동네가 끝나는 야트막한 산 초입에 있어 마당에 돌 불상이며 탑이며 제법 구색을 갖춘 절이다.

식이 시작돼 반야심경 낭독, 헌화, 축사 등을 마치고 식순의 중간쯤인 주지스님의 봉축법어 차례가 됐다. 벌써 반시간 가까이 흘렀다. 오월 중순인데 꽤 덥다. 법당 안이나 차양을 두른 마당이나 쪼그리고 앉아 있기는 매한가지라 참석자들 대부분 발도 저려 오고 몸도 뒤틀리는 모양새다.

아미타불, 석가모니불, 약사여래불을 뒤로 하고 앉은 70대 중반의 스님. 이를 아는지 모르는지 석가의 탄생 시기에서 시작해 생로병사의 고통에 대해 운운하다 바야흐로 공들여 준비한 말씀을 본격적으로 하려는지 두어 번 목을 가다듬는다. 눈꺼풀에 힘을 주고 귀를 쫑긋했다.

"무슨 날이 이렇게 더워! 뒤에 앉으신 분들 더우시죠? 옆에 있는 에어컨 트세요. 사월초팔일이 한여름 같네, 원!"

엄숙한 대목에서 예상 밖의 샛길로 빠지는 말씀에 여기저기서 웃음이 나온다.

"아이고, 자비스러우셔!"
"그러게요!"

다소 처지던 법당 안팎 분위기가 살아난다. 힘들어하는 중생들을 잘 제도(濟度)해서 흡족했던지 주지스님의 얼굴도 환해진다. 다시 카랑카랑한 목소리로 물질만능주의의 영향으로 사람들의 정신세계가 갈수록 황폐해져 큰일이라며 할 법한 말씀을 이어 나간다. 그리고 얼마 되지 않아서다.

"보살님, 늦으셨네. 바쁘셨나 봐. 거기, 그리 앉으세요!"

뒤늦게 도착한 어느 여신도한테 관심을 돌리며 또 본론을 벗어난다. 이번엔 좌중에 폭소가 터진다.

"대자대비하신 주지스님!"

봉축법요식의 무거움은 사라지고 참석자들이 삼삼오오 잡담을 나누기 시작한다. 모른 체하며 설법을 계속하던 노스님, 무리 중에 반가운 얼굴을 봤는지 그냥 지나치지 않는다.

"윤희도 왔구나!"

그러자 사람들이 박장대소하며 야단법석이다. 포복절도하는 이들도 있다.

"도 높으신 스님께서 부처님 오신 특별한 날 웃음 복을 내려주시네. 모든 시름 다 잊으라고!"

석가탄신 기념식의 지루함은 온데간데없어졌다. 요란했던 좌중이 웬만큼 정리되니 다시 설법을 계속하는데 정말 뜬금없게도 미국의 알래스카 얘기가 나온다. 내용인즉, 미국이 러시아로부터 알래스카를 사들일 때 국무장관으로 이를 주도했던 윌리엄 수어드(William H. Seward)의 인물 됨됨이에 관한 것이었다. 지금이야 석유, 광물이 무진장 묻혀 있는 천혜의 보고지만 당시엔 넓은 '얼음 창고'에 지나지 않았던 알래스카를 세간의 거센 비난에도 불구하고 매입한 그의 혜안이나 이런저런 업적은 평가받을 만하나 고개가 갸웃해진다.

'이 자리에서 왜 저 말씀을…'
법회가 끝나고 열무김치에 콩나물만 넣은 공양 비빔밥에 떡, 수박까지 맛있게 먹으면서도 궁금증이 가시지 않는다. 돌아오는 지하철에서 휴대폰을 꺼내 그에 관해 검색해보다 무릎을 탁 쳤다.

'아니, 그가 어려운 협상을 극적으로 성사시킨 협상가였다니!'

협상자의 행동과 의사 결정에 크고 작은 영향, '관객 효과'를 미친다

윌리엄 수어드. 두 차례나 국무장관을 지냈으며 남북전쟁에서 큰 공을 세웠던 인물. 미국의 해외 영토 확장에도 열을 올려 러시아가 재정 사정으로 알래스카를 팔려고 한다는 걸 알고 먼저 협상의 손을 내민다. 1864년의 일이다.

눈과 얼음으로 덮인 쓸모없는 땅이지만 미국의 제안을 이모저모 따져보는 러시아. 숙고 끝에 미국과 협상하기로 결정한다. 윌리엄 수어드의 러시아 측 상대는 주미 러시아대사관의 에두아르트 스테클(Eduard de Stoeckl) 공사.

협상 결과 720만 달러에 매매하기로 합의하고 1867년 3월 양국이 조약안에 서명함으로써 역사적 거래가 끝나는 듯 했다. 적어도 본국의 황제로부터 거래에 관한 전권을 위임받은 스테클 공사에겐 그랬다. 그러나 수워드에겐 그게 끝이 아니었다. 진짜 어려운 난관, 의회의 비준이 남아 있었다.

조약안에 서명까지 해놓고 미국 의회의 처분을 기다려야 하는 러시아 공사의 심정은 어땠을까. 자칫하다간 3년에 걸친 노력이 헛수고가 될 수 있는 현실에 당황하면서 분통을 터트렸을지 모르겠다.

"거금을 주고 아이스박스를 사는 바보짓을 한다!"

의회와 언론의 거센 반대와 비난, 조롱에 아랑곳 않고 수어드는 설득하고 또 설득한다.

"눈과 얼음 밑에 감춰진 보물을 봅시다!"

끝까지 포기하지 않고 노력한 결과 비준안이 상원에서 한 표 차이로 아슬아슬하게 통과된다. 미국과 러시아 협상단 모두 가슴을 쓸어내렸을 것이다. 나중에 러시아 황제로부터 많은 상금과 연금을 받았던 스테클 공사가 비준안 통과 소식에 가장 기뻐했을 것 같다.

협상자의 어깨 너머로 또는 협상장 밖에서 촉각을 곤두세우고 협상을 지켜보는 사람들이 있다. 갈등, 분쟁의 당사자가 직접 협상하지 않고 대부분 대리인을 활용하는데다 어느 협상에나 이해관계가 걸린 사람들이 있기 때문이다. 협상자의 상사나 의뢰인, 주주들, 관련 기관, 언론, NGO 등이 그들이다.

협상 테이블에 있지 않으면서 협상을 지켜보는 외부인들의 존재는 협상자의 행동과 의사 결정에 크고 작은 영향을 미친다. '관객 효과(audience effect)'가 작용한다. 상대의 욕구를 만족시키면서, (보통 그것과 상충되는) 관찰자들의 욕구도 충족시켜야 한다. 그러다 보니 자신이 대변하는 사람과 협상을 해야 할 때도 있고, 그들을 설득하거나 동의를 구해야 할 때도 있다. 그러면서 그들의 존재를 상대 압박·설득 수단으로 이용할 수도 있다.

협상자가 이런 이중적 역할을 얼마나 잘 해내느냐가 성패의 관건이다. 윌리엄 수어드가 돈을 더 달라는 러시아의 요구에 대응하면서 너무 비싸게 산다는 미국 의회와 언론의 우려도 해소해야 했던 것처럼.

노스님이 설법 도중 세 번이나 딴전을 부린 끝에 꺼낸 윌리엄 수어드의 일화. 봉축법어로 잘 어울리지 않는다고 생각했지만 그렇지 않았다. 그건 뭘 주제로 다음 에세이를 써야 할지 일주일째 고민하던 필자에게 내린 스님의 특별한 화두(話頭)였다. 고마우신 주지스님!

협상 NOTE   **이해관계자들의 존재를 알았을 때 대응 방법**

상대가 최종 결정권자가 아니어서 별도의 승인 절차가 필요함을 알았을 때(그에게 영향을 미치는 이해관계자들의 존재를 알았을 때) 대응 방법을 소개한다.

① 결정 권한이 없는 사람과 협상하는 것은 시간·돈 낭비이기 때문에 협상 거부

② 결정권자가 참석할 때까지 협상 진행 유보

③ 언급하지 않고 그냥 협상 진행

④ (중간 관리자가) 별도의 승인을 받는 것이 정상적이라고 한두 마디 언급

⑤ 합의 권한이 있는지 의례적으로 질문(구두 또는 서면으로)

⑥ 합의 권한이 있음을 서면으로 작성해주도록 요구

⑦ 합의안을 이해관계자에게 승인받기 위해 서로 최선의 노력을 다하기로 약속

⑧ 해당 분야 전문가를 협상에 참석시켜 그의 의견을 이해관계자들 설득용으로 활용

⑨ 협상 시작 전에 서로 외부의 이해관계자들과 미리 협의

⑩ 협상 시작 전에 협상 대표의 합의안에 대한 이해관계자들의 승인 방식을 마련 후 협상

⑪ 매번 협상 후 이해관계자들에게 내용을 보고하고 나서 다음 협상 단계로 이동

⑫ 도출한 합의에 대해 이해관계자들이 비판할 경우 상대방이 어떻게 반응할 건지 질문

⑬ 합의 직전에 상대방이 자신의 이해관계자와 협의해야 한다고 할 경우 강하게 불만 표출

위의 대응 방법 모두 장·단점이 있기 때문에 협상의 성격과 상황을 감안하여 상대에게 미치는 이해관계자들의 영향에 대처하는 게 좋다.

☞ 상대 뒤에서 협상에 영향을 미치는 인사가 존재하는지 파악해 적절히 대응하라!
  – 상대가 이를 유리한 합의를 끌어내기 위한 압력 수단으로 이용하는 걸 경계한다.
  – 상대가 이해관계자들의 승인을 받기 위한 방법을 협의 후 협상하는 것도 방법이다.

참고 : 호주 본드대 존 웨이드(John H. Wade), 2006

시간 압박 하에서
중요한 협상을 해선 안 된다

정해진 시간까지 해내야 하는 중압감이 사람을 더 피 말리게 한다

일엔 마감시간이 있다. 대금 결제, 기사 작성, 원서 제출, 신춘문예 투고, 회계 장부 정리… 모두 시한이 정해져 있다. 우리의 삶 자체가 모래시계 아닌가. 그러다 보니 남녀노소 가릴 것 없이 늘 시간에 쫓기며 산다. 일 스트레스, 일이 어려워서도 생기지만 정해진 시간까지 해내야 하는 중압감이 사람을 더 피 말리게 한다.

현실에서만이 아니다. 꿈에서도 이런 '시간 압박'에 시달릴 수 있다. 필자가 반복해서 꾸는 꿈이 있다. 지금의 수능시험에 해당하는 대입 예비고사가 코앞에 닥쳤는데 한 과목(잘 기억나진 않지만 늘 같은 과목이다)을 전혀 공부해놓지 않아 애태우는 꿈이다. 또, 대학 시절 어떤 교양 과목의 과제물을 못 낸 상황에서 기말을 맞게 돼 안달하는 꿈도 자주 꾼다. 실제 그런 일은 없었는데 묘하게 꿈에서 되풀이된다. 특히, 스트레스를 많이 받은 날.

시간 압박이 어떤 건지 누구나 다 안다. 째깍거리는 초침에 마음은 더 급해진다. 침이 마르고 목이 탄다. 머리도 텅 비게 된다. 시간에 쫓기면 분석적·이성적으로 생각하는 이른바 '시스템 2 사고'(system 2 thinking)가 어려워진다. '시스템 1 사고'가 지배해 자동적·감각적으로 행동하며 합리적인 판단, 제대로 된 의사 결정을 내리는 데 곤란을 겪는다.

이런 시간 압박을 이용한 상술이 도처에 판친다. 대표적인 게 TV 홈쇼핑 채널이다.

"설 기념 3일 한정 판매, 오늘이 마지막 날입니다!"
"딱 100벌 50% 할인 행사, 이제 몇 벌 안 남았습니다!"

속절없이 넘어가고 만다.

강경 전략을 쓰는 협상자가 시간 압박의 영향을 더 받는 경향이 있다

이해가 상충하는 협상 테이블에서 시간 압박의 영향은 더 클 수밖에 없다. 당사자 모두 마감 시간이 다가오면 합의를 위해 자신의 주장, 입장을 누그러뜨린다. 재미있는 건 양보를 거의 하지 않고 강경 전략을 쓰는 협상자가 시간 압박의 영향을 더 받는 경향이 있다. 상대를 굴복시키기 위해 여러 번 밀어붙여야 해 시간이 많이 요구되는데 마감시간이 가까워지면 그런 전략을 사용할 수 있는 능력이 현저히 감소되기 때문이다.

또, 이 일 하면서 저 일도 하는 편인(polychronic) 동양 문화권 협상자보다 한 가지 일에만 집중하는(monochronic) 서양 문화권 협상자가 시한 압박에 더 민감한 걸로 알려져 있다.

분, 초 단위로 변하는 세상. 시간 압박을 더 받을 수밖에 없다. 충분한 시간적 여유를 두고 일하는 게 상책이다. 특히, 규모가 큰 비즈니스나 이익이 많이 걸린 협상에선 더욱 그렇다. 시간 압박 하에서 중요한 협상을 해선 안 된다. 그런 상황에서 협상을 정 피할 수 없다면 한 번의 협상으로 합의를 이루려 하지 말고 여러 번 나누어 협상하길 권한다.

회계 감사인과 감사를 의뢰한 기업의 재무 책임자(CFO) 간 협상에서 누가 협상 시한 압박을 더 받는지에 대한 연구에 의하면, 일반적으로 협상력이 더 높다고 여겨지는 감사인이 감사 대상 기업의 CFO보다 덜 양보하고, 논쟁적 전술을 더 많이 사용한다.

그러나 시한 압박 상황에서는, 감사인은 더 양보하고, 경직적인 논쟁 전술을 덜 사용하는데 비해, 기업 CFO의 경우엔 협상 포지션이나 협상 전술에 변화가 없었다.

시한 압박의 영향이 협상자의 협상 전술에 따라 다르게 나타나 강경 입장을 고수하며 논쟁적 협상 전술을 사용하는 협상자는 자신의 입장 관철에 많은 시간이 필요해 상대적으로 시한 압박의 영향을 더 받는 경향이 있다.

☞ 시한이 정해진 협상에서 상대가 힘으로 밀어 붙일 경우 협상을 최대한 끌어라!
☞ 시한 압박의 영향을 덜 받기 위해서는 철저한 사전 준비·기획 후 협상에 임하라!

참고 : 메사추세츠 암허스트대 벤넷 (G. Bradley Bennett) 등, 2015

섣불리 선두에 서느니
묵묵히 뒤따라가라

왜 전당포 주인은 먼저 가격을 부르지 않을까?

남보다 앞서다 보면 아무래도 유리하다. 길에 떨어진 돈, 여기 저기 널린 기회, 자리 등등 뭐든 먼저, 그리고 많이 차지할 수 있다. 앞에 가리는 게 없어 그런 것들이 잘 보이기도 한다. 사람들 눈길, 관심도 싹 끈다. 2등, 두 번째는 금방 잊어버리나 1등, 첫 번째는 오래 기억에 남는다. 달을 밟아본 우주인? 수십 명이나 되지만 닐 암스트롱만 떠오른다. '선두의 이점(first-mover advantage)'은 뒷사람과 비할 바 못 된다. 운동 경기에서도 선취점을 먼저 낸 팀이 승리할 가능성이 높다. 이왕 하는 일이라면 다른 사람보다 먼저 하는 게 좋은 이유다.

문제는 맨 앞이 다 좋은 것만이 아니라는 것. 아무런 가림 막이 없어 거센 바람을 고스란히 맞아야 한다. 모퉁이 돌아 무엇이 기다리고 있는지 오롯이 혼자 감당해야 한다. 장애물 치우기도 선두의 몫이다. 뒤따라오는 사람들을 오도해선 안 되는 책임도 따른다. 견제와 질시의 대상이 됨은 물론이다.

그러다 보니 선두 바로 뒷사람이 의외로 편하고 유리할 때가 많다. 손 안 대고 코풀 수 있다. SNS를 '마이스페이스(MySpace)'나 '프렌드스터(Friendster)'가 먼저 시작했지만 정작 영광을 누리고 있는 건 몇 년 후 설립된 페이스북(Facebook)이다. 이른바 '후발주자의 이점(second-mover advantage)'이다.

협상에서는 어떨까. 내가 먼저 제안하는 게 유리할까, 아니면 상대의 제안을 받아보고 제안하는 게 좋을까. 어떤 이들은 먼저 선수를 치라고 권한다. 하지만 미국 판 TV 쇼 〈전당포 사나이들(Pawn Stars)〉에서 전당포 주인은 항상 손님에게 "얼마 받고 싶어요?" 할 뿐 자신이 먼저 가격을 제시하지 않는다. 금은붙이 시세에 훤하면서도.

협상에서도 선두의 이점은 분명히 있다. 상대보다 먼저 제안하는 게 유리하다. 협상 기준선을 선점하는, '닻 내리기 효과'(anchoring effect)를 거둘 수 있다. 닻을 내린 배가 물결에 조금 흔들릴 뿐 그 지점에 정박해 있듯 먼저 제안한 내용이 상대에게 정신적 닻(기준)으로 작용해 결국 그 언저리 어디에서 합의가 이루어지기 쉽다. 그런데 왜 전당포 주인은 먼저 가격을 부르지 않을까. 왜 선두의 이점을 포기할까?

먼저 제안하다 상대의 배가 아니고 내 배를 가라앉히는 '저주'를 받을 수 있다

협상에서 먼저 제안할 때 아주 유의해야 할 점이 있다. 닻을 내리는 지점, 다시 말해 상대의 배를 머무르게 할 위치 선정을 제대로 해야 한다. 그렇지 않으면 내 제안의 닻이 상대의 배가 아니고 내 배를 가라앉히는 '저주'를 당할 수 있다.

이런 경우다. 가판대 T셔츠가 족히 삼만 원은 돼 보여 후려친다고 "이만 원에 주세요!" 하니 주인이 두 말 없이 건네줘 희희낙락하지만 방금 전 다른 행인은 만 원에 샀다면. 손님이 내미는 시계를 척 보니 이백만 원쯤이라 시세보다 확 깎아 "흠이 있어도 백만 원 쳐드리죠" 하고선 돈을 지불하며 득의양양하지만 그 손님은 '십만 원이나 받으려나?' 하고 가게에 들어섰다면. T셔츠를 산 행인, 시계를 매입한 중고상 모두 자신이 이겼다고 생각하지만 실제로는

지지 않았나.

내가 협상 대상물의 시장가치를 잘 모르거나, 그걸 안다 해도 상대가 그 시장가치를 알고 있는지를 잘 모르는 '정보 비대칭(information asymmetry)' 상황에서는 먼저 제안하는 것이 되레 불리할 수 있다.

어떤 연구에서는, 골동품을 파는 사람이 시세를 잘 모르면서 먼저 판매가를 제안했다가 수집상의 구입 용의 가격의 0.2퍼센트도 받지 못했다. 반대로, 수집상이 시세에 밝고 팔 사람이 얼마나 받으려 하는지 헤아려보지도 않고 매입가를 먼저 제안했다 판매 용의 가격의 700배 이상 지불하는 경우도 있었다. 결국 그런 상황에서는 상대의 제안을 받아보고 나서 제안하는 것이 안전하다. 그래야 먼저 제안했다 내 배를 스스로 침몰시키는 결과를 피할 수 있다.

수십 년 거래를 하면서, 그리고 여러 번 시행착오를 겪으면서 얻은 경험과 학습에서 전당포 주인은 너무나 잘 알고 있다. '이 손님이 물건 시세를 알고 있나?' '얼마나 받으려고 하지?' 하는 아리송한 상황에선 먼저 가격을 제시해선 안 된다는 걸.

선두의 이점은 분명 매력적이다. 충분한 준비와 역량을 갖췄다면 그 자리를 차지하는 것이 좋다. 그렇지 못하다면 섣불리 선두에 서느니 묵묵히 뒤따라가다 선두가 제풀에 지치거나, 넘어지거나, 길을 헤매길 기다리는 게 더 나을 수 있다.

협상에 걸린 이익을 더 많이 차지하려는 분배적 협상 상황에서, 협상 대상물에 대한 (시장)가치를 잘 알고 있고, 상대가 그 가치에 대해 알고 있는지를, 그리고 나에게 어느 정도까지 양보할지(즉, 상대의 최대 양보선, 저항점)를 추정할 수 있을 경우엔 먼저 제안하여 협상 기준선을 선점하는 것이 유리하다.

그러나 이에 대해 잘 모를 경우엔 나중에 제안하는 것이 더 낫다. 먼저 제안해 누릴 수 있는 기준선 선점 효과는 포기하더라도 표면상으론 이기고도 곤경에 빠지는 '승자의 저주(winner's curse)' 상황은 피할 수 있기 때문이다.

☞ 협상 대상물의 시장 가치를 잘 모르거나, 상대의 최대 양보선(저항점)을 잘 모를 경우엔 상대가 먼저 제안하도록 양보하라!

참고 : 이스라엘 IDC대 요시 마라비 (Yossi Maaravi) 등, 2017

시간이 짧다고 느끼면
서두르다 실패할 수 있다

왜 나이 들수록 시간이 빨리 간다고 말할까?

사람들의 옷깃에 '사랑의 열매'가 맺히고 여기저기 자선냄비가 걸리는가 싶더니 달랑 한 장 남은 달력마저 떼야 할 때가 되었다. 나이가 들수록 시간이 흐르는 게 아니라 날아가는 것 같다. 어느 미국 작가의 표현처럼 독수리 날개라도 단 듯.

시간 그 자체는 손에 잡히지도, 보이지도 않지만 시간이 흘러간다는 것은 우리 오감으로 분명히 알 수 있다. 시계와 달력으로 잰 이런 시간의 흐름은 정확하고 규칙적이다. 그런데 왜 나이 들수록 시간이 빨리 간다고 말할까?

이 물음에 대한 시간 연구자들의 답은 다양하다. 하루, 한 달, 1년 등 시간의 길이는 나이에 반비례해서(분자인 단위시간의 길이는 고정돼 있는데 분모인 나이는 자꾸 많아져). 나이 들수록 새로운 경험을 하지 못해 기억할 만한 사건이 적어서. 생리 시계가 상대적으로 느려지다 보니. 과거 경험한 일들이 실제보다 최근의 일로 기억되어.

결국 어떤 시간의 지속 기간이 얼마나 길게 느껴지는가에 대한 우리의 지각, 즉 주관적 시간이 시계로 나타낸 객관적 시간보다 짧다는 얘기다.

시간에 대한 우리의 지각은 일관적이지 않다. 눈 코 뜰 새 없이 바빠 어제 하루가 어떻게 지났지 몰랐는데 쉬면서 보내는 오늘 하루는 길기만 한다.

134분짜리 〈보헤미안 랩소디〉는 금방 끝나도 A 교수의 50분 강의는 왜 그리 긴지. "지금 5만 원 받을래? 아니면 2년 후 10만 원 받을래?"라고 물으면 지금 5만 원 받는다 하면서 4년 후 5만 원과 6년 후 10만 원 중에선 6년 후 10만 원 받기를 더 선호한다. 같은 길이의 시간(2년)도 시점에 따라 다르게 지각하면서 시간 가치도 달리 평가하는 것이다.

우리가 경험하는 시간은 두뇌가 시간을 어떻게 해석하느냐에 따라 물리적 시간보다 길 때도 있고, 짧을 때도 있다. 이처럼 시간에 대한 우리의 지각은 감정 상태나 주변 상황, 시간대 등 처한 환경의 영향을 많이 받는다.

제안 횟수를 줄이고, 첫 제안을 과감하게 못 하며, 상대에게 기꺼이 양보하려 한다

시간에 대한 지각은 문화에 따라 차이가 나기도 한다. 어떤 연구에 따르면 미국 사람들은 레바논 사람들보다 시간을 수축해 생각하는 경향이 있다. 이를테면 3개월이라는 시간의 길이를 그보다 더 짧게 지각하는 것이다. 시간이 수축되었다고 생각하면 시간은 그야말로 '돈'으로 여겨져 서두르게 된다. 시간이 짧고 부족하다는 지각이 미국인들로 하여금 상대적으로 신속하게 행동하고 뭔가를 빠르게 결정하게끔 부추긴다.

시간비용을 감안할 때 서두르는 게 결코 나쁜 건 아니지만 사안에 따라선 행동이나 결정이 성급하게 이루어지는 문제가 생긴다. 크고 작은 이해관계가 걸린 협상에선 더욱 그렇다.

시간이 수축되었다고 생각하는 협상자는 신속하게 거래를 끝내려고 제안 횟수를 줄이게 되고, 첫 제안을 과감하게 하지 못하며, 상대에게 기꺼이 양보하고 타협하려 한다. 때론 급한 나머지 상대를 밀어붙이려다 협상판을 깨기도 하고, 상대의 지연 전술에 당하기도 한다. 모의실험이지만 상대적으로 서두르지 않는 레바논 사람들과의 협상에서 미국인들이 훨씬 저조한 성과를 거둔 이유를 그렇게 분석하고 있다.

1970년대 초반 베트남 전쟁을 끝내기 위한 월맹과의 파리 평화회담. 버락 오바마 대통령 시절 이스라엘-팔레스타인 간 분쟁 조정. 모두 미국이 서두르다 실패한 협상으로 평가되고 있다. 그렇게 보면 북한과의 핵협상에서 가속 페달을 밟는듯하다 돌연 "서두르지 않겠다." 했던 트럼프 대통령의 신중 모드는 과거의 실패로부터 얻은 교훈의 영향이었나.

환갑을 맞은 나이다. 앞으로 남은 시간이 얼마나 될지 모르지만 이마저 '쏜 살같이 지나버렸구나!' 하는 허탈감을 갖지 않기 위해 노력해야겠다. 이런저런 자리에 꼭 참석하자. 해보고 싶었지만 아직 못한 일을 더 미루지 말자. 무엇보다 '살아갈 날이 아직 많이 남아 있다.'는 마음가짐으로 늘 여유를 갖고 살자. 달력 속 시간보다 더 중요한 건 내 의식 속 시간이니.

시간이 부족하다고 여겨 합의를 서두를 경우,

- 첫 제안을 과감하게 하지 못한다.
- 자신의 목표가 채 달성되지 않았는데도 추가적으로 제안하길 꺼린다.
- 상대에게 더 양보하고 기꺼이 타협하려 한다.

그래서 협상에서 서두르지 않기 위해서는,

① 사안의 중요성을 감안하여 충분한 협상 시간을 확보한다.
② 철저한 사전 준비 하에 충분한 정보를 토대로 효과적인 전략과 전술을 수립한다.
③ 자신의 인내심 수준을 측정하여 협상 중에도 자신의 목표와 상충되게 결정하고 행동하지 않는지 냉정하게 평가해 본다.
④ '합의를 이루기 위해 시간은 충분하다'고 여유를 잃지 않는 자세를 갖는다.

☞ 충분한 시간을 갖고 철저히 준비한 후 협상에 임하고, 합의를 서두르지 말라!

참고 : 메릴랜드대 엘리자베스 새먼(Elizabeth D. Salmon) 등, 2016

자기중심적 사고는
올바른 판단과 의사 결정을 방해한다 [100]

어떻든 자기 몫이 커야 공평하다

2월만 되면 몸담았던 조직이 다소 들썩였다. 부서, 개인의 연간 성과평가가 있어서다. 사전에 정해진 평가지표와 평점기준에 따라 사람마다 우열과 등급이 가려지고, 이를 토대로 성과급과 연봉이 정해져 모두에게 초미의 관심사였다.

성과평가와 관련해 수치화할 수 있는 실적은 컴퓨터에 의해 자동적으로 평가가 이루어져 별다른 어려움이 없다. 문제는 주관적 판단이 개입되는 '기여도' 평가에 있다. 평가자와 피평가자 간에, 그리고 피평가자들끼리도 이에 대한 인식의 괴리가 크기 때문이다.

연구 결과에 의하면 팀 과업을 수행하고 나서 자기 공헌도를 개별적으로 조사해 모두 더해보면 100퍼센트를 훨씬 넘는 것으로 나타난다. 남편과 아내에게 가사 분담 비율을 물어도 마찬가지다. 책이나 논문 공동 저자 간에도, 심지어는 노벨상 공동 수상자 간에도 일어나는 문제다. 몫의 분배에 있어서는 더욱 그렇다. 공평하게 나누어야 한다고 말하면서도 어떻든 자기 몫이 커야 공평하다. '자기중심주의'의 사고 때문이다.

---

[100] 이 에세이는 필자가 2014.03.14.자 한국경제신문(한경에세이)에 기고했던 〈네 덕, 내 탓〉을 일부 수정한 것임을 밝혀둔다.

'무지의 장막'이 드리워진 상태에서 중립적, 객관적으로 판단하라!

정도의 차이는 있어도 누구나 자기중심적이고 이기적이다. 그것이 사람의 생각과 행동을 지배하는 요인으로 알려져 있다. 자기중심주의는 '잘되면 내 덕, 못되면 남 탓'으로 돌리는 경향을 심화시킨다. 오죽했으면 "승리는 천여 명의 아버지를 갖고 있지만, 패배는 고아나 마찬가지다."라는 말까지 했을까. 자기중심적 사고는 올바른 판단과 의사 결정을 방해하고, 갈등과 분쟁을 일으키며, 타협과 협상을 가로막는다.

어떻게 하면 자기 위주로 생각하면서 저지르는 오류를 막을 수 있을까? 이 분야를 연구하는 많은 학자들이 매사 역지사지하고, 외부자의 관점으로 보길 권한다. 또 어떤 일에 있어 자기의 역할이 뭔지 몰라 유·불리를 따질 수 없는, '무지의 장막(veil of ignorance)'이 드리워진 상태에서 중립적, 객관적으로 판단하라고 조언한다.

하지만 그런 인식 조절만으론 불충분하다. 이해관계가 첨예하게 엇갈리는 사안을 공정하게 결정해야 하는 일일수록 그렇다. 여러 가지 연(緣)과 관계에 얽매이지 않고 판단하기 위해선 의사 결정 과정에 외부인을 참여시키고, 공개하고, 사후 평가를 받을 필요가 있다.

경제 주체 간 만연된 자기중심적 사고가 완화되고 극복될 때, 문제와 답을 남이 아니라 먼저 자기에게서 찾는 자세와 분위기가 형성될 때 우리 사회의 갈등과 대립도 해소되리라 본다.

에필로그

한여름 비 내리는 새벽, 손자가 태어났다. 물이 많은 사주라 그런지 그 후 긴 장마가 이어지고 많은 비가 내렸다. 큰 태풍도 몇 차례 불어 닥쳤지만 손자는 무럭무럭 자랐다. 팔뚝과 허벅지에 살이 겹치며 여러 개의 마디가 생길 정도로 포동포동해졌다.

그 손자가 백일 무렵부터 손을 빨기 시작했다. 손가락 하나를 빨기도 하고 다섯 모두 빨기도 했다. 양 손을 번갈아 가며 빨았다. 그러다 먹은 걸 자주 토했다. 빨기 편했던지 더 자주 빤 엄지손가락은 침에 불어 퉁퉁해졌다.

산후 조리 중에도 백과사전, 인터넷으로 열심히 육아 공부를 하며 제 새끼에게 지극 정성을 다하던 며느리는 기절할 정도로 놀라 손을 못 빨게 하려고 갖은 방법을 다했다. 손을 빨려는 백일 된 손자와 이를 말리려는 며느리 간 갈등이 시작된 것이다.

처음엔 손자의 손이 입에 들어가면 바로 빼냈다. 그러면 다른 손이 들어간다. 그 손도 빼낸다. 연거푸 제지당한 손자의 표정에 미세한 변화가 느껴진다고 했더니 그 다음부턴 손 싸개를 사용하기도 하고, '쪽쪽이'나 치발기를 대신 물리고, 장난감을 쥐어줘봤지만 별 효과가 없었다.

결국 며느리는 엄지만 아니면 다른 손가락을 빠는 건 내버려 두는 쪽으로 양보했다. 그리고 아무래도 어떤 욕구가 충족되지 않아 손을 빤다고 생각한 듯 소리 나는 동화책, 동요를 들려주거나 놀이를 하면서 아이의 주의와 관심을 끌었다. 손이 입으로 갈 땐 "너에게도 안 좋고, 엄마도 싫어해." 하며 설득조로 소곤거렸다. 그 방법이 주효했던지 손자는 손을 현저히 덜 빤다. 입에 손을 넣었다가도 금방 뺀다. 모자 간 타협이 이루어진 셈이다.

임대차 계약을 둘러싼 집주인과 세입자 간 갈등, 분쟁이 심해지고 있다. 미국에선 대통령 선거 결과를 두고 공화당 지지자들과 민주당 지지자들이 충돌하며 미국인들이 둘로 분열되는 양상을 보이고 있다. 코로나19가 대유행하면서 방역과 관련해 나라 안팎에서 새로운 형태의 다툼이 발생하고 있다.

최근 환경이 급변하면서 협상의 중요성과 역할이 더욱 커졌다. 백일 된 아기와도 협상이 필요하다. 자, 이제부턴 가족 간 갈등, 직장 내 문제, 사회 분열과 대립, 그리고 국제적 분쟁을 법이나 물리적 힘으로 해결하기에 앞서 대화와 협상으로 풀자. 『오늘도 우리는 협상을 한다』가 독자 여러분들에게 보내는 마지막 메시지이다.

참고 문헌

국내 문헌

강대진·이정호. 2011. 『신화의 세계』 서울 : 한국방송대학교출판부.

고갑희. 2003. 『그리스로마 신화에 나타난 변신의 성 정치 : 여성/남성의 욕망과 이데올로기』 영미문학페미니즘 11(1) : 3-23.

그레고지 나지. 우진하 옮김. 2015. 『고대 그리스의 영웅들』 서울 : 시그마북스.

김병일. 2019. 『퇴계의 길을 따라』 파주 : 나남.

김종래. 2002. 『CEO 칭기스칸 : 유목민에게 배우는 21세기 경영전략』 서울 : 삼성경제연구소.

김태기. 2007. 『분쟁과 협상』 서울 : 경문사.

마거릿 애트우드. 김진준 옮김. 2005. 『페넬로피아드 : 오디세우스와 페넬로페』 파주 : ㈜ 문학동네.

민귀식. 2010. 「중국의 전통협상술과 현대외교협상」 현대중국연구 11(2) : 1-42.

민형종. 2011. 「정부계약 협상자의 개인특성과 협상 전략의 협상성과와의 관계 : 공급자 경쟁 정도의 조절효과」 충남대학교 대학원 박사학위논문.

민형종·송계충. 2010. 「정부계약 협상자의 협상 전략과 협상성과의 관계 : 협상자의 감성지능의 조절효과」 경영경제연구 33(1) : 3-38.

박원길. 2003. 「몽골비사 195절의 표현방식을 통해 본 13-14세기 몽골군의 전술」 몽골학 14 : 271-327.

박홍순. 2019. 『인문학으로 보는 그리스신화』. 서울 : 마로니에북스.

송계층·정범구. 2003. 『조직행위론』. 서울 : 경문사.

시어도어 W. 킬. 강주헌 옮김. 2000. 『문제는 협상가다』. 서울 : 아침이슬.

안세영. 2013. 『글로벌 협상 전략』(5판). 서울 : 박영사.

오 헨리. 조선문학편집위원실 엮음. 2003. 『오 헨리 단편집』. 서울 : 테마북스.

유원수 역주. 2004. 『몽골비사』. 파주 : ㈜사계절출판사.

이달곤. 2007. 『협상론』(3판). 서울 : 법문사.

이윤기. 2002. 『길위에서 듣는 그리스로마 신화』. 서울 : 작가정신.

국외 문헌

Adler, Robert S. 2007. Negotiating with Liars. MIT Sloan Management Review 48(4).

Bagchi, Rajesh et al. 2016. Walking in My Shoes : How Expectations of Role Reversal in Future Negotiations Affect Present Behaviors. Journal of Marketing Research Vol. 53(3) : 381-395.

Babcock, Linda and Laschever, Sara. 2003. Women Don't Ask : Negotiation and the Gender Divide. 1-16. Princeton : Princeton University Press.

Bennett, G. Bradley et al. 2015. The Effect of Deadline Pressure on Pre-Negotiation Positions : A Comparison of Auditors and Client Management. Contemporary Accounting Research 32(4) : 1507-1528.

Bergner, Jason M. et al. 2016. Concession, Contention, and Accountability in Auditor-Client Negotiations. Behavior Research in Accounting 28(1) : 15-25.

Brett, Jeanne et al. 2017. Culture and Negotiation Strategy : A Framework for Future Research. Academy of Management Perspectives. 31(4) : 288-308.

Certo, S. Trevis et al. 2008. Managers and Their Not-So Rational Decisions. Business Horizons 51(2) : 113-119.

Chapman, G. B. and Jhonson, E. J. 1994. The Limits of Anchoring. Journal of Behavioral Making 7(4) : 223-242.

Cotter, Michael J. and Henley, James. A. 2017. Gender Contrasts in Negotiation Impasse Rates. Management 12(1) : 3-25.

Fisher, R., Ury, W. L., & Patton, B. 1991. Getting to Yes : Negotiation Agreement without Giving In. New York : Penguin Books.

Fleck, Denise et al. 2016. Dancing on the Slippery Slope : The Effects of Appropriate versus

Inappropriate Competitive Tactics on Negotiation Process and Outcome. Group Decision & Negotiation 25(5) : 873-899.

Jalivand, Hossein. 2015. The Relationship between Negotiation Skills of Managers and Organizational Health. International Journal of Management, Accounting and Economics 2(11) : 1349-1356.

Jo, Y. et al. 2015. Does a Loyal Representative Make a Better Outcome? The Mediating Role of Unethical Behavior in Distributive Negotiation. Korean Association of Negotiation Studies 18(2) : 1-18.

Kim, Kihwan et al. 2015. Emotional Intelligence and Negotiation Outcomes : Mediating Effects of Rapport, Negotiation Strategy, and Judgement Accuracy. Group Decision Negotiation 24 : 477-493.

Lax, David A. and Sebenius, James K. 2006. Solve Joint Problems to Create and Claim Values. Harvard Business School Publishing.

Lee, Margaret et al. 2017. Male Immorality : An Evolutionary Account of Sex Differences in Unethical Negotiation Behavior. Academy of Management Journal 60(5) : 2014-2044.

Lewicki, Roy J. et al. 2015. Negotiation(7th ed.). McGraw-Hill International Edition

Loes, Catherine and Warren, D. Lee. 2016. Using Observational Learning to Teach Negotiation. Journal of the Academy of Business Education 17 : 296-310.

Maaravi, Yossi and Levy, Aharon. 2017. When Your Anchor Sinks Your Boat : Information Asymmetry in Distributive Negotiations and The Disadvantage of Making The First Offer. Judgement and Decision Making 12(5) : 420-429.

Malhotra, Deepak and Bazerman, Max. 2007. Negotiation Genius : How to Overcome Obstacles and Achieve Brilliant Results at the Bargaining Table and Beyond. Bantam Dell Pub Group.

Melzer, Philipp and Schoop, Mareike. 2016. The Effects of Personalised Negotiation Training on Learning and Performance in Electronic Negotiations. Group Decision & Negotiation 25(6) : 1189-1210.

Miller, Catherine. 2015. Organizational Communication : Approaches and Processes (7th ed.). Stamford, CT : Cengage Learning.

Pinkley, R. L. & Northcraft, G. B. 1994. Conflict Frames of Reference : Implications for Dispute Processes and Outcomes. Academy of Management Journal 37 : 193-205.

Pruitt, Dean G. and Carnevale, Peter J. 1993. Negotiation in Social Conflict. Buckingham : Open University Press.

Rubin, Jeffrey Z. and Sander, Frank E. A. 1988. When Should We Use Agents? Direct versus Representative Negotiation. Negotiation Journal 4(4) : 395-401.

Salacuse, Jeswald W. 2001. Renegotiating Existing Agreements : How to Deal with "Life Struggling against Form". Negotiation Journal 17(4) : 311-331.

Salmon, Elizabeth D. et al. 2016. When Time Is Not Money : Why Americans May Lose Out at The Negotiation Table. Academy of Management Discoveries 2(4) : 349-367.

Semuel, Hatane et al. 2018. The Effects of Strategic Purchasing on Organization Performance through Negotiation Strategy and Buyer-Supplier Relationship. International Journal of Business and Society 19(2) : 323-334.

Sharma, Sudeep et al. 2017. Emotional Intelligence and Negotiation Effectiveness : A Cross-Cultural Study. Allied Academies International Conference : Proceedings of the Academy of Organizational Culture, Communications & Conflict 22(1) : 16-20.

Tasa, Kevin and Bell, Chris M. 2017. Effects of Implicit Negotiation Beliefs and Moral Disengagement on Negotiator Attitudes and Deceptive Behavior. Journal of Business Ethics 142 : 169-183

Thomas, Stephanie P. et al. 2013. An Experimental Test of Negotiation Strategy Effects on Knowledge Sharing Intentions in Buyer-Supplier Relationships. Journal of Supply Chain Management 49(2) : 96-113.

Volkema, Roger et al. 2016. The Influence of Power and Individualism- Collectivism on Negotiation Initiation. RAC 20(6) : 673-692.

Wade, John H. 2006. Argaining in the Shadow of thr Tribe. The Negotiator's Fieldbook. 475-484.

Wietzker Anne et al. 2011. Easing the Conscience : Feeling Guilty Makes People Cooperate in Divorce Negotiations. Journal of Social and Personal Relationships 29(3) : 324-336.

Yan, Dengfeng and Pena-Marin, Jorge. 2017. Round off the Bargaining : The Effects of Offer Roundness on Willingness to Accept. Journal of Consumer Research 44(2) : 381-395.

Yang, Yu et al. 2017. How Ethically Would Americans and Chinese Negotiate? The Effect of Intra-Cultual versus Inter-Cultual Negotiations. Journal of Business Ethics 145(3) : 659-670.

Yao, Jingjing et al. 2017. Understanding Trust Development in Negotiations : An Interdependent Approach. Journal of Organizational Behavior 38(5) : 712-729.

Yurtsever, Gulcimen et al. 2013. Gender Differences in Buyer-Seller Negotiations : Emotion Regulation Strategies. Social Behavior and Personality 41(4) : 569-576.

Zhang, Z. and Zhang, M. 2013. Guanxi, Communication, Power, and Conflict in Industrial Buyer-Seller Relationships : Mitigations against The Cultual Background of Harmony in China. Journal of Business-to-Business Marketing 20(2) : 99-117.